中华当代学术著作辑要

结构转换与农业发展

一般理论和中国的实践

马晓河 著

商务印书馆
The Commercial Press

图书在版编目(CIP)数据

结构转换与农业发展：一般理论和中国的实践/马晓河著.—北京：商务印书馆，2020
（中华当代学术著作辑要）
ISBN 978-7-100-19118-0

Ⅰ.①结… Ⅱ.①马… Ⅲ.①中国经济—经济结构—研究 Ⅳ.①F121

中国版本图书馆 CIP 数据核字（2020）第 182491 号

权利保留，侵权必究。

中华当代学术著作辑要
结构转换与农业发展
一般理论和中国的实践
马晓河 著

商 务 印 书 馆 出 版
（北京王府井大街36号 邮政编码100710）
商 务 印 书 馆 发 行
北京通州皇家印刷厂印刷
ISBN 978-7-100-19118-0

2020年11月第1版　　开本 710×1000 1/16
2020年11月北京第1次印刷　印张 16¼
定价：68.00 元

中华当代学术著作辑要

出 版 说 明

学术升降,代有沉浮。中华学术,继近现代大量吸纳西学、涤荡本土体系以来,至上世纪八十年代,因重开国门,迎来了学术发展的又一个高峰期。在中西文化的相互激荡之下,中华大地集中迸发出学术创新、思想创新、文化创新的强大力量,产生了一大批卓有影响的学术成果。这些出自新一代学人的著作,充分体现了当代学术精神,不仅与中国近现代学术成就先后辉映,也成为激荡未来社会发展的文化力量。

为展现改革开放以来中国学术所取得的标志性成就,我馆组织出版"中华当代学术著作辑要",旨在系统整理当代学人的学术成果,展现当代中国学术的演进与突破,更立足于向世界展示中华学人立足本土、独立思考的思想结晶与学术智慧,使其不仅并立于世界学术之林,更成为滋养中国乃至人类文明的宝贵资源。

"中华当代学术著作辑要"主要收录改革开放以来中国大陆学者、兼及港澳台地区和海外华人学者的原创名著,涵盖文学、历史、哲学、政治、经济、法律、社会学和文艺理论等众多学科。丛书选目遵循优中选精的原则,所收须为立意高远、见解独到,在相关学科领域具有重要影响的专著或论文集;须经历时间的积淀,具有定评,且侧重于首次出版十年以上的著作;须在当时具有广泛的学术影响,并至今仍富于生命力。

自1897年始创起,本馆以"昌明教育、开启民智"为己任,近年又确立了"服务教育,引领学术,担当文化,激动潮流"的出版宗旨,继上世纪八十年代以来系统出版"汉译世界学术名著丛书"后,近期又有"中华现代学术名著丛书"等大型学术经典丛书陆续推出,"中华当代学术著作辑要"为又一重要接续,冀彼此间相互辉映,促成域外经典、中华现代与当代经典的聚首,全景式展示世界学术发展的整体脉络。尤其寄望于这套丛书的出版,不仅仅服务于当下学术,更成为引领未来学术的基础,并让经典激发思想,激荡社会,推动文明滚滚向前。

商务印书馆编辑部

2016 年 1 月

序

本书所探究的，是近代经济发展中的一个特别引人注目的课题，这就是农业发展与整个社会经济结构变化的关系问题。从世界各国的实践经验看，工业化和现代化，或者说"发展"问题的核心，在于实现传统农业的转变。伴随着这种转变，一个国家的产业结构、制度结构以及人们的生产和生活方式都将发生质的变化。在中国这样的发展中国家采取何种方式、经由什么路径才能有效地实现这种转变，是多年来许多经济学家和实践者为之绞尽脑汁的重大课题。阿瑟·刘易斯、西蒙·库兹涅茨、西奥多·舒尔茨等一大批杰出的经济学家在求解这个难题上做出了重大的理论贡献。许多先行国家也在实现这一转变中积累了丰富的经验。马晓河君的这本著作的特点，是根据中国的具体情况对实现这种转变的方针和途径提出了新的理论见解和政策建议。他根据自己多年的实践经验和研究积累，运用发展经济学的分析手段，写出了这本具有相当理论深度的著作。在书中，他首先系统地梳理了农业发展与经济社会结构转换的一般关系的理论，不但总结了农业发展对工业以及其他非农产业的影响，还深入分析了非农产业扩张对农业发展的影响。该书将重点放在对中国的实践部分做出理论解释上。它的论述的独到之处在于，通过供求均衡模型，系统分析了在加速推进工业化和结构转变的过程中如何才能既从农业转移剩余劳动力资源，又使农产品达到供求均衡。

在我看来，书中最具有争议也最具有新意的部分，是马晓河君对于中国从传统部门与现代部门并存的"二元经济"向现代化的"一元经济"转化的方式与途径的论述。

国内大多数学者都认为,中国是一个具有典型二元经济结构特征的国家,中国经济发展的主要目标是消除这种传统农业部门与现代工商业并存的"二元经济"状态,转变为现代化的"一元经济"。然而,在采用什么方法和通过什么途径来实现这种转化的问题上,无论在政策层面上还是在理论层面上都有着分歧。在计划经济的条件下,中国曾经企图用城乡隔离的方式,用从农民那里取得的"贡赋"在城市投资发展工商业的办法来实现工业化。这种道路由于在实践中碰壁而在政治中遭到唾弃。改革开放以后,乡镇企业的异军突起,为中国的工业化打开了一条新的道路。然而,在新的历史时期,城乡隔离进行工业化的思想在我国领导部门,特别是在幅员广大的内地地区的领导部门中并不是完全没有影响的。在这种思想的影响下,我国的乡镇企业的发展出现了两种不同的模式:在沿海地区,绝大部分乡镇企业集聚在规模不等的旧有或者新兴的城镇之中,借以发挥工商业发展所必需的比较优势、规模经济和集聚效应;而在内地的不少地方,则强调发展乡镇企业的"三就地"(就地取材、就地生产和就地销售)原则,建立了大量"离土不离乡、进厂不进城"的乡镇企业。对于两种模式的长短优劣,经济学家有着很不相同的观点。一些经济学家把中国内地的这种情况概括为"三元经济",即传统农业部门、农村工业部门和城市工业部门并存的经济①。他们认为,在中国的条件下,靠在城市中发展工商业来转换"二元经济"是不可取的,应当把农村发展和农村剩余劳动力转移的基点放在农村工业的发展上,通过"三元经济"这个中国国民经济成长过

---

① 李克强:"论我国经济的三元结构",《中国社会科学》,1991年第3期;陈吉元、胡必亮:"中国的三元经济结构与农村剩余劳动力转移",《经济研究》,1994年第4期。

程中必须经历的历史阶段,为向一元结构过渡创造条件。另外一些经济学家则不同意"三元经济"论的上述观点①。他们认为,由于农民只能在城市文明之外进行分散的工业化,乡镇工业毫无集聚效应,农村服务业的发展也严重滞后,已经使我国广大的中西部地区付出了沉重的代价;因此,应当摒弃这种乡村工业化的道路,使分散的乡村工业向集中的方向发展,实现工业化和城镇化(或城市化)的同步进行。

应当说,在20世纪90年代初期的这场争论过去十年以后,两种模式在实践中的成败利钝已经显露无遗。不过,即使在这种情况下,从理论和实践相结合的高度上对于这一段历史做出认真的总结仍然是必要的和有益的。否则即使付出了学费,也不一定能够获得可以用来指导今后实践的知识。

马晓河君在本书中对上述争论做出的新的理论概括是:我国内地的分散工业化模式,是由城市经济和农村经济以及城市工业化和农村工业化构成的"双重二元结构"。他认为,中国形成这种"双重二元结构"并不具有必然性,它是在特殊的改革背景和制度条件下生成的,是城乡分割制度和政策作用的产物。在一些地区,这种结构模式在大量转移农村剩余劳动力、促进农业发展方面起到了重要作用,但它也给农业发展带来了跨世纪性的难题。要解决这些难题,就必须抛弃双重二元结构,实行两种工业一体化的战略,变双重二元结构为一重二元结构。为此,他提出在今后的宏观经济政策上,要分别实行城乡一体化的产业政策、户籍政策和财税金融等政策,并推行以大中城市带动小城镇的城市化道路。在新的结构转换思路下,中国农业发展应该采取"调、减、补、投、改、转"等六项政策。

虽然对本书所涉及的某些问题,如城市化在工业化过程中的作用,

---

① 辜胜阻:"中国农村剩余劳动力向何处去",《改革》,1994年第4期。

还可以作较之本书已有的论述更加深入的探讨,但本书以清晰的逻辑和翔实的论据讨论了我国农村在工业化和现代化过程中面临的一系列问题,对于所有关心如何进一步推进我国农业发展和经济社会结构转换的人们,都是一部很有参考价值的著作。

吴敬琏

2003 年 8 月 20 日

自　　序

　　1978年,安徽凤阳小岗村的村民冒死包干到户,这是农村经济体制改革的标志性事件。但其实1979年夏天,包产到户仍是禁区,即便被称为历史转折点的三中全会,对此也明文禁止。当时,对这一事件有支持的,有反对的,也有观望的。作为当过七年农民的我,亲眼经历了人民公社体制下"搭便车"、劳动者怠工的现象。所以我对"一切由生产队说了算"的体制持怀疑态度,早就认为一个让农民吃不饱饭的体制是不受欢迎的体制,只能是让少数人得益多数人受害,这样的体制是最糟糕的,迟早是要被抛弃的。那时,我最朴素的体会就是,只要让农民有饭吃,管他什么形式,都是应该支持的。因为我长期"品尝"了种地农民没饭吃的滋味和经历,农民没有饭吃还要干活,过年的时候连馒头饺子都吃不到,只能吃一些白薯干、高粱、玉米,还不是每家都有。有饭吃是最根本的问题,坚持一些所谓的主义是没有用的。一个体制如果解决不了农民最基本的生存问题,还有什么优势呢?后来1979年的内部讨论表示可以在边远地区实行包产到户,明确允许包产到户是在小岗村进行包产到户增加了产量之后。

　　1980年5月31日,邓小平在与中央负责同志谈到农村政策问题时指出:"农村政策放宽以后,一些适宜搞包产到户的地方搞了包产到户,效果很好,变化很快。安徽肥西县绝大多数生产队搞了包产到户,增产幅度很大。'凤阳花鼓'中唱的那个凤阳县,绝大多数生产队搞了大包干,也是一年翻身,改变面貌。有的同志担心,这样搞会不会影响集体经济。我看这种担心是不必要的。"这等于是邓小平明确提出是支持包产到户的。

到了下半年,1980年9月14日至22日,中央召开省市自治区党委第一书记座谈会,会后印发了《关于进一步加强和完善农业生产责任制的几个问题》,这是中央首次以文件形式明确肯定了十一届三中全会以来农民群众创造的以包产到户为代表的生产责任制新形式。

以包干到户为主要形式的土地制度改革是渐进式的,先有像肥西县、凤阳县"瞒上不瞒下"的土地承包,再到周边地区响应,慢慢扩展到全国各地。中央了解到了农民的创造实际,再逐渐开始允许和支持。同样的天、同样的地、同样的人,体制变了,人身自由了,激励机制有了,农民生产积极性空前提高,农业大丰收就成了必然之势。

农业大包干的特点是"交够国家的,留足集体的,剩下全是自己的"。大包干带来了农业连年大丰收,农民手里有了余粮,由于国家定购粮部分价格低,农民手里的余粮又不愿意卖出去,农民纷纷将余粮卖向自由市场,这又迫使国家在定购粮之外,实行议价收购农民的粮食,并开放集贸市场。于是,农民手中剩余的粮食从私下偷偷交易到最后可以公开拿到自由市场进行交易,这样才有了农产品市场。我国农产品购销体制就这么渐渐开始了。先是统购统销,接着是计划与市场双轨制,最后是完全市场购销。

土地包干后,农民有了人身自由,有了余粮,也逐渐获得农产品交换自由。这时,当农业连续大丰收后,农民手中的余粮变余钱,他们开始带着余钱,利用自由时间,寻找更多的、更大的赚钱机会,在城乡二元体制还处于封闭状态下,农民就在农村办起了乡镇企业,于是乡镇企业由少到多,由小到大地发展起来了。中央对乡镇企业的政策也是由限制到允许,由允许到支持。农民发展的乡镇企业特点明显,大多是农产品加工业、轻纺业,以劳动密集型为主。劳动密集型的乡镇企业大发展,不但为农民开辟了劳动致富的新路子,还矫正了我国长期以来重化工业优先发展的模式,使得我国经济发展模式转向以劳动密集型为主的发展道路。

1993年以后,我国实行了中央和地方分税制,中央和地方财政包干。这时,各地为了培育发展税源,扩大地方政府的财政收入,都想发展本地的非农产业。培养税源带来的一个最大的问题就是资金不足,没有钱还要干大事,那最后就要增加企业和农民的负担。当时的企业还不多,想要培养税源,就要从企业少要钱,所以只能从农民多要钱。于是把农民的地拿来办园区,还要从农民多收取农业税、农业特产税、屠宰税、村提留、乡统筹等各项税费。政府收了钱就可以来搞公共服务、园区建设,所以农民负担就越来越重。各地农民纷纷要求改革农村税费体制。

农村税费体制改革又提到议事日程。税费合一就是将农民当时承担的各项税费负担合并征收,要钱要在明处,减轻农民负担。在历史上,清朝入关后,曾经剥夺了华北等地区农民的土地,将农民变为当时无地可种的"贱民";还有各地当政者还要从农民加收税外税"火耗"。当时清政府实行满人治国,排除汉人精英,精英们没有官做,农民既没有地又有繁重的税费负担,于是这些人联合起来成立了很多教会,都想要推翻满清统治。清政府为了稳定王朝,雍正时期,提出把占用农民的土地还给平民;减轻税费负担,火耗归公(又称耗羡归公)。火耗是地方官征收钱税时,会以耗损为由,多征钱银。雍正二年七月推广全国,将明朝以来的"耗羡"附加税改为法定正税,合并成制度养廉银,这一举措集中了征税权利,减轻了人民的额外负担。

2000年以后,农村税费改革先在包产到户的发源地——安徽省展开试点,此后陆续在全国各地展开。从2000年到2006年,农村税费改革是以减免农业税费起步开始,最后以全面取消农业税为终结。农村税费改革从根本上解决了农民负担过重问题,融洽了党群、干群关系,为逐步协调工农关系、加快城乡统筹发展起到了巨大作用。也从宏观收入分配制度上理顺了国家、集体和农民之间的权利义务关系,保障了农民通过土地制度改革获得的权益不再受侵犯。

农村税费改革取得实质进展之后,地方政府提供"三农"公共服务能力出现了下降,城乡、地区公共服务供给差距随之扩大,农民对公共服务缩小城乡差距的愿望日益强烈。对此,国家从多方面入手推出重大改革举措,建立农村基本社会保障制度,实行农村基本医疗保险、基本养老保险制度;加强农业农村基础设施建设,重点解决农村路水电气网房和生态环境建设突出问题;强化解决农村公共卫生、文化、基础教育等供给短缺和结构性问题等。农村公共服务制度的建立和供给的增加,初步实现了农村公共服务从无到有、从少到多,有效遏制了公共服务城乡二元差距的扩大趋势,为深入推进国家全面现代化,弥补农业农村现代化短腿创造了基础条件。

40年的改革与发展,农业农村发生了翻天覆地的变化。40年农业农村改革也为中国的改革开放做出了巨大贡献。但是,在新的发展时期,我国要实现全面现代化,建设社会主义强国。农村不强、农民不富、农业不实现现代化,就无法建立社会主义强国。因此,中国农村改革仍然还在路上。

下一步的改革方向应该是重塑城乡关系,优先加快推进农业农村现代化。改革的主要内容包括:

第一,加快农业农村现代化,核心是解决人、钱、地问题。人就是指要使一部分农村人口转变为城市人口,必须使中国的城市人口达到75%以上。为此,除特大城市以外,其他城市应该放宽放开农村进城落户的条件;其次,要提高农民的职业技能,由政府提供经费支持培训,使留在农村的人变成现代职业农民;再次,要培养一批热爱农业、热爱家乡的专业技术人才；最后，要鼓励、吸引社会和城市人才到农村经营农业。第二，政府应加强在农业农村方面的投入，增加农业现代化装备投入，逐步实现城乡公共服务均等化，农民养老、医疗和农村的基础设施都应该和城市保持一致。第三，要完善农村治理体系，加强领导和管理理，村委会、村民代表大会、"五老"都应该发挥他们的作用。第四，农民要想增加收入，除了进城之外，要加强农村三产融合，发展乡村旅游、特色传统文化旅游、体验式旅游等。未来的经济发展，农村和城市的发展应该是融合发展、一体化推进，让农民生活在农村不比在城市里差。第五，土地也要加快改革。首先，农村的征地要按照市场化原则；其次，下一步应进行土地承包权的人格化，就是要具体化，具体到个人权利上。宅基地和农村建设用地，农民有权不经过国家征地，直接进入一级市场。

当前，面对错综复杂的形势，面对繁重的改革开放任务，需要一切关心中国农业农村和农民问题的人们，共同切磋和探索农业农村发展的未来。在纪念40年改革开放之际，《结构转换与农业发展》一书能够再版，也许可以展现给我们一个对中国农村改革历程回顾的视角，陈述作者一贯追求农业农村发展转型的思路。愿有志于推进农业农村改革的人们能从书中获得有价值的参考，得到有益的启发，为我们的父老乡亲富起来、农业农村强起来和美起来贡献力量。

2019年1月

目　　录

第1章　导论 ··· 1
　1.1　问题的提出 ··· 1
　1.2　文献综述 ·· 3
　1.3　研究方法与全书结构 ·· 15
　1.4　本书的主要观点和结论 ·· 17
　1.5　本书不足之处 ··· 20

第2章　结构转换与农业发展的一般理论 ·· 21
　2.1　经济结构的内涵 ·· 21
　2.2　经济结构转换的一般理论 ··· 23
　2.3　结构转换中农业的作用 ·· 27
　2.4　结构转换对农业发展的影响 ·· 35
　2.5　结构转换与农业发展过程中的制度选择 ···························· 42

第3章　传统体制下中国经济结构演变与农业发展的关系 ················ 51
　3.1　传统经济发展战略的选择与计划经济体制的形成 ··············· 51
　3.2　计划经济体制条件下农业剩余转移与
　　　 发展的理论模型分析 ·· 60
　3.3　传统经济发展战略的成效和结构变化特点 ························ 66

3.4 结构变化对农业发展的利弊分析 ……………………………… 74

第4章 改革后经济发展战略调整与双重二元结构的生成 ……… 101
    4.1 农村经济体制改革和经济发展战略的调整 ……………… 101
    4.2 农业的发展和新的结构转换模式的生成 ………………… 111
    4.3 乡镇企业的成长和双重二元结构 ………………………… 117

第5章 双重二元结构下的农业发展 ……………………………… 130
    5.1 两重工业化格局下的经济增长和对农业的需求 ………… 130
    5.2 农业内部结构变动与发展特点 …………………………… 138
    5.3 两重工业化格局下的区域结构变动与农业发展 ………… 145

第6章 双重二元结构下农业发展遇到的问题 …………………… 152
    6.1 两重工业发展条件下农产品的供求矛盾 ………………… 152
    6.2 城乡工业过度竞争对农业资源的占有 …………………… 154
    6.3 双重二元结构对农业剩余劳动力转移的限制 …………… 158
    6.4 由人地关系紧张引起的农业"三高"问题 ……………… 169

第7章 新时期结构转换的战略思路选择 ………………………… 174
    7.1 对现有几种战略思路的评价 ……………………………… 175
    7.2 两重工业一体化的发展战略 ……………………………… 185

第8章 新时期的农业发展政策调整 ……………………………… 200
    8.1 调:利用两种资源和两个市场,积极调整农业生产结构 …… 201
    8.2 减:进一步减轻农民负担,弱化农业对工业化的
         资本积累功能 ……………………………………………… 205

8.3 投:增加政府对农业的投入支持,
　　 进一步改善农业的生产条件 …………………………… 212
8.4 补:充分利用 WTO 有关规则,加大对农业的补贴力度 …… 216
8.5 改:加快对农业和农村经济管理体制的改革 ……………… 224
8.6 转:加快农业剩余劳动力的转移 …………………………… 230

参考文献 ………………………………………………………… 233

图 索 引

图 2-1 农业资本、劳动力剩余与工业发展 ………… 31
图 2-2 工业发展对农产品和劳动力的需求 ………… 37
图 2-3 工业品投入与农业增长 ………………………… 38
图 2-4 生物化学技术变迁模型 ………………………… 40
图 2-5 机械技术变迁模型 ……………………………… 41
图 3-1 计划经济体制与农产品供求 …………………… 61
图 3-2 政府干预与农产品供求 ………………………… 63
图 3-3 政府多重干预与农产品供求 …………………… 65
图 3-4 农产品价格干预与工业化原始资本积累 ……… 83
图 3-5 工业品价格干预与工业化原始资本积累 ……… 83
图 5-1 工业增加值在城乡工业中的变化 ……………… 132
图 5-2 20世纪90年代农产品收购价格变化 ………… 139
图 8-1 加入WTO与农产品供求变化分析 …………… 217
图 8-2 大宗农产品的进口与社会福利结构变化 ……… 218
图 8-3 短缺型农产品的进口替代 ……………………… 219
图 8-4 过剩型农产品的进口替代 ……………………… 219

表 索 引

表 2-1	美国和日本三大产业就业结构变化值	24
表 2-2	不同发展水平的经济结构变化	26
表 3-1	全民所有制单位职工平均工资	63
表 3-2	1953~1978年中国粮食进出口数量变化	64
表 3-3	国内生产总值增长及人均水平变化	66
表 3-4	各个计划时期三次产业的基本建设投资	68
表 3-5	1952~1978年我国国内生产总值结构变化	69
表 3-6	工业总产值结构变动	69
表 3-7	1952~1978年工业产值增长的产业部门因素	70
表 3-8	中国霍夫曼比例变化值的估计	72
表 3-9	霍夫曼比例各国估计值	72
表 3-10	先行工业化国家与中国经济结构变动速度的比较	73
表 3-11	传统战略条件下经济增长的产业部门因素	73
表 3-12	农业主要现代物质要素投入量	75
表 3-13	农业总产值、粮食产量与排灌机械、化肥及用电量的回归模型	76
表 3-14	商业、工业以及非农业居民购买农产品的数量情况	77

表 3‐15	农业税与财政变动情况	80
表 3‐16	1950~1978 年我国农产品及其加工业的出口情况	86
表 3‐17	资本从农业部门流入与流出情况	88
表 3‐18	世界 57~59 个国家分组的就业结构与产值结构变动比较	93
表 3‐19	世界发展模型"标准结构"中就业结构与产值结构变动比较	93
表 3‐20	世界 57~59 个国家分组的结构变化值比较	94
表 3‐21	"标准结构"中结构变化值比较	94
表 3‐22	1952~1978 年产值结构和就业结构变化值比较	95
表 3‐23	结构转换与城市化水平的关系	97
表 3‐24	1952~1978 年我国结构变动与城市化对比	98
表 4‐1	农产品收购价格指数及农村工业品零售价格指数比较	108
表 4‐2	1978~1990 年我国农业发展情况	111
表 4‐3	新中国成立以来我国农业内部结构变化	112
表 4‐4	1978~1990 年农业增长的部门因素分析	112
表 4‐5	1978~1990 年工业增长的部门因素分析	113
表 4‐6	工业每增加亿元产值需要的基本投资数量	114
表 4‐7	主要农产品实际用工量变化	118
表 4‐8	乡镇企业发展情况	121
表 4‐9	城乡劳动力资源配置结构	124
表 4‐10	城乡间国内生产总值产出结构	125
表 5‐1	国内生产总值构成	131
表 5‐2	国民经济增长的部门因素	131

表5-3	双重二元结构下城乡工业增长贡献作用	133
表5-4	全国部分工业产品产量	134
表5-5	中国劳动力结构变动统计	136
表5-6	城乡居民食品消费情况变动统计	137
表5-7	1990~1996年农产品价格与GDP比较	138
表5-8	农产品收购价格指数与农业增加值、粮食和油料产量的回归模型	140
表5-9	20世纪90年代主要农产品生产投入结构变化情况	142
表5-10	1952~2000年农业增长与投入要素回归分析	142
表5-11	种植业作物播种面积结构变化	145
表5-12	我国各地区国内生产总值构成变化	147
表5-13	我国三大地区乡镇企业增加值构成情况	147
表5-14	我国三大地区就业结构变动情况	148
表5-15	我国三大地区主要农产品产量增长情况	150
表5-16	我国三大地区农业产值结构变动情况	150
表6-1	1996~2000年全国主要农产品的收购价格指数	154
表6-2	1994~2000年农业、农民税费主要负担情况	158
表6-3	全社会固定资产投资与劳动力供给增长的比较	160
表6-4	主要农产品生产实际用工量变化	161
表6-5	国有工业企业年末固定资产原值和职工人数	162
表6-6	乡镇企业年末固定资产原值和职工人数	163
表6-7	全国第二产业增加值与劳动就业增长情况	164
表6-8	全国农业和第二产业劳动生产率的变化比较	165
表6-9	标准结构模型中的产业比较劳动生产率与结构反差指数	167

表6-10	中国产业结构及城市化与钱—塞标准结构之间的偏差	168
表6-11	20世纪90年代主要农产品亩投入物质费用与产出变化	170
表6-12	20世纪90年代几种农产品生产每亩收益变化	171
表6-13	1999年中国与美国玉米亩产生产成本比较	172
表7-1	城镇居民平均每人全年购买主要农产品数量	180
表7-2	城镇居民平均每人全年食品、衣着消费支出情况	181
表7-3	国内生产总值与出口额的变化情况	183
表7-4	中国出口结构变化情况	185
表7-5	亚洲几个国家农产品加工业增长情况	188
表8-1	中国主要农产品的市场准入量	202
表8-2	不同关税配额完成率条件下替代的国内农产品产量和播种面积	203
表8-3	加入WTO对农业就业影响测算	204
表8-4	全国税收收入构成	211

第1章 导论

1.1 问题的提出

改革开放以来,经济学家中有许多人用发展经济学理论来研究和解释中国的经济发展问题。在这些学者中,一部分人以结构主义的观点和方法①,对中国的城乡关系、工农关系以及农业发展,进行了广泛而深入的研究,并提出了一些富有创新的研究成果。这些研究成果大大地丰富了中国经济实证研究的理论文库。当我们从这些研究成果中不断吸收理论营养时,也在思考以下问题:

(1)从一般理论上讲,经济结构转变与农业发展究竟是一个什么样的关系。在现有的研究成果中,大多数学者往往从自身的理论研究体系出发,站在经济结构转变的角度,强调农业发展对经济增长的贡献。而另外一些学者常常又从农业发展需要出发,强调在经济结构转换过程中,工业部门应该为农业发展做出贡献。到底从何种角度才能全面系统地认识和探索结构转变同农业发展之间的关系,正是本书的首要研究任务。

---

① 美国经济学家 L. 泰勒在他的《结构主义宏观经济学》一书中,提出了结构主义经济学的概念,他指出以结构作为理论基础的经济分析,就是结构主义的方法。参见 L. 泰勒所著《结构主义宏观经济学》(经济科学出版社,1990年,第1页)。

(2) 在传统计划经济体制下,中国经济结构演变为什么选择了一条以牺牲农业发展,促进工业特别是重工业优先发展的道路。在这种选择中,农业在为工业发展做出了超常贡献的同时,是如何取得发展的。本书能否用一个理论分析模型,对传统计划体制下中国经济结构转变与农业发展的相互关系,进行较为深刻的研究,并能获得期望的结论。

(3) 1978年以后,随着城乡经济体制改革和经济发展战略的调整,中国的经济结构在转换模式上出现了哪些新特点。这些特点是否改变了原有二元结构转换的格局,把农业发展同工业化的关系推向了一个新的阶段。在这方面,虽然一些学者提出了"双重工业化"、"三元结构"等富有创见的概念和观点①。但由于缺乏必要的理论支撑和深入全局的实证论述,使人感觉到要么说服力不强,要么需要继续进一步研究。这一时期是中国的社会经济体制大变革时期,也是经济结构快速变动的阶段,如何运用发展经济学理论,借助结构主义的思想方法,系统深入地研究改革开放以来结构变动与农业发展的关系,是本书要研究解决的第三个重点问题。

(4) 20世纪90年代,中国农业发展出现了一系列新的矛盾和问题,例如在农产品供给由全面短缺走向阶段性和结构性过剩后,生产成本上升,农产品市场价格下跌,农业收益持续下降;在国民经济呈现持续景气繁荣的条件下,农业剩余劳动力向外转移缓慢,农民增收"无

---

① 雷锡禄和马晓河在1987年国务院农村发展研究中心委托课题"农业和国民经济关系"中,提出了国家工业化和农村工业化即双重工业化的概念,此后郭玮、周海春在"新工业化格局下的农业发展"一文中(见《农业现代化研究》1989年第1期)也提出了这一概念。1991年,李克强在《中国社会科学》第3期"论我国经济的三元结构"一文中提出了"三元结构"概念,此后陈吉元和胡必亮在《经济研究》1994年第4期上,也发表了"中国的三元结构与农业剩余劳动力转换"一文,对三元结构的形成与农业剩余劳动力的转移关系进行了论述。

门",但税费负担迅速增加。显然,这些问题的产生,仅仅从农业发展本身来研究分析是远远不够的,还必须从结构转变进而从工业化角度深入展开研究。

(5)当前,解决结构转换中工业乃至非农产业与农业之间的矛盾关系,推动农业发展,不能停留在既有资源配置制度和结构转换方式上进行修修补补,必须实现经济发展战略的彻底改变,究竟采取一种什么样的经济发展战略,在结构政策和农业发展政策上做出哪些调整,才能使中国经济结构转换与农业发展走出困境,推动国民经济走向进一步繁荣。这是本书试图致力解决的最后一个问题。

总之,本书将围绕上述5个问题,借助结构转变与农业发展的一般理论,对我国改革开放以前和以后在经济结构转换过程中,农业与工业乃至非农产业的发展关系,以及农业自身的发展,展开全面、系统和深入的研究。通过研究和探索,期望能在理论上有所创新,在政策选择上能有新的突破。

1.2 文献综述

多年来,针对经济结构转换与农业发展,国内外经济学家多有研究,并取得了一大批优秀研究成果。

1.2.1 国外文献分析

在国外,自从20世纪30年代初费希尔(A. G. B. Fisher)提出"三次产业"划分的思想之后①,有关产业结构问题的研究文献汗牛充栋。最早研究并发现产业结构变动规律的是科林·克拉克。他在20世纪40

---

① 转引自杨治《产业政策与结构优化》,新华出版社,1999年,第65页。

年代就提出,随着人均国民收入水平的提高,劳动力首先由第一次产业向第二次产业移动。当人均收入进一步提高时,劳动力便向第三次产业移动。劳动力在产业间的分布状况,第一次产业将减少,第二、三次产业将增加。这就是所谓的"配第—克拉克定理"①。在产业结构演变中,第一产业或者说农业的劳动力、土地、资本要素是如何变化的,农业与非农产业的关系以及经济结构的具体变动,经济学家们都有研究和结论。仔细分析这些研究成果,其中大多数经济学家都是从发展经济学的视角研究结构转换与农业发展关系的。这些经济学家可以分为三个流派:新古典经济学、新马克思主义和结构主义。在本书中,为了便于开展研究,作者将它们分成两类,一类是以阿瑟·刘易斯、古斯塔夫·拉尼斯、费景汉、西蒙·库兹涅茨、霍利斯·钱纳里和莫尔塞斯·塞尔昆等为代表;另一类以舒尔茨、早见雄次郎、拉坦、加塔克等为代表。1954年,阿瑟·刘易斯发表了题为《劳动无限供给条件下的经济发展》,提出了著名的二元经济结构理论模型。刘易斯指出,在发展中国家一般存在着性质完全不同的两个经济部门,一个是维持生计部门,即传统部门,一个是资本主义部门,也称现代部门。他认为经济发展的重心是传统农业向现代工业的结构转换。转换的核心是农业部门的剩余劳动力向现代部门的转移问题。因为在二元经济结构中,传统部门存在着无限供给的劳动力。② 嗣后,拉尼斯和费景汉等人对刘易斯的模型加以修改和扩充,形成了拉—费模型。该模型提出,当经济还处于劳动力无限供给时期,工业部门的扩张对劳动力的转移(或拉动)和农业生产率的提高有着积极的意义。同时,这个时期农业部门劳动力无限供给(实际工资的不变性),构成了经济增长规律的决定因素。随着

---

① 转引自杨治《产业经济学导论》,中国人民大学出版社,1985年,第40~42页。
② 〔美〕阿瑟·刘易斯:《二元经济论》,北京经济学院出版社,1989年,第1~46页。

经济重心从农业部门转向工业部门,农业失业后备军将会逐渐消失。一旦农业剩余劳动力被吸收完毕,劳动力就会成为稀缺商品,工业部门就出现了资本深化取代资本浅化的趋势。此时,经济转折点(从欠发达经济向成熟经济过渡)就会出现。转折点的到来对农业发展产生了比较大的影响,例如它带来了农业部门的商业化,使得其更加强调实现利润,这为农业的进一步发展创造了必要条件。同时在转折点以后,支配整个经济的资本积累源泉的规律也改变了,农业部门的地位作用发生了引人注目的变化。在经济欠发达阶段(劳动力无限供给),农业部门就是工业和经济增长过程所需人力、食物和原料的主要来源。为了工业部门的利益,农业受挤压被看作是一种逻辑的必然性。随着转折点的出现,经济的二元性特征萎缩,农业作为一个单独部门日益变成整个经济的附属物,是接受"补助"而不是受"挤压"的部门。过了转折点以后(成熟经济),农业部门便完成了它的历史使命①。

1961年,西蒙·库兹涅茨在其《经济增长与农业的贡献》一书中,从产品、市场、要素、收入等方面论述了农业对经济发展的作用,提出了著名的农业"四大贡献"说②。此后他在《各国的经济增长》③一书中指出,每一个现在的发达国家(日本除外)是在人均国内生产总值超过200美元(1965年美元)开始进入现代经济增长时期的。通过对世界许多国家三个生产部门(A、I、S)④极其细分部门对国内生产总值变动影响分析发现,在从人均国内生产总值51.8美元(1958年美元)到

---

① 〔美〕费景汉、古斯塔夫·拉尼斯:《劳力剩余经济的发展》,华夏出版社,1989年。
② 转引自〔印〕苏布拉塔·加塔克、肯·英格森特:《农业与经济发展》,华夏出版社1987年,第26页、第386页。
③ 〔美〕西蒙·库兹涅茨:《各国的经济增长》,商务印书馆,1985年。
④ A指农业、林业、狩猎和渔业等;I指矿业、采掘业、制造业、建筑业、电力、煤气、水、运输和通讯业;S指商业、银行、保险、房地产、政府国防和其他服务业。

1382美元国家分组中,A部门在国内生产总值中的份额与人均国内生产总值成反比例关系,I和S部门与人均国内生产总值成正比例关系。这就是说随着人均国内生产总值从较低移向较高收入水平时,农业部门在国内生产总值中的份额越来越低,而非农产业部门的份额越来越高。他进一步指出,如果在生产结构内对农业向非农业的转换以及非农业部门内部的转换之间进行区分,在人均国内生产总值水平较低组距内,非农业部门的份额上升迅速,而其内部结构转换可能只是和缓的;在人均国内生产总值较高水平组距内,非农业部门之间和细分部门之间的结构转变则较为显著。库兹涅茨还从劳动力结构、消费支出结构变化,分析了经济结构在农业和非农业部门以及非农业部门内部的变动。在分析结构变动成因时,他认为工业技术高度的和加速的变动率是引起生产结构惊人改变的主要因素。

另一个从结构变动研究经济发展问题并引起很大影响的是霍利斯·钱纳里和莫尔塞斯·塞尔昆。他们根据二战后20多年100多个国家的统计资料,建立了经济结构转变的多国模型[1]。这一模型揭示了结构转变的一般规律和基本趋势。钱纳里认为,发展就是经济结构的成功转变,结构转变就是劳动和资本资源从生产率较低部门(农业)向生产率较高部门(工业)转移,这种转移能够加速经济增长。霍利斯·钱纳里将结构转变划分成三个阶段,即初级产品生产阶段、工业化阶段和发达经济阶段。在每个阶段里,他揭示出了农业的地位、作用和变化。在结构转换的第一阶段,占统治地位的是初级产品生产活动,主要指的是农业,这是可交易商品产出增长的主要来源。这一阶段,尽管初级产品生产增长慢于制造业,但由于低收入水平对制成品的有限需求,

---

[1] 〔美〕霍利斯·钱纳里、莫尔塞斯·塞尔昆:《发展的格局(1950~1970)》,中国财政经济出版社,1989年,第22~23页。

使制造业不能成为总产出的主要来源。在附加价值中农业的高比重，是这一阶段总增长速度较慢的主要原因之一。在第二阶段，即工业化阶段，结构转换的重心由初级产品生产向制造业生产转移。本阶段，制造业对经济增长贡献的重要性发生了变化。根据标准结构变动模式，一旦人均收入水平超过 400 美元（1964 年美元），制造业对经济增长的贡献就高于农业的贡献。在第三阶段，受需求影响，制成品的收入弹性开始减少，制造业在国民生产总值以及社会就业中的份额都发生了下降。此时，最引人注意的变化是农业。农业已由生产率低速增长的部门转变为劳动生产率增长速度最高的部门。农业劳动力的持续转移，农业同其他产业部门的工资缺口的逐步消失，是变化的基本原因，它们促进了资本对劳动力的替代和各种技术进步①。

仔细分析前述经济学家们的研究成果，可以发现他们在研究结构转换和农业发展关系时存在两大缺陷：①他们的兴趣是结构转换或工业化，仅仅关注资源要素从农业部门向现代部门的运动过程。至于在结构转变过程中，农业如何发展并不是他们研究的重心。而且多数学者还认为工业部门是经济进步的主导力量，农业是促进工业化的手段，农业的发展必须依赖于工业部门。②这些研究成果大多以市场经济制度为前提，并将技术变革和体制演变当成外生变量。这些不足大大影响了其理论模型的适用范围。

同上述经济学家有着截然不同看法的一些学者是舒尔茨、早见雄次郎、拉坦、加塔克、梅勒等。舒尔茨认为，农业像工业一样都是经济发展中的重要部门，只要农业通过现代化改造，也可以成为经济增长的重要源泉。要把传统农业改造成高生产率的部门，关键是打破传统农业

---

① 〔美〕霍利斯·钱纳里、S. 鲁滨逊、M. 斯尔奎因等：《工业化和经济增长的比较研究》，上海三联书店，1996 年，第 22 页、第 96~99 页。

要素配置的低效率均衡,向农业投入新的现代生产要素(机械、杀虫剂、化肥和其他工业产品),形成对传统要素的替代。对农业进行人力资本投资(知识和技能的培训),是实现农业现代化最为关键的要素。而市场经济体制的选择,则有利于将现代要素顺利引入农业,完成对传统农业的改造①。舒尔茨改造传统农业模式有明显的不足之处,他只重视农业本身发展,而忽视结构转变和工业化对农业发展的积极作用,农业发展似乎可以独立于工业化之外。

早见雄次郎和拉坦提出了一个新的农业发展理论:诱导发展模式。他们在《农业发展:国际前景》一书中指出,技术进步是决定农业发展的基本力量。要实现农业发展,离不开农业技术的变迁。农业技术变迁是在经济力量或价格机制的诱导下实现的。他们认为工业化对农业发展的重要影响,一是非农部门的发展增加了对农产品和劳动力的需求;二是它推动着农业技术的迅速进步。工业技术的进展,降低了投入到农业部门的生物和机械等物品的成本,导致农业部门技术变化和生产率提高。同时,工业部门在培训具有较高知识水平与技能的现代农民及在农村交通、通讯等基础设施建设方面,为农业充分利用现代要素投入创造了条件。同样地,农业生产和生产率的增长也导致对工业部门产品需求的提高,同时游离出工业增长所必需的劳动力②。早见雄次郎和拉坦确定的诱导发展模型,强调要有完善健全的市场体制,这就将该模型限定在了狭小的适用范围。另外,他们仅仅关心农业如何发展,而对结构转换以及工业化重视不够。其他几位农业经济学家的研究成果也同前几位学者都有相似之处,在论述农业发展方面比较详细深入,而对结构转换与农业发展的关系分析严重不足。

---

① 〔美〕西奥多·舒尔茨:《经济增长与农业》,北京经济学院出版社,1991年;《改造传统农业》,商务印书馆,1999年。

② 〔日〕早见雄次郎、〔美〕费农·拉坦:《农业发展:国际前景》,商务印书馆,1993年,第70~85页。

1.2.2 国内文献分析

在国内,较早研究结构转换与农业发展关系的当属张培刚教授。他在1945年发表的"农业与中国的工业化"一文中就指出,农业本身就包含在工业化过程之内,并且是这个过程内在的不可分割的一部分。当工业化达到使人均获得一个合理的生活水准时,农业的地位将不免要下降。这并不是说农业活动实际上在减弱,而只不过用国民产品或国民收入所计算表示的农业相对份额趋于下降。至于农业活动的绝对数量则多半将继续扩张。在该文中,他还从粮食、原料、劳动力和资金积累等方面阐述了农业与工业的供求关系。张培刚教授认为,在中国的工业化过程中,农业将扮演一个重要而又有些被动的角色,因为农业的任何改良都必须以工业发展为前提。中国农业可以在四个方面帮助发展工业化。一是中国粮食供给是工业化的主要来源;二是给制造业提供原料;三是给工业提供大量劳动力;四是为工业产品提供购买者①。

吴敬琏教授在"试析我国当前的经济发展阶段及其基本矛盾"一文和《当代中国经济改革》一书中指出,中国是一个典型的具有二元经济结构特征的国家。在新中国成立以后,经过第一个五年计划,中国具备了从传统经济向现代经济突进的条件。目前,我国正处于从二元经济向现代经济发展急速转变阶段的初期或前期。在现代化过程中我国遇到的基本问题,其枢纽则在于农村潜在剩余劳动力大规模地向非农产业转化。只有农村劳动力大量转向非农产业,才能迅速发展现代部门,提高整个国民经济效率;也只有农业劳动力大量转出,才有利于农

---

① 张培刚:《农业与中国工业化》,《张培刚选集》,山西经济出版社,1997年,第278~288页。

业向大生产发展和集约化经营。因此,从一定意义上说,农村劳动力向非农产业的转化是工业化和现代化的核心内容。为了促进农村剩余劳动力向非农产业转移,必须大力发展中小企业。采取大力发展小城镇的战略和政策,促进中小企业的发展,并主要用这种方式实现中国的城市化①。2002年3月,吴敬琏教授又提出,农民贫困、农业停滞和农村偏枯的根源在于农村人口过多,资源匮乏。这种基本态势不改变,其他措施都很难收到提高农业生产效率和增加农民收入的显著成效。不顾客观经济规律地提高农产品收购价格,解决不了"三农"问题;在农村存在大量剩余劳动力,即农业劳动的边际收益为零,甚至为负的条件下,农业产业结构的优化也是不可能的。只有推进农村剩余劳动力向城镇非农产业转移,才能解决"三农"问题。农村剩余劳动力转移的去向是各级城市,职业去向是非农产业。在当前情况下,我们必须采取一切可能的措施,大力发展中小企业。为了大力发展中小企业,加速农村剩余劳动力的转移和促进"三农"问题的解决,除了要坚持和完善支持民间经济发展、启动民间投资等有效政策之外,还要把有利于农村劳动力转移和增加就业作为最重要的指导方针;以法律形式确认农民对土地的永久使用权;推进基层政府机构改革和农村税费改革,切实保障农民的收入财产权利;初步建立城乡衔接的社会福利保障制度,兑现农民的社会福利保障②。

顾焕章教授在"论农业现代化的含义及其发展"和"传统农业向现代农业的转化"两份研究成果中提出,农业是国民经济增长的基础和起点。大量农业劳动力从耕地上转移出去,向生产的广度和深度进军,

---

① 吴敬琏、李剑阁等:"试析我国当前的经济发展阶段及其基本矛盾",载《吴敬琏选集》,山西人民出版社,1989年,第304~342页。

② 吴敬琏:"放手发展民营中小企业,实现农村剩余劳动力转移,是解决'三农'问题的中心环节",2001年12月24日在中央召开的一次讨论"三农"问题的座谈会上的讲话稿。

为我国由传统农业向现代农业的转化提供了条件。农业现代化是伴随着工业化的出现而开始的,没有工业革命就不会实现农业的现代化。农业现代化是产业结构变动规律和经济规律共同作用的结果。20世纪50年代兴起的工业新技术革命,将为农业发展提供更为丰富和多样化的现代要素投入,这为农业现代化赋予了新的内容①。

在1991年李克强提出"三元经济结构"②的概念以后,陈吉元和胡必亮两位专家将三元经济结构与农业剩余劳动力转移问题联系起来,对改革开放以来中国经济结构形态的转换与变迁进行了深入的理论分析③。该文指出,三元经济结构是指由农业部门经济、农村工业部门经济及城市部门经济所构成的经济体系。在"三部门模型"下,中国经济发展的目标与任务不仅仅是消除二元结构问题,而且要通过现代经济增长最终消除三元结构,这样才能实现由传统农业经济向现代经济的转变。由于体制的差异,三元结构系统并不主要是市场在竞争中形成均衡的结构状态。在这个经济体系中,农业部门按照国家计划(现以合同形式体现)在国家统一价格下(现已逐步放开),优先为城市部门提供各种农产品,并按国家计划为城市部门输出部分劳动力;同时,农业部门还为农村工业部门提供农产品原料和口粮,输送劳动力。城市工业部门一方面通过政府的非经济手段从农业部门无偿取得部分剩余;另一方面也通过对它有利的贸易条件与农业及农村工业进行交易,从中获取更大的发展资金。对农村工业而言,它从农业部门获取原始积累、劳动力、相当部分的生产资料及食品,同时为农业提供小型农机

---

① 顾焕章:"论农业现代化的含义及其发展"和"传统农业向现代化农业的转化",《科技进步与农业发展》,河海大学出版社,1999年,第386~388页,第461~481页。
② 李克强:"论我国经济的三元结构",《中国社会科学》,1991年第3期。
③ 陈吉元、胡必亮:"中国的三元经济结构与农业剩余劳动力转换",《经济研究》,1994年第4期。

具及其他生产资料和为当地人民提供各种生活资料。此外,不少地区的农村企业还采取"以工补农、以工建农"方式,促进农业的发展。作者通过分析认为,中国试图像发达国家那样依靠城镇发展而将农业剩余劳动力吸收完毕是不现实的,必须从中国现实出发,充分考虑三元经济的结构特点,大力培植与发展新型的农村工业经济,以实现农业剩余劳动力向农村工业及其他非农产业的顺利转移。为此作者建议,扬弃有关"二元经济"体系的思想及由它引出的政策含义,把农村发展及农业剩余劳动力转移的基点放到农村工业发展上,支持乡镇企业的进一步发展;对城市经济体系而言,当好农村经济发展的协调"人",根据农村发展需要调节各经济要素的供求关系。

与此同时,辜胜阻教授发表了"中国农村剩余劳动力向何处去"一文①。该文指出,要使中国传统农业转向现代农业,必须使生产要素冲破现有格局,在农村进行组织结构创新。这里的关键是实现农村劳动力和资金的转移,让农民分享工业化、城市化的利益和城市文明。同陈吉元、胡必亮强调要大力培植和发展农村工业经济的观点有所不同,辜胜阻的主要观点是,解决中国农村剩余劳动力转移,使农业转向现代化,必须引导农民走农村城镇化的道路。他认为,在强调多元化安置的前提下,要把农村城镇化作为安置农村剩余劳动力的主渠道。这可以延缓农村剩余劳动力向大城市的加速流动,又能避免分散的工业化道路对资源的巨大浪费。在引导农民走农村城镇化道路问题的分析上,作者提出了推进二元城镇化对策,即一方面实施城镇化的据点发展模式,另一方面实施网络城镇化发展模式。同时,鼓励转移农业劳动力的土地向种田能手集中,推进农业的适度规模经营,增强劳动力转移的农业基础。为了延缓农村剩余劳动力向大城市加速流动,该文提出通过

---

① 辜胜阻:"中国农村剩余劳动力向何处去",《改革》,1994年第4期。

经济导向、人口素质导向和社会规范导向等设置进城"门槛"条件,对城乡人口流动进行调节,并对农民跨区域流动实行政府的宏观指导和协调。另外,为了促进农村剩余劳动力转移,作者还建议要进行一系列的制度创新、劳动力市场体系建设和宏观调控体制的建设。

此外,涉及结构转换与农业发展问题的研究专家及其成果还有,牛若蜂、郭玮等的《中国经济偏斜循环与农业曲折发展》,蔡昉的《中国的二元经济与劳动力转移》,陈吉元、韩俊的《人口大国的农业增长》,王积业、王建等的《我国二元结构矛盾与工业化战略选择》,朱道华、冯海发的《农村工业化问题探索》,李澂的《农业剩余与工业化资本积累》,郭剑雄的《二元经济与中国农业发展》,林毅夫等的《中国奇迹:发展战略与经济改革》等。在这些研究成果中,大多数专家都对改革前我国经济结构转变与农业发展的关系进行了批判性的分析。他们一致认为,改革前我国用城乡分割的计划经济体制,从农业过度抽取剩余资金支持工业特别是重工业优先发展。这种发展模式导致了农村劳动力大量剩余,农业发展长期滞后,这严重制约了经济结构的进一步转换。1978年以后,通过调整经济发展战略和改革传统经济体制,使得扭曲的经济结构得到矫正,农业乃至整个国民经济取得了举世瞩目的发展成就。但是,针对当前农业发展与经济结构转换或工业化之间的矛盾问题,如大量转移农村剩余劳动力,增加农民收入,实现农业现代化同工业结构调整和快速升级的矛盾;资源要素过分向第二产业倾斜,同第一、三产业发展严重不足的矛盾等;都有着不同的解决思路。一种思路认为,当前和今后我国应该走工农业协调发展的道路[①];第二种思路是我国应该选择由"农业挤压"向"农业平等"转化,实现农业与工业的平

---

① 牛若峰、郭玮、陈凡:《中国经济偏斜循环与农业曲折发展》,中国人民大学出版社,1991年,第152~165页。

等发展①；第三种思路认为目前我国宜选择一种城市发展高级化产业、农村发展劳动密集型产业的"双层分离式"发展战略②；第四种思路是我国选择二元结构多元化战略比较适宜，即在先进一极生产方式和落后一极生产方式之间，重点发展介于两者中间层次上的生产方式③；还有一种思路是解决目前的矛盾，应该按比较优势战略发展本国有比较优势的产业④。2001年5月，林毅夫先生针对当前中国生产能力过剩、民间投资和消费乏力、农民收入增长缓慢和社会收入分配差距较大等问题，又提出了加大农村基础设施投资，启动农村市场，并遵循比较优势原则，调整国民经济结构⑤。

从这些研究成果可以看出，国内学者在研究我国经济结构转换与农业发展问题上，从不同角度进行了大量的探索，并在许多方面有所创新和突破。但是，这些研究在以下方面还有待完善：①对结构转换与农业发展间的关系缺乏专门、细致和系统性的分析研究，使得研究深度显得不够；②在引用西方经济学理论分析问题时，对中国经济发展实际结合得不是十分紧密；③对20世纪90年代中期以来，在我国结构转换中出现的农业发展重大问题，例如农业剩余劳动力进一步转移问题，提高农民收入问题，农业的新发展方向问题等，研究尚不充分，特别是在解决问题的思路和政策建议上，要么针对性不强，要么只强调某一个方面。例如，当前颇有一些专家就认为，解决农业发展问题在于农业之

---

① 李澂：《农业剩余与工业化资本积累》，云南人民出版社，1993年，第32页。
② 王积业、王建：《我国二元结构矛盾与工业化战略选择》，中国计划出版社，1996年，第26页。
③ 蔡昉：《中国的二元经济与劳动力转移》，中国人民大学出版社，1990年，第152~164页。
④ 林毅夫等：《中国的奇迹：发展战略与经济改革》，上海三联书店、上海人民出版社，1994年，第88~114页，第234~237页。
⑤ 林毅夫："生产过剩太过严重 农村消费才是出路"，《21世纪经济报道》，2001年5月14日。

外,至于农业怎么样发展他们并不关心。还有一些专家针对经济增长与农业发展之间出现的问题,往往跳不出现有城乡经济发展格局和制度安排,把解决农村剩余劳动力和农业发展问题的重点局限在农村范围之内,过分强调发展以农村工业为代表的乡镇企业,或推进农村城镇化上。

1.3 研究方法与全书结构

1.3.1 研究方法

本书采用的是归纳和演绎的逻辑分析方法,按照提出问题,评述现有文献资料,选择经济学理论解释,建立假设,用事实验证,得出结论,指出解决问题的路径和应采取的政策建议。

在理论上,主要运用的是发展经济学理论,作者借助一批国际上有影响的发展经济学论著,构造了自己的理论研究框架。本研究并不照搬或完全套用某一发展经济学家的理论体系作为理论支撑,而是学习他们以发展的视觉看待问题,以发展的理论思想思考问题。特别是,在这些发展经济学家的论著中,结构主义观点和方法论给了作者很大的帮助,使本书取得了一些理想的研究结果。

经济发展不但意味着产业结构的转变,而且还有制度的变迁。这对发展中国家更是如此。基于这一点,本研究还利用新制度经济学的原理,分析了制度安排或变迁对结构转变与农业发展的影响。尤其是新制度经济学的思想和分析问题的方法,让作者受益匪浅。它使作者能够顺利突破理论障碍,对中国经济结构转换与农业发展过程中的制度变迁进行比较深入的分析。

另外,本书还有两个理论支点,一个是运用新古典经济学的基本分析方法,构建理论模型,对中国经济结构转换过程中的资源要素配置开展研究;另一个是运用产业经济学的理论方法,来探索结构转变与农业发展的一般理论,并研究中国的发展实践。需要强调的是,在研究结构变动和农业发展关系方面,本书利用了产业结构理论和产业联系理论,并借助结构变化值、相对国民收入、霍夫曼比例、就业弹性和一元或多元回归方程等指标进行了实证分析。

在具体研究方法上,全书是以实证分析为基础,定性分析和定量分析相结合。同其他研究相比,本项研究成果最突出的特点,是运用了大量翔实的历史资料和数据,力求从历史资料和数据的开发中得出结论,并以充分的论据支撑自己的观点。我认为,定量分析并不是罗列图表、数字,走形式主义,而是使用适当的数学方法,为本书的研究服务,增加研究的严谨性和说服力,使论证更具有科学性和规范性。

1.3.2 全书结构框架

全书共分为四个部分:第一部分由第一章和第二章组成。该部分除了导论之外,主要论述了结构转变与农业发展的一般关系理论。本部分从概念开始,对经济结构的内涵、经济结构转变的一般理论、结构转变与农业发展的相互关系,以及制度选择对结构转变与农业发展的影响,进行了总结性分析,并提出了本书的观点结论。第二部分包括第三章。这一部分是在借助结构转变与农业发展的一般理论基础上,对传统计划经济体制条件下(1952~1978年),中国经济结构演变与农业发展的关系展开了系统分析。这一章深入探索了中国选择工业特别是重工业优先发展战略和计划经济制度的原因;并利用理论模型分析研究了在传统计划经济制度下,以重工业打头的结构转变与农业发展,是如何实现资源要素配置的。接着,本人对这一时期的结构转变与农业发展进行了客观评价,指出了优先发展工业特别是重工业引起的结构转变,在对农业发展带来一些有利影响的同时,更多地给农业发展带来了损害。第三部分由第四章、第五章和第六章组成。在这三章里,首先对1978年以来中国经济发展战略的调整和城乡经济体制改革做了背景性论述,在此基础上着重分析了战略调整和体制改革是如何催生出两重工业化的,进而又形成城乡双重二元结构。其次研究分析了在双重二元结构条件下,城市和乡村两重工业化对农业发展产生的影响变化。最后一部分是第七章和第八章。它提出,在新的经济增长阶段,农业发展需要新的结构转换战略。在对现行的决策思路和国内一些专家提出的几种战略设想评价之后,本人提出了新的发展战略构想,并建议调整现行农业发展政策。

1.4 本书的主要观点和结论

本书在借鉴已有研究成果的基础上,对结构转变与农业发展之间的关系进行了理论探讨,对中国的结构演变与农业发展进行了实证研究。主要观点结论如下:

第一,运用发展经济学、新制度经济学和产业经济学理论,对经济结构转换与农业发展的一般关系理论,进行了系统总结、综合、充实和完善,构建出了一个完整的理论框架体系,并提出了本书的观点结论。

书中提出,经济结构是一个复合体,它包括了资源要素配置结构、产业产出结构、产品需求结构和制度结构,是各种社会、经济和自然资源要素按照一定的制度规范,在产业部门、地区以及企业之间进行配置的比例关系和产出分配关系。

结构转换是构成经济增长的一个重要方面。经济结构的成功转变推动了一国或某一地区的经济发展。在结构转变与农业发展的关系中,农业发展是结构转变本身的重要内容,是第一推动力。在推进结构转变、促进经济发展方面,农业的作用除了有四大贡献之外,还有"生态环境"贡献。在结构转换过程中,经济发展阶段不同,农业的各种贡献作用并不是同等重要的。在农业推动经济结构转变的同时,结构转换也促进了农业的发展。工业乃至非农产业部门的扩张,增加了对农业剩余劳动力和农产品的需求,同时又给农业注入了大量现代资本技术要素,这为改造传统农业推进农业发展做出了贡献。

制度安排会影响经济结构的生成、转化以及资源要素在农业部门的流出和流入。不同制度选择,会形成不同的资源配置方式,计划经济制度是通过行政力量来调配农业和非农产业之间的资源和产品的,而市场经济制度则相反,是利用市场力量来完成资源配置的。两种制度和两种资源配置方式,导致了有明显差异的产业结构和农业发展水平。

第二,本书通过建立理论模型,研究分析了在计划经济体制条件下,农业剩余被强制性转向工业部门后,农业是如何发展的,农产品是怎样实现供求平衡的。

当我国选择了工业优先特别是重工业优先的经济发展战略,并建立了与之配套的计划经济体制后,为了既能稳定地获取工业发展所需要的食品、原料和原始资本积累,又能将大量的农业人口限制在农村,国家先后对重要农产品实行统购统销政策,对小农经济实行社会主义的集体化改造,对城乡实行高度分割的二元户籍管理制度,同时又对市场要素进行垄断和控制。在这些制度安排下,国家为了解决由工业高速发展引起的农产品供求矛盾,在供给方面通过向农业无偿投资,低价供应生产资料,支持农业技术进步,强制农民进行活劳动积累和适当增加农产品进口等措施,将农产品供给曲线由 S_0 一步步移向 S_3;在需求方面,又通过低工资政策,定量配给政策和控制非农业人口增长等,将农产品需求曲线由 D_0 一步步移向 D_2,最终使农产品供求在 E_1 点实现了均衡(第3章图3-1~3)。

第三,利用供求均衡理论模型,研究和解释了我国在工农产品不等价交换条件下,国家是如何从农业抽取工业化原始积累的(第3章图3-4~5)。

第四,通过对改革开放以来结构转变和农业发展关系的分析,提出了由两重工业化引起的双重二元结构问题。书中指出,在形成的双重二元结构中,农业与城乡工业的结构关系,一是在土地、资本等要素配置上,农业对工业形成了双重供给关系;二是从劳动力流动上,农业剩余劳动力具有双重转移性质,非农产业对劳动力也具有双重吸纳特性;三是从城乡产业产出结构上,农村工业以及服务业发展也改变了国民经济的产出格局,使得经济发展在地域上呈现出城乡双重扩张特点;四是由于两重工业的存在,非农产业对农产品是双重需求关系;五是两重工业化还从工业品上对农业形成了双重供给。本书进一步提出,双重二元结构的形成,促进了农业的发展,带动了农业内部结构的变革。但是,它也放大了农产品的供求矛盾,形成了对农业资源的双重抽取;同时,由于城乡两种工业的过度竞争,产业提前进行资本深化,限制了农业剩余劳动力的转移,引起了农业高投入、高成本和高价格,即"三高"问题。

第五,本书提出,在新的发展时期,经济增长和农业发展都需要新的结构转换模式。文章在对现有几种发展思路做出评价之后,提出了在现阶段中国应该实行两重工业一体化的发展战略,变双重二元结构为一重二元结构。为此,今后在宏观结构政策上,要分别实行城乡一体化的产业政策、一体化的户籍政策、一体化的财政金融政策。同时,为了从根本上解决农业剩余劳动力转移的问题,中国还必须调整现有城市化发展方式,走以大中城市带动小城镇发展的城市网络群的道路。在此之后,作者针对农业进一步发展问题,还提出了"调、减、补、投、改、转"等六项农业政策方针。

1.5 本书不足之处

本人写作过程中,由于缺乏整块时间全身心地投入研究和写作,每章每节很难一气呵成,研究工作常常被日常的具体事务所打断。由此造成书中在许多部分本应深入下去,挖掘出更加理想的结论来,但结果总是不尽如人意。其次,受本人知识范围、研究能力所限,书中一些理论和观点尚需进一步探索。例如,双重二元结构放大了农产品的供求矛盾,形成了对农业资源的双重抽吸,能不能通过建立一种模型,从理论上分析这种结构演变与农业发展的特殊关系。此外,在加入世界贸易组织后,中国的经济更加对外开放。在日益开放的条件下,中国的经济结构转换与农业发展之间将会呈现出一种什么样的关系,如何看待并把握这种关系,也是本人今后需要深入研究的问题。

第 2 章 结构转换与农业发展的一般理论

一国或某一地区的经济发展由两个重要部分组成。一个是在经济结构不变的条件下，由产业部门同步扩张引起的经济增长；另一个是由经济结构变化引起的，即在一些产业部门迅速兴起、扩张并不断替代其他产业部门的过程中，实现了经济的总量增长和发展。在经济发展的历史长河中，经济总量的增长往往是伴随着产业替代和经济结构的变动，没有结构变动的经济发展是不多见的。因此，仅仅从经济总量上考察和研究经济增长是不够的，结构变化对经济增长的影响是一个极其重要的方面。在经济结构转换过程中，农业又是一个不能忽视的初始产业部门，无论经济结构正在或将要发生什么样的变化，都必须以农业为基础，并从农业部门开始。农业是经济结构转换的第一源泉。由此可见，农业发展就是经济结构变化本身的重要内容之一。两者关系如何，将直接影响到经济增长。

2.1 经济结构的内涵

在分析研究结构转换与农业发展的一般理论之前，有必要对书中的结构概念作一界定。这里所涉及的结构是指经济结构。本人理解经济结构包括资源配置结构、产业产出结构、需求结构以及与这些结构相联系的制度结构。在现实中，经济结构是一个复合体，它是各种社会、经济和自然资源要素按照一定制度规则,在产业部门、地区以及企业之间进行配置的比例关系和产出、分配关系状况等。

从资源要素的配置角度分析,经济结构就是劳动、资本、技术和自然资源在产业、地区、企业之间的配置关系状况。它包括了资本结构、劳动就业结构、技术结构和水、土地、能源、原材料等资源配置结构等。这是经济结构中最基本的结构层次。任何经济活动都离不开投入,既然有投入就有投入品的配置比例和效率问题。大到一个国家,小到一个企业,生产要素配置或投入结构状况如何,是衡量其经济发展能力的一个重要量化指标。一般说来,凡是资本、技术等现代要素投入比例较高的国家,经济发展能力都较高;相反,主要依靠活劳动密集投入的国家,经济发展能力都较低。从产出角度分析,经济结构就是一国或地区的全部生产总量在产业、地区、企业之间的构成比例状况。它包括三次产业结构、农业结构、工业结构、服务业结构、产品结构等,这些是经济结构的主要内容。有投入就有产出,产出及其结构是反映投入的结果,它是衡量一国或某一地区经济发展水平的关键性指标。从世界各国的发展经验看,在国内生产总值中,凡是农业产出所占比重越高的国家,其经济发展水平和人均国民生产总值都比较低;而工业、服务业产出所占比重越高的国家,经济发展水平、人均国民生产总值都比较高。根据世界银行的统计资料,1998年全世界低收入国家农业增加值占国内生产总值的比重为21%,工业、服务业增加值所占比重为79%,人均国民生产总值仅为520美元;中等收入国家农业增加值占国内生产总值的比重为9%,工业、服务业增加值所占比重为91%,人均国民生产总值达到2 950美元;高收入国家农业增加值占国内生产总值的比重仅为2%,工业、服务业增加值所占比重高于96%,人均国民生产总值高达25 510美元[①]。从需求角度分析,构成经济结构的一个重要方面是需求结构,即一定社

---

① 世界银行:《1999/2000世界发展报告》,中国财政经济出版社,2000年,第227页、第249页。

会所需要的各种消费资料以及服务组成的比例关系①。严格地说,经济结构是由供给结构和需求结构组成的,它是经济结构中两个高度相关的方面。需求结构是供给结构的主要动力,在一定的需求结构条件下,会形成相应的供给结构。有什么样的需求结构,就会有什么样的供给结构。但是,在通常情况下,供给结构也会对需求结构起引导作用。特别是在某一社会经济发展时期或特殊的制度结构背景下,供给结构还会决定社会的需求结构。另外,在理解经济结构内涵时,还有一个非常重要的内容就是制度结构,即马克思指出的"社会生产关系的总和"。实际上,制度结构是指"限制人类行为并将他们的努力导入特定渠道的正式和非正式的规则(包括法律和各种社会规范)及其实施效果"②。制度结构同社会资源要素投入结构、产出结构和需求结构之间有着直接的联系。一般而言,投入结构、产出结构甚至还包括需求结构,在很大程度上取决于控制人们经济行为的制度结构。道格拉斯·C.诺斯指出,制度结构"决定着一个经济的实绩及知识技术存量的增长速率。人类发展中的合作与竞争形式以及组织人类活动的规则的执行体制是经济史的核心。这些规则不仅造就了引导和确定经济活动的激励和非激励系统,而且还决定了社会福利和收入分配的基础③。"合理的制度结构会导出合理的投入结构、产出结构,并影响和约束需求结构。反之亦然。

2.2 经济结构转换的一般理论

经济结构有静态和动态之分。在某一时间和空间里,经济结构有确定的比例关系;但是,在人类历史发展的长河中,经济结构往往是不断变

---

① 丁宝山等:《产业经济辞典》,中国财政经济出版社,1991年,第181页。
② 〔冰〕思拉恩·埃格特森:《新制度经济学》,商务印书馆,1996年,第1页。
③ 〔美〕道格拉斯·C.诺斯:《经济史的结构与变迁》,上海三联书店、上海人民出版社,1995年,第17页。

化着的。世界各国的经济发展经验表明,一国或某一地区的经济发展实质上是经济结构的成功转变,它是由一种结构状态向另一种结构状态的过渡。因此,人类经济发展的过程,恰恰就是经济结构不断演变的过程。

表 2-1 美国和日本三大产业就业结构变化值

年份	1872/1878	1872/1897	1897/1912	1912/1936	1936/1963	1963/1980	1980/1992
日本	14(6)	20(25)	20(15)	52(24)	58(27)	37(17)	11(12)
年份	1870/1880	1880/1900	1900/1920	1920/1940	1940/1960	1960/1980	1980/1993
美国	0(10)	26(20)	20(20)	26(20)	20(20)	13(20)	14(13)

注:括号中数据为结构变动时间,单位为年。

资料来源:日本数据转引自刘伟:《工业化进程中的产业结构研究》,中国人民大学出版社,1995年,第66页;美国数据来自张塞:《国际统计年鉴》,中国统计出版社,1996年,第297页、第302页;杨治:《产业经济导论》,中国人民大学出版社,1995年,第41页。

在经济发展中,经济结构的演变总是由较低级的、简单的结构层次向较高级的、复杂的结构层次转换。此时,社会资源要素一般都从传统部门向现代部门转移,由此推动了新兴产业部门的产生和发展,并导致了传统部门的萎缩和衰落。如果认真分析研究这些产业更替和结构转变,我们就会发现随着技术进步,经济结构的转换速度还会出现加速的变动趋势。不过,当一国经济结构走向成熟之后,结构的变化速度会逐渐慢下来。以美国和日本两国的经济结构变化为例(表2-1),在1897年之前,日本的三大产业就业结构变化相对较慢,1872~1897年的25年间,结构变化值①仅为20。但是,此后日本的结构变化开始不断加

---

① 结构变化值是反映产业结构变化的综合性动态指标,是用报告期的产业结构指标值和基期的产业结构指标值绝对离差加总表示。计算公式为:$S = \sum |X_{ji} - X_{oi}|$。$S$为结构变化值,$X_{ji}$为报告期$i$产业部门在经济总值中的比重,$X_{oi}$为基期$i$产业部门在经济总值中的比重。参见丁宝山等所著《产业经济辞典》(中国财政经济出版社,1991年,第390页)。

速,进入20世纪就业结构变动速度显著提高,这种较高的结构变化值一直保持了60多年。到了20世纪80年代,其就业结构变化值才缓慢下来。日本的三大产业生产结构变动与就业结构变化相对应,从19世纪末到20世纪60年代,是日本产业产出结构变动最快速的时期,在1895~1967年72年间,日本的产业产出结构变化值达到66;20世纪60年代末期以后,产出结构变动明显转慢甚至停滞,从1967~1993年,三大产业产出结构变化值只有16.3[1]。美国的经济结构变动也能同样说明问题。在1870~1880年间,美国的就业结构变化值为零,此后劳动力在产业间的变化速度开始明显加快,其中在1880~1890年和1920~1940年就业结构变化值达到最高,均为26;20世纪60年代以后就业结构变化速度出现了下降趋势。美国进入现代经济增长的时代要比日本早40多年[2],它的产业产出结构加速变动时期显然发生在较早年代,由于历史资料的局限性,我们很难计算出其产出结构变化值最高时期。不过,美国在进入20世纪初,产出结构变动速度已经开始转缓,在最近20年里产出结构变化值仅为14。由此可见,一国经济结构的变化速度与经济发展水平、结构成熟状况高度相关。

在结构转换过程中,农业在经济发展中的地位不断下降与非农产业的地位不断上升,是经济结构变动的基本规律。在17世纪工业革命以前,人类是以农业为主的传统社会经济结构。农业在所有产业部门中占据着绝对统治地位,它是社会财富的主要来源,而手工业只占较小的比重,商品也仅在小范围进行交换。自从机器大工业生产出现并迅速得到普及之后,工业体系很快形成,并作为完整的现代产业部门迅速

---

[1] 杨治:《产业经济学导论》,中国人民大学出版社,1995年,第45页;张塞:《国际统计年鉴》,中国统计出版社,1996年,第106页。

[2] 〔美〕西蒙·库兹涅茨:《各国的经济增长》,商务印书馆,1985年,第28页。

扩张。随着工业的飞速发展,社会物质财富由工业部门贡献的份额不断增大,这使得工业部门逐渐取代了农业在国民经济中的统治地位,成为经济结构中所占比重最大的产业。在工业部门的不断膨胀过程中,社会对服务产业的需求也在扩展,于是,交通、通讯、商业零售、金融信贷、科技文化和教育卫生等产业部门迅速成长起来。这时,工业在国民生产中的比重开始下降,服务业比重开始上升。当社会物质财富增加到一定程度时,服务业在国民生产中的比重最终超过工业,变成经济结构中最大的产业部门。总之,一国的现代经济增长,就是要从以农业为主的社会转变为以工业为主的社会,即"工业化社会",而后再向服务业为主的社会转变,即"后工业化社会"。

钱纳里和塞尔昆对经济结构转变中各个产业的变动趋势作了经典分析。在《发展的格局(1950~1970)》一书中,他们选择了27个变量,运用回归方程对上百个国家20多年的经济结构变动进行了经验总结,揭示出了经济结构转变的一般趋势(表2-2)。从表2-2可以看出,包括农业和矿业在内的初级产业产值占国内生产总值的份额和劳动力就业份额,都是随着人均收入水平的增加而不断下降的。相反,工业、服务业的产值份额和就业份额却是在不断上升。值得指出的是,在人均国民生产总值达到400美元时,工业产值份额开始超过初级产业;在人均国民生产总值达到800美元时,工业和服务业的劳动就业份额也分别超过初级产业,成为劳动就业的主要产业部门。

表2-2 不同发展水平的经济结构变化

人均收入	生产结构(%)				劳动就业结构(%)		
	初级产业	工业	公共产业	服务业	初级产业	工业	服务业
100以下	52.2	12.5	5.3	30.0	71.2	7.8	21.0
100	45.2	14.9	6.1	33.8	65.8	9.1	25.1
200	32.7	21.5	7.2	38.5	55.7	16.4	27.9
300	26.6	25.1	7.9	40.3	48.9	20.6	30.4

(续表)

400	22.8	27.6	8.5	41.1	43.8	23.5	32.7
500	20.2	29.4	8.9	41.5	39.5	25.8	34.7
800	15.6	33.1	9.8	41.6	30.0	30.3	39.6
1 000	13.8	34.7	10.2	41.3	25.2	32.5	42.3
>1 000	12.7	37.9	10.9	38.6	15.9	36.8	47.3

注：①人均收入指的是人均国民生产总值；②初级产业指的是农业和矿业，公共产业指的是社会基础设施；③人均收入为美元。

资料来源：钱纳里和塞尔昆：《发展的格局(1950～1970)》，中国财政经济出版社，1989年，第22～23页。

2.3 结构转换中农业的作用

虽然，经济结构的不断转型显示出农业的产出地位和劳动就业地位在持续下降，但这并不能否定农业在结构转变中对推动经济发展的积极作用。农业是人类社会生存和发展的基础，一切发展和结构转变都是从这里开始起步的。由于农业和其他产业间存在着许多不可分割的天然联系，这就构成了经济结构变动的基本内容。在经济发展过程中，农业对经济结构转变起着第一推动力的作用，这种作用是多方面的，而且在不同的经济发展阶段作用程度也是不一样的。

根据美国经济学家西蒙·库兹涅茨以及印度经济学家苏布拉塔·加塔克的研究分析，农业对一国经济发展或结构转换有四大贡献，即产品贡献、市场贡献、要素贡献和外汇贡献[①]。概括起来，农业的作用主要表现在以下几个方面：首先农业为非农产业部门的成长提供了源源不断的食品和原料。对于所有产业部门来说，"农业是惟一生产食品

---

① 〔印〕苏布拉塔·加塔克、肯·英格森特：《农业与经济发展》，华夏出版社，1987年，第27～75页。

的部门。没有钢或煤,甚至没有电,人类也能生存,但是不能没有粮食。大多数制成品事实上都有替代品,但粮食没有替代品。"① 因此可以说,任何产业发展都离不开农业。通常,农业剩余②或者更确切地说是农产品商品剩余的增长,是非农产业部门发展的先决条件。因为非农业部门消费的食品有赖于农业的生产,工业特别是以农产品为原料的加工业也离不开农业的供给。需要指出的是,在经济发展的早期阶段,农业的剩余产品供给对工业发展尤为重要。理由很简单,此时以农产品为原料的加工业是工业化中的先行产业,在工业发展中占主导地位,是经济增长的主要源泉。在相对封闭的经济结构条件下,非农产业部门的食品和原料的主要来源是国内市场,这样农业发展状况如何,所能提供的剩余产品有多少,将直接决定着非农产业部门的发展速度和发展规模。同非农产业发展相比,当农产品剩余无法满足农业以外产业日益增长的消费需求时,市场力量就会迫使农产品价格上涨,引起非农产业工人工资提高,工业原料成本上升,利润下降,发展速度降低。相反,如果技术进步引起农业的劳动生产率和土地生产率提高,从而使农业的剩余产品明显增加,就会导致食品和工业原料价格下降,使得非农产业部门用于购买食品和原料的支出减少,改善工业乃至整个非农产业的交换条件,有利于它们的发展。在相对开放的经济结构条件下,如果国内农产品供给不足,可以通过增加进口来弥补市场供求缺口。但

---

① 〔美〕马尔科姆·吉利斯、德怀特·H.帕金斯等:《发展经济学》,经济科学出版社,1992年,第620页。

② 费景汉和古斯塔夫·拉尼斯认为,农业剩余是指农业总产出超过留下的农业劳动力消费需求的部分(《劳力剩余经济的发展》,华夏出版社,1989年,第18页)。国内外学者对农业剩余有两种不同的理解。一些人认为,农业剩余是指农业产出在扣除了农业内部消费以后所剩余的部分农产品;另一些人认为,农业剩余除了包括农业产品的剩余外,还包括农业要素的剩余,即农业自身生成的生产要素在满足了农业自身生产需要以后剩余的部分,其中包括劳动要素剩余(李溦:《农业剩余与工业化资本积累》,云南人民出版社,1993年,第10~11页)。

是,对于大多数发展中国家来说,由于外汇的稀缺性,增加农产品进口必然会使资本品进口减少,这又直接抑制了国内工业的发展,阻碍经济结构的转换。

其次,农业向非农产业部门提供了大量的资本和劳动力。在经济发展的初期阶段,农业作为经济结构中的最大产业部门,既是国内储蓄和投资的主要来源,也是劳动力的主要供给者。这里我们设定农业的储蓄是以农产品剩余为代表。当工业还在尚不能以消费品或者能提高农业生产力的投入品来武装农业,作为交易回报阶段时,农产品特别是粮食从农业部门转移出去,就必然地成为农业对工业的单向性交易。这表面上是食物的供给,实际上是一种储蓄供给,通过资源要素的再配置最终变成了工业发展的实际投资。为了详细论述资本和劳动是如何从农业向工业以及整个非农产业转移,并推动这些产业发展的,我们借助费景汉、古斯塔夫·拉尼斯的动态二元经济模型进行分析①。图2-1(a)代表工业部门劳动力的需求和供给条件,横轴 OL 表示工业部门的劳动力数量,纵轴 OW 表示工业部门产出(包括实际工资)。$df,d'f',d''f''$ 分别代表不同扩张阶段的劳动需求曲线,劳动供给曲线由 SS' 表示。为了保持同图2-1(a)垂直连接,图2-1(b)是倒置的,其中农业劳动力投入与农产品产出起始点在右上角。横轴 OA 表示农业劳动力数量,纵轴 OY 表示农业总产出,$ORCX$ 为农业总产出曲线。农业总产出曲线由两部分组成,ORC 部分表示随着劳动力投入量的增加,边际生产率递减,但农业总产出仍在增长;CX 部分是水平的,表明从 C 点以后劳动投入增加,并不能带来产出的增长,农业的边际劳动生产率为零。因此,图2-1(b)中边际劳动生产率为零的部分 AD 为"剩余劳

---

① 〔美〕费景汉、古斯塔夫·拉尼斯:《劳力剩余经济的发展》,华夏出版社,1989年,第19~21页。

动力"。这部分劳动力从农业部门转移出去,对农业产出不会带来影响。现在我们再来看农业剩余劳动力向工业部门转移,是如何促进工业发展的。例如,将 AD 单位的劳动力转移出来,并用于工业部门以 OG′单位表示,此时工业部门的劳动力供求均衡在 P 点上。现在图 2-1(b)中农业劳动力 OG,生产农产品数量为 GF,其中 GJ 单位产品在农业内部消费掉,JF 单位成为农业产品剩余,可供给农业外部消费。

很明显,尽管 AG 单位劳动力离开了农业部门进入工业部门,但他们仍然需要消费 JF 单位的农产品。所以,当 JF 农产品连同 AG 单位农业劳动力转移到工业部门时,就生产出了 OG′Pd 单位的工业产品,其中 OG′PS 阴影部分构成工业实际工资收入即 N_0,PSd 构成工业利润即 V_0。这里假定在欠发达的经济中,收入较低的工人并不储蓄,因此 V_0 就成为工业部门投资的重要来源。当工业部门利用 V_0 进行再投资,并将劳动力用量增加到 D′,这时农业部门有 AD 单位的劳动力和 EC 单位的农产品剩余全部进入工业部门,使得工业产出数量扩大到 OD′P′d′,从而工业部门的利润进一步增加到 SP′d′。依此类推,工业发展的规模越来越大,产生的利润越来越多,发展的能力也愈来愈强。由此可见,以农产品剩余为代表的农业储蓄和农业剩余劳动力的转移,是工业部门发展的原始动力。没有农业的储蓄和劳动力供给,工业部门就难以实现扩张。

从上述分析可知,农业资本和劳动力向工业乃至非农产业部门转移,至少应该具备两大必要条件:一是农业部门存在着可以向外出售的剩余农产品。这些产品出售后获得货币收入,扣除掉农民在农业上的投资外,他们还是净储蓄者。这部分储蓄可用于工业投资。二是农业存在着可供转移的剩余劳动力。这些劳动力的流出,不会影响到农业的产出。显然,从农业部门能转移出多少劳动力和资本剩余,将受农业劳动生产率的直接影响。农业劳动生产率提高愈快,可供转移的劳动力和剩余资本就愈多。反之亦然。不过,在"二元经济"特征明显的不发达经济中,农业劳动力一般是无限供给的,劳动力能转移出多少并不受农业劳动生产率的影响。当然,在具备了这两大条件后,农业剩余劳动力和资本剩余能否顺利实现转移,还取决于制度安排和非农产业发展状况。这将留待本节后半部分进行分析。

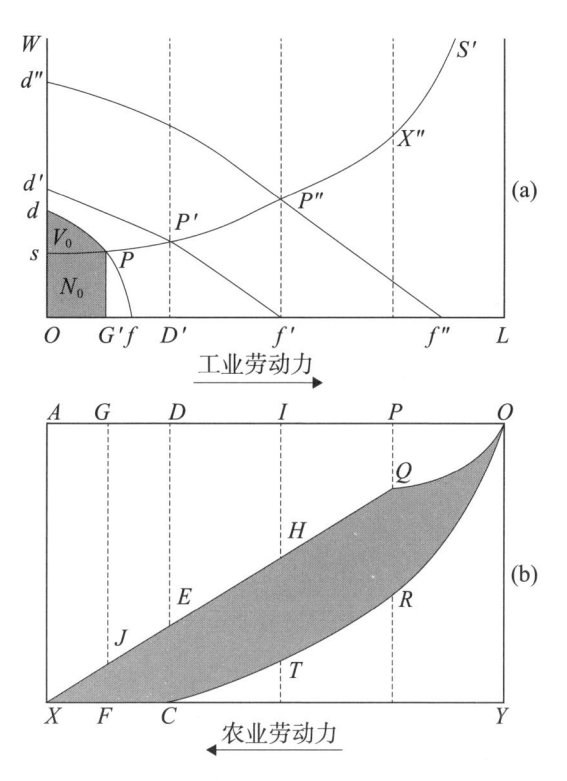

图 2-1 农业资本、劳动力剩余与工业发展

第三,农业是工业以及整个非农产业产品的主要购买和消费者。无论是在封闭型经济还是开放型经济中,农业对非农产业的市场贡献都是存在的。农业生产者在出售了他们手中的剩余农产品后,便获得了可供支配的货币收入,这些收入对非农产品尤其是工业品国内市场有着特别重要的意义。农户可以用其购买自身所需要的生产和生活用品,例如购买良种、化肥、农药、机械、薄膜等农业投入品和农产品储藏及运销设施,支付他们自己及子女的医疗、教育成本;在其他方面,农业生产者还要购买服装、家具、建筑材料及易耗日用工业品。农业对工业及非农产品的购买与消费,就形成了库兹涅茨的"市场贡献"。

在不同的经济发展阶段,农业的市场贡献是不同的。在工业化和结构转换的较早阶段,农业是一个占绝对优势的自给或半自给性质的产业部门,其生产的绝大部分农产品都是为了农民自身的生存,只有很小一部分农产品实现了商品化。受农产品商品化程度低的限制,农民的生活过程和农业生产过程市场化水平不高,购买和消费非农产品的能力十分有限。显然,此时农业的市场贡献相对较弱。但是,不能忽视的一个问题是,这个时期由于全社会人口和劳动力绝大部分都集中在农业部门,尽管每个农业人口购买和消费的非农产品很少,可是全部农业人口购买和消费的非农产品总量却占去了全社会的一个较大份额。随着进一步的工业化和经济发展,农业商品化程度不断提高,可供交换的剩余农产品越来越多,通过出售农产品换回的现金也比过去明显增加了。这时农民的生活过程和农业生产过程市场化水平较高,农民对非农产品的购买和消费能力很强。因此,这一阶段农业的市场贡献要比过去高得多。在实现商业化的进程中,农业购买和消费非农产品的总量在不断上升,但由于人口、劳动就业结构和产业产出结构的变化,使得农业购买和消费非农产品总量在全社会中所占比重持续下降。相反,非农业人口所购买和消费的非农产品比重大大超过了农业人口。

第四,农业为经济发展和结构转换提供外汇支持。同市场贡献一样,农业对非农产业特别是工业的扩张,在外汇方面的支持作用也不可忽视。由以农业为主向以工业为主的社会经济结构转变过程中,农业在推动工业发展方面的外汇贡献有两种类型:一种是出口创汇型;另一种是进口替代型。对于大多数国家来说，在实现从农业为主向工业为主的结构转换中，外汇短缺是一个普遍问题，而同时由于工业还不足以发展到出口工业品换回自身所需要的进口货物的程度，所以农业就成了依赖的对象。在较长的一段时间里，国内农产品生产的低成本为出口换汇创造了优势条件。采取一切可行的政策，甚至包括压低国内农产品消费和收购价格，让农业出口创汇，然后用这些外汇引进技术，购买国内工业发展需要的中间产品和资本品。

在一国的出口结构没有发生实质性转变以前，即仍然是以农产品出口为主的贸易格局中，农业将一直承担着为工业发展创汇的重任。只有当经济发展达到一定水平后，出口结构发生了转折性变化，制造业产品出口取代了农业出口地位时，农业的外汇贡献作用才会下降。对于另外一种情况需要重视，受资源禀赋限制，结构转换一开始就需要进口食品。在不可能扩大外汇收入的前提下，用有限的外汇资源是进口食品还是进口工业资本品，决策者必须做出选择。通常，属于这种发展类型的国家，都采取了减少进口、扩大国内农业生产的进口替代政策[①]。通过农产品进口替代节约外汇，用于进口工业资本品，同样也是农业对工业乃至非农产业发展的贡献。实行农业进口替代政策，需要考虑边际替代成本。如果实行农业进口替代政策，发生的费用低于进口食品的外汇支出，这显然对工业发展有利。如果为了减少进口而扩大国内农业生产，耗费了大量的本可用于工业发展的资本，而且这些资本支出已远远超过了所节省的外汇资源，那么这种政策选择边际替代成本就太高。

[①] 也有例外的情况，有大量出口自然资源的国家，如沙特阿拉伯、马来西亚等，它们有充足的外汇来源以支持食品进口。但大多数发展中国家不可能有这样的自然资源条件和外汇收入供养本国人口。

农业在推进结构转换,促进经济发展方面的四大作用,在工业化的不同阶段并不是同等重要的。在工业化初级阶段,农业作为国民经济中的主要部门,所提供的产品贡献和要素贡献(资金和劳动力)作用十分突出;在工业化中期阶段,结构转换对农业部门的资金和产品依赖程度逐渐减弱,而对农业市场的依赖越来越强;在工业化高级阶段,农业对结构转换的要素贡献和外汇贡献作用进一步削弱,市场贡献也在逐步减少。相反,伴随着城市人口越来越多,农业部门对结构转换和经济增长的产品贡献作用再次凸显出来①。此外,农业的贡献作用不仅仅表现在上述四个方面。从经济发展阶段分析,农业的产品贡献、资本和劳动力贡献、市场贡献、外汇贡献,大都发生在从以农业为主向以工业为主的社会经济结构转型过程中。当这种结构转型完成后,经济结构开始由工业社会向后工业社会转变时,农业对结构转换的作用也发生了新的变化。例如,许多经济学家都注意到,当人均收入水平超过一定阶段后,社会对农产品的需求增长由上升转为下降②。在这种下降过程中,社会对农业的需求也发生了结构性变化。处于享受和健康的考虑,人们对农业产生了非实物化的需要,日益要求农业能生产出良好的"生态环境",为社会提供休闲、旅游和教育等产品。于是,以绿化、美化和保护人类生存环境为目的的植树造林、种草甚至种花等生产和经营活动,在农业中迅速成长起来,形成了一种新的农业贡献,即"生态环境"贡献。农业的生态环境贡献作用,是随着以工业为主的社会向以服务业为主的社会经济结构转变而产生并得到增强的,与此相对应,农业内部产出结构也发生了变化,这就是实物产出份额下降而非实物

---

① 黄泰岩、王检贵:"工业化新阶段农业基础地位的转变",《中国社会科学》,2001年,第47~55页。
② 世界银行:《1982年世界发展报告》,中国财政经济出版社,1982年,第45页。

产出份额上升。农业生产"生态环境"产品涉及一国社会经济发展的可持续性问题,需要随经济结构的转换进行新的制度安排。因为尽管农业生产出的一些"生态环境"产品,可以通过市场交换实现买卖,但其中有相当一部分仍属于公共品,其社会效益明显大于经济效益。因此,制定新的资源配置政策,让农业为社会生产这些公共产品,就成为经济发展中的必然选择。

2.4 结构转换对农业发展的影响

就像农业推动经济结构转换一样,结构的转换反过来也影响农业发展。对于大多数经济学家特别是发展经济学家来说,他们一般都把农业看成是推动工业化的手段,仅仅重视农业对结构转换与经济发展的各种贡献作用,而较少考虑结构变化对农业本身有何种影响。因而,"农业自身的增长过程仍然处于多数发展经济学家的关注之外"[1]。实质上,在农业劳动力和剩余农产品向非农产业转移过程中,工业以及其他产业部门也以复杂的方式影响着农业发展。

首先,非农产业部门的发展增加了对农业剩余劳动力和农产品的需求,这为扩大每个农业劳动者的土地经营面积,提高农业生产效率创造了条件。早在19世纪40年代,主张国家对经济实行干预的德国经济学家弗里德里希·李斯特,在研究工业和农业的利益关系时就得出结论,"因为有了工业以后,对农产品的需求在品种上将增多,在数量上将扩大,农产品的交换价值也将提高,这时农业经营者就能够在更加有利的情况下利用他的土地和劳动力。"[2]这里,我们仍然借助费—拉

---

[1] 〔日〕速水佑次郎、〔美〕弗农·拉坦:《农业发展:国际前景》,商务印书馆,1993年,第30页。
[2] 〔德〕弗里德里希·李斯特:《政治经济学的国民体系》,商务印书馆,1997年,第202页。

36　结构转换与农业发展

模型说明工业部门扩张对农业发展的影响。图 2-2 是图 2-1 的延伸,并分解出了图 2-2(C)。在图 2-2(C)中,原点设在右下方,横轴 OA 由右向左代表劳动力,纵轴 AS 从下至上代表农业平均产量,VUDA 表示劳动边际生产率曲线,其中 VUD 为劳动边际生产率递减但仍是正的部分,DA 部分表示劳动边际生产率为零;CIM 为工资不变的制度工资,由图 2-2(b)直线 OX 的斜率表示,等于农业劳动力的平均产量。当工业部门扩张吸收农业劳动力向外流出时,如果在第 1 阶段如图 2-2(C)AD,由于农业劳动边际生产率为零,工业部门吸收 AD(图 2-2b)部分农业劳动力,不但不会影响农业总产出,而且还会减轻农业部门劳动力剩余压力。在第 2 阶段(DP),工业部门在继续保持 CIM 水平不变的情况下,仍可吸收 DP 数量的农业劳动力。但是,由于这时农业劳动边际生产率已大于零,转移劳动力会引起农业总产出减少。当农业劳动力被抽出量越过 P 点之后,劳动力变得短缺,工资水平超过 CIM 迅速上升,这时农业部门可以说变得商业化了,费景汉、拉尼斯将 P 点称为商业化点。在 P 点右边,经济发展进入第 3 阶段,资本赶上劳动力供给,"资本'深化'(deepening of capital)"[①]开始出现。

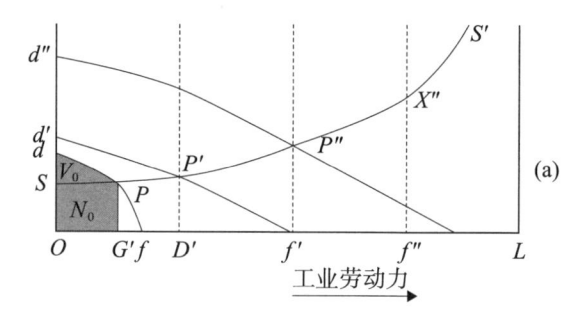

---

① 〔美〕阿瑟·刘易斯:《二元经济论》,北京经济学院出版社,1989 年,第 63 页。

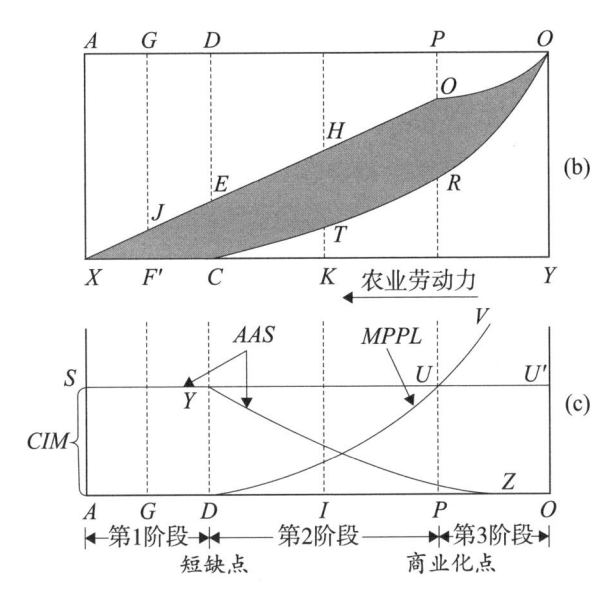

图 2-2　工业发展对农产品和劳动力的需求

其次,结构转型和工业发展给农业注入了大量现代资本技术要素,为改造传统农业做出了贡献。其实在结构转换过程中,工业在扩张的初期就开始不断地将部分工业化成果投入到农业生产之中,这些投入品包括化肥、农药、柴油、农用机械及其配件,甚至还有良种。工业品的投入大大提高了农业产量,改变了农业总产出增长曲线。为了清楚地说明问题,我们将图 2-2(b) 翻转过来,变成图 2-3。在图 2-3 中,OC' 和 OC'' 分别代表不同数量的工业投入品,进入到农业后形成的两条总产出曲线。从中可以看出,当向农业部门投入并不断增加工业品时,农业总产出增加,总产出曲线向左上方移动,边际劳动生产率等于零,由 C 点分别移至 C' 和 C''。相应地,短缺点也从 D 点分别变到 D' 和 D''。这种变动的经济学含义是,由于农业部门使用工业投入品,增加了农产品产量,使得可供工业使用的农业劳动力剩余量,由 AD 扩大到 AD',进而又扩大到 AD''。随着工业投入品的增加,会继续推动农产品产量的增长,这将使短缺点和商业化点变得越来越近,最终短缺点和商业化点合而为一①。这就是说向农业投入化肥、杀虫剂、机械等工业品,有利于增加农业产出,提高农业劳动生产率。农业劳动生产率的提高,增加了农业的收益,农业又可以购买更多的工业投入品,用于替代传统生产要素,发展农业灌溉系统、改良土壤、培育新种子、改革作物栽培模式等。因此,在工业化和结构转换中,工业不断向农业注入现代生产要素,就是改造传统农业,实现农业现代化的过程。现代资本品和技术投入是构成现代农业增长的主要源泉②,工业化将现代要素投入到农业生产中,是通过农业中间品投入需求持续增长反映出来的。在许多国家经济发展中,农业总产值中中间投入份额增加是一个较普遍的趋势。钱纳里和塞尔昆通过对日本、韩国、中国台湾、以色列、挪威、土耳其、墨西哥、哥伦比亚、原南斯拉夫等九个国家(地区)的 20 多年资料进行回归分析发现,结构转变期间农业需要的中间投入,一般会由产值的 20% 弱增加到 45% 强③。

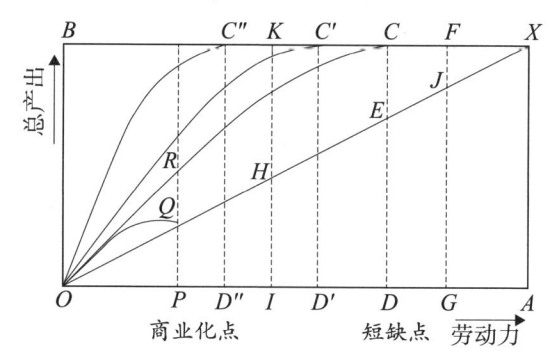

图 2-3 工业品投入与农业增长

---

① 〔美〕费景汉、古斯塔夫·拉尼斯:《劳力剩余经济的发展》,华夏出版社,1989 年,第 167~179 页。
② 〔美〕西奥多·W. 舒尔茨:《改造传统农业》,商务印书馆,1999 年,第 110~111 页。
③ 〔美〕霍利斯·钱纳里、M. 塞尔昆等:《工业化和经济增长的比较研究》,上海三联书店、上海人民出版社,1996 年,第 87 页。

农业吸收现代资本和技术等先进生产要素,受一国经济发展阶段和资源条件的约束,可以分为两种模式:生物化学技术模式和机械技术模式①。例如,当一国的土地资源短缺,人地关系紧张,农业发展往往采取生物化学技术模式,改良种子,增加化肥、农药和薄膜等使用量,以提高土地生产率;相反,在土地供给丰富、劳动力相对短缺的国家,农业发展常常采取另一种模式即机械技术模式,他们主要依靠增加农业机械动力投入,来提高农业劳动生产率。应该强调的是,即使是在一国经济发展中,由于经济发展所处阶段不同,农业对现代生产要素的吸取路线也是不同的。在经济发展的早期阶段,由于农业部门劳动力供给丰富,农业更多地需要增加土地产出的生物化肥技术投入;而在经济发展的后期阶段,由于工业以及非农产业部门的扩张将农业剩余劳动力掏干,使劳动力变得相对稀缺,这时农业发展则更多地需要机械技术投入。

为了更进一步说明两种资本技术投入模式对农业发展的影响,我们借用早见雄次郎和弗农·拉坦的"诱导技术变迁模型"进行理论分析②。图2-4表示的是生物化学技术投入引起的农业发展模式。VV代表反映土地—化肥总生产函数关系的等产量曲线,它是由一系列诸如V_0,V_1无弹性的单个等产量曲线形成的包络线;每个等产量曲线对应着以作物品种为代表的生物技术,越是靠右下方的等产量曲线,愈表明此时以作物品种为代表的生物技术对化肥的反映能力强,单位面积使用化肥量大,农业土地生产率高。这里假定基期的化肥价格与土地价格的比率为直线R_0R_0,在此条件下农作物品种对化肥反应能力弱,农产品生产对土地的依赖程度大。如V_0曲线所示,R_0R_0直线与V_0曲线在E_0点

---

① 〔日〕速水佑次郎、〔美〕弗农·拉坦:《农业发展:国际前景》,商务印书馆,1993年,第130~132页。

② 同上书,第115~141页。

相切，E_0就是土地、化肥、作物品种等要素配置的均衡点。如果随着工业化和经济结构的转变，有许多土地投入到非农产业发展和城市化过程中，使得土地变得相对稀缺，引起土地价格迅速上升；与此同时，工业化又使得化肥、农药和良种等现代技术投入品价格显著下降。于是，这时便出现了化肥、良种等要素对土地的替代，依赖化肥的新作物品种被不断引入农业中，农业的土地生产率提高了，农产品总产量也增加了。如图2-4所示，当土地价格上升化肥价格下降后，化肥和土地的价格比率就从R_0R_0直线移到R_1R_1直线，R_1R_1与V_1等产量曲线相切于E_1，在E_1点上土地作物品种和化肥形成了一种新的均衡。在生物化学技术对土地替代的过程中，有许多新的生产技术要素投入到农业中，例如灌溉技术、病虫害防治技术、良种选育技术、配方施肥技术、农膜使用技术等，这些都能大大增加农业的产出，提高土地的生产效率。

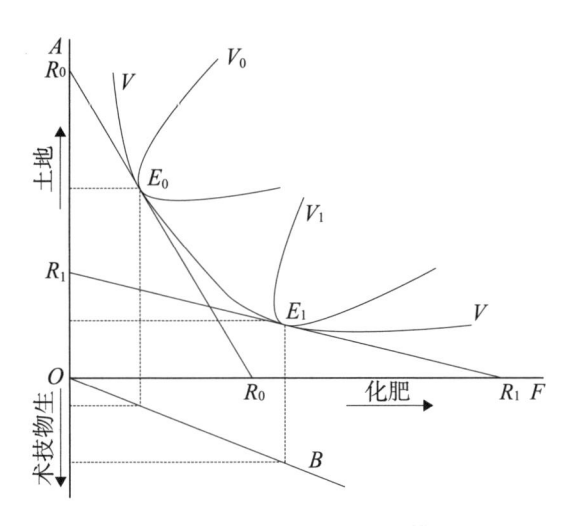

图2-4 生物化学技术变迁模型

图2-5是表示农业吸收现代资本技术要素的另一种路线选择，即机械技术偏向模式。UU是反映土地—劳动力总生产函数关系的等产

量曲线,它是由一系列诸如 U_0,U_1 无弹性的单个等产量曲线形成的包络线;每个等产量曲线都对应着一种机械技术配置方式,越是向右下的曲线,农业使用机械技术的程度就越高。假定基期的土地和劳动价格比率由 P_0P_0 代表,U_0 是在 P_0P_0 直线上一种机械技术引入农业的等产量曲线,U_0 与 P_0P_0 相切于 E_0 点,在该点上土地、劳动和机械的配置达到均衡。从图 2-5 中可以看出,农业生产在 E_0 点上使用的劳动较多,机械投入相对较少。假设,当非农产业扩张将农业剩余劳动力迅速抽出,并导致劳动价格(工资)明显上升;相反,工业发展又使得机械产品价格下降,由此引起了机械品投入对农业劳动的替代。在这种替代过程中,土地和劳动价格比率由 P_0P_0 移至 P_1P_1,U_1 是在 P_1P_1 直线上的一种等产量曲线,U_1 与 P_1P_1 相切于 E_1 点。同 E_0 点相比,农业生产要素在 E_1 点上的配置,是劳动投入减少了,机械和土地的使用增加了。很显然,当劳动价格相对于土地提高时,就诱导农业更多地使用机械产品和机械技术。

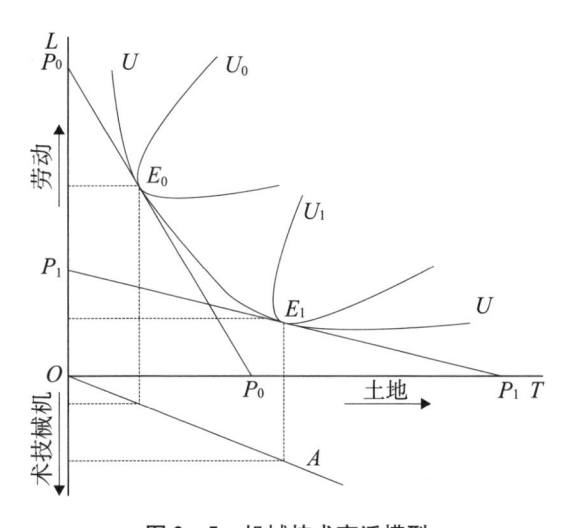

图 2-5 机械技术变迁模型

在经济发展的实践中,农业从现代产业部门吸收资本和技术,无论是采取哪种技术路线,都不是纯而又纯的一种选择模式。通常只是一种选择偏向。就是说,当农业发展选择生物化学技术路线时,同样也会吸收一些机械技术类型的投入品。不过,此时在这些外来投入品中,生物化学技术产品占据主导地位,支配着农业发展方向。反之,机械技术类投入品将占主导地位,影响农业发展。

2.5 结构转换与农业发展过程中的制度选择

经济结构的生成、转化以及资源要素在农业部门的流出和流入,不仅受到自然条件、文化背景和经济发展本身的影响,而且还在很大程度上受到制度安排的影响。不同的制度选择,会形成不同的资源配置方式,并导致有明显差异的产业结构和经济增长水平。在当今世界上,各国从传统农业社会向工业社会乃至后工业社会转换过程中,分别采取了两种不同的制度安排,即市场经济制度或计划经济制度①。

2.5.1 市场经济制度

大多数国家都依靠市场经济制度配置资源要素,推动结构转换和经济发展。这些国家之所以选择市场经济制度,西方许多经济学家都认为,这种制度可以在生产者之间、消费者之间以及生产者与消费者之间,有效而灵活地配置成千上万种商品、服务和生产要素,为经济增长、创新和调整提供激励。如果这些职能由政府来承担,不但决策和控制成本高昂,而且收效甚微②。西方古典经济学派认为,市场有一种无形

---

① 〔美〕吉利斯、波金斯、罗默、斯诺德格拉斯:《发展经济学》,中国人民大学出版社,1998年,第95~105页。

② 同上书,第96页。

的力量——"看不见的手"牵着各种经济因素的内在联系和稳定运行。如果政府听任市场竞争自由地发挥作用而不加干预,并且像"守夜人"似的保护着财产权,那么一个高效率、和谐的经济制度就会产生①。另外,市场经济制度符合人类本性②,它能鼓励私人经济活动,为经济力量的多元化提供广阔的空间。

在市场经济制度条件下,农业部门和工业部门以及服务业部门是通过市场发生经济联系的,劳动力、资本、技术和自然资源等要素在产业间的流动,完全由市场供求运动支配。受社会对不同产业部门的需求弹性和恩格尔定律③的影响,社会资源配置总是向农业以外倾斜,这使得工业以及服务业的发展速度快于农业。但是,利用市场力量配置资源也有缺陷:第一,由于劳动力、资本以及自然资源等要素从农业部门向工业部门流动是自发的,因此这就决定了此种方式的结构转换比较缓慢。比如像英国从以农业为主的产业结构转为以工业为主的产业结构,即工业化过程花费了上百年的时间。这对于有着强烈赶超意识的发展中国家来说是无法忍受的。第二,市场运行中形成的买方垄断力量,通过控制市场可以改变资源要素在产业部门间的交换环境,使农业部门在与工业部门交换中处于不利地位。在完全的市场经济体制条件下,能控制市场的买方垄断者,面对的是分散零碎的农业生产者,他们各自为政,各行其是,处于相互竞争的状态,农产品买方垄断者极易以最低价格来收购农民的产品④。当一个农产品加工企业大到足以

---

① 李义平:《体制选择分析》,山东人民出版社,1994年,第85页、第98页。
② 〔美〕吉利斯、波金斯、罗默、斯诺德格拉斯:《发展经济学》,中国人民大学出版社,1998年,第96页。
③ 1857年,德国统计学家恩格尔首先提出,随着人均收入水平的提高,家庭生活中食品消费支出占总消费支出的比重不断下降。后人将之称为恩格尔定律。
④ 〔美〕维克拉夫·霍尔索夫斯基:《经济体制分析和比较》,经济科学出版社,1988年,第442页。

能完全控制它所需要的农产品原料来源时,如果没有任何干预,该企业就会轻易地控制这些产品的来源渠道,垄断定价权,人为压低农产品收购价格,而抬高同类农产品加工品的销售价格。显然,这种"买方垄断效应"剥夺了农业生产者的部分利益,不利于农业的发展。同时,垄断还会造成农业资源在向工业及其他产业部门流动的效率损失。因为在垄断条件下,农业剩余资源并不是按照比较优势原则进行最优配置的。第三,完全的市场机制存在着资源配置的外部性,会对农业资源流动及发展产生影响。在市场经济条件下,由于企业或个人都在追求自身利益的最大化,这一方面容易造成农业公共产品供给不足,另一方面还会形成对森林、渔场、草场、土地等农业资源的掠夺,甚至导致农业资源环境的污染等。此外,以市场机制为导向的经济增长还会使收入向少数人集中,只有在经济快速增长一段时间之后,收入分配才会开始均等化①。收入的不公平,对存在有大量剩余劳动力的农业是极为不利的。因为,财富过分向非农产业人口集中,会直接造成过多的农业人口仅占有极少量的社会财富,这往往使农业发展受到限制。因此,基于以上几点,政府对市场经济进行干预就成为必要。

政府干预市场对资源的配置有两种方式,一种是间接干预政策措施,如控制价格、规定利率、调整间接税和汇率水平等。例如,政府限定农产品的市场价格水平,使得农产品的价格不能完全由市场供求力量决定。这时农产品作为商品同非农产业部门交换,只能按照政府限定

---

① 〔美〕吉利斯、波金斯、罗默、斯诺德格拉斯:《发展经济学》,中国人民大学出版社,1998年,第80页、第76页。1955年,西蒙·库兹涅茨在美国经济学会演说时,分析了收入分配中人均国民生产总值和不均等之间的关系呈倒U型,即当人均收入增长时,不均等在最初会加重;在中等收入水平时,不均等达到了顶峰,最为严重;当收入水平具有了工业化国家的特点时,不均等才开始下降。

的价格水平进行。如果政府规定的农产品价格水平高于市场均衡价格,这种交换条件对农业有利,农产品供给就会增加;如果政府规定的农产品价格水平低于市场均衡价格,此时的贸易条件又不利于农业发展,它会使农产品供给减少。从世界各国的经济发展实践看,在一国或地区结构转换的初期阶段,政府干预农产品价格往往是为了支持工业化,所以一般都将农产品价格限定在市场均衡价以下。为了加快本国(或地区)的经济发展和结构转换,许多国家的政府还规定了有利于工业部门扩张的低利率政策。在从农业社会向工业社会转变的早期阶段,由于社会储蓄水平低,资本高度稀缺,政府常常将利率压到资金市场供求均衡点以下,在这个均衡点水平下,工业企业能以较低的利息成本从农业和社会上筹集资金,实现自身的扩张。但是,低利率政策既有可能引起农业部门以及社会总储蓄的减少,又有可能造成工业部门对资金需求总量迅速增加。面对扩大了的资金供求缺口,政府很容易采取信贷配额政策分配资金,当工业部门的企业得到这笔配额资金后,同时它还得到了由农业部门转移过来的一个利差。这部分利差实质上是构成工业化的一部分原始资本积累。

政府干预市场的另一种方式是直接干预政策措施,如直接对农业征税,控制农产品的出口,对外汇实行管制等。在向农业直接征税的制度安排条件下,政府以无偿的形式从农业部门获得部分剩余农产品,然后投入到工业以及其他产业部门,用于支持经济发展和结构转换。利用税收方式将农业剩余产品转移到工业部门,有实物税和货币税两种形式[1]。如果从农业征收实物税,农业生产者向政府交纳的是农产品而不是现金,这样工业部门吸收农业的剩余产品资源不是通过市场进行的,政府在这里利用行政力量取代了市场。如果从农业征收货币税,

---

[1] 李溦:《农业剩余与工业化资本积累》,云南人民出版社,1993年,第89页。

农业生产者必须将剩余农产品拿到市场上出售后，用获得的货币收入给政府缴税，政府再将农业货币税转化为财政收入，然后用于工业或整个经济的发展。在农业的剩余产品以货币税形式向非农产业部门转化过程中，由于这部分剩余是政府采取无偿形式实现转移的，所以它们尽管经过了商品市场却没有经过信贷市场。显而易见，在这里政府用行政力量替代了部分金融市场的职能。在经济起飞过程中，为了将稀缺的外汇资源用于工业化，一些政府还控制本国农产品的出口，并对外汇进行管制。例如，对重要农产品的出口权，由政府授权给予国内某些企业，然后对包括农产品出口创汇在内的所有外汇进行管制，即政府对外汇的收支、结算、买卖和使用采取限制性措施。外汇管制（exchange control）一般分为直接管制和间接管制两种。在直接管制中，政府控制一切外汇交易，农产品出口创汇收入都必须按官方汇率，结售给政府外汇管理机构。对于外汇使用，实行配额制，政府根据国内产业发展顺序，对进口所需外汇分配使用额度。一般说来，在经济起飞阶段，外汇使用配额制都将大部分外汇收入用于工业资本品的进口。相反，这个时期绝大部分外汇收入是由国内农业以及农产品加工业创造的。

从世界上一些先行工业化国家的发展历史和许多发展中国家的工业化实践看，政府干预市场配置资源的制度措施是多种多样的，这些干预措施的实施确实可以弥补市场的不足和缺陷，将农业部门的剩余资源集中快速、有效地转向工业部门，加速产业结构的转变。但是，价格、利率、税收、外汇等方面的政府干预，却直接和间接地损害了农业的发展，对农业剩余产品的进一步形成产生了抑制作用。不过，政府干预市场也有成功的例子。美国政府在1863年建立了一些农业学院，并赠与土地。后来又借助这些学院里的农业研究成果，作为农业公共产品，通过广泛的服务传播机构，投入到家庭农场中，提高了农业生产率，增加了农业产量,为工业化和结构转变增加了供给①。日本从明治维新(1868~1911年)开始,在尝试直接引进英国和美国大规模农业机械技术失败后,建立了一套有效的适合于日本资源条件的公共部门农业研究和应用体系,政府通过增加研究和基础设施建设投资,刺激农业生产。例如,由政府建立或补贴的农业学校、试验站、巡回指导体系和农业协会,将开发的优良品种和农艺技术推广应用于农业生产中,这大大地提高了农业生产率。与此同时,政府还重视用工业产品投入农业,以替代土地的不足。在明治工业化运动中,日本农业就大量使用化肥(过磷酸钙和复合肥料)②。化肥以及高生产效率的农业技术使用,使得农产品产量大幅度提高。1878~1911年,日本稻谷产量增长了1倍多,小麦产量增长了1.8倍③。由此可见,在结构转化过程中,如果政府干预得当,注重农业公共产品的开发与供给,是可以实现工业和农业双方同时发展的格局。

2.5.2 计划经济制度

在市场经济制度之外,还有一些国家是依靠计划经济制度来配置资源要素的。这些国家有苏联、东欧国家、朝鲜、越南、古巴和中国等。这些国家之所以选择计划经济体制,其核心是上层决策者们不相信市场,也怀疑人们在生产和生活领域有自组织行为。决策者认为,"只有政府才能以促进整个社会经济福利的方式组织经济活动"④。因此,他

---

① 〔美〕维克拉夫·霍尔索夫斯基:《经济体制分析和比较》,经济科学出版社,1988年,第447页。
② 〔日〕速水佑次郎、〔美〕弗农·拉坦:《农业发展:国际前景》,商务印书馆,1993年,第158~170页。
③ 《主要资本主义国家经济统计资料集(1848~1960)》,世界知识出版社,1962年,第34~38页。
④ 〔美〕曼昆:《经济学原理》,生活·读书·新知三联书店、北京大学出版社,1999年,第10页。

们试图抛弃市场机制,将"整个社会组织成为单一的大工厂,由中央计划机关用行政手段配置资源①。"这种体制的基本特点是:第一,取消生产资料的私有制,在全社会实现公有制。第二,计划经济体制以集中分配资源、产品甚至服务为组织模式,实现经济增长。无论是宏观经济活动,还是微观经济活动,都是通过中央政府向主管业务部门、地方政府、企业以及有关官员、经理和雇员,按层级原则下达计划指标,一切经济活动都是通过执行集中统一的计划安排来实现。第三,对全社会的物质商品供求平衡,基本上是按定量实行计划分配供给。在国民经济各产业部门中,农业、工业和一切服务行业都必须按照计划生产,并按照计划出售产品。第四,计划经济体制奉行高经济增长政策。它通过行政手段将社会资源集中投向重点产业,实行优先发展,以此推进经济结构的迅速转变。

在计划经济体制下,国家通过行政手段控制与农产品生产和消费有关的经济活动,以最大程度从农业转移剩余资源,去支持既定的计划发展目标。为了实现资源从农业的顺利转移,计划体制首先在农业中推行集体化道路,将土地、牲畜、机械等农业生产资料收归集体所有,以集体农庄或公社组织形式替代以土地私有制为基础的农户经营组织形式。与此同时,对农业生产执行指令性计划,农业生产资料按预先编制的计划配给,生产什么农产品以及生产多少,基本上由计划部门层层下达指令指标。在农业生产过程完成之后,国家还控制农产品的收购和销售。一般地,政府以极低的价格强制性地从农民手中征收农产品,然后又以低价定量分配给工业和服务业部门。对于农业部门的剩余劳动力,政府也是通过计划方式将其转移到非农产业部门。

应该说,计划经济体制在动员并将农业剩余资源转移到工业部门,

---

① 吴敬琏:《当代中国经济改革:战略与实施》,上海远东出版社,1999年,第28页。

加速经济结构由农业向工业的转变是有积极作用的。但是,"它的致命弱点则在于过高的信息成本和缺乏激励导致的过低经济效益"①。因为从农产品生产、出售、加工和消费等环节分析,农业有着许多天然特性,计划制定者不可能准确、及时地收集到他所需要的分散在各个环节中数以万计的数据信息。只要信息不完全,他们就根本无法编制出科学的能反映农产品真实供求关系的计划来。计划经济体制人为地割裂了农产品供给与需求之间的联系,一切"经济信息要靠行政体系内上级对下级的命令和下级对上级的报告纵向传输,不但传输距离很大,通道狭窄,不免经常发生延误和拥塞,而且由于传输经过的环节太多,信息不免扭曲;生产单位由于不能直接取得需求和技术信息,也就不能对复杂多变的需求状况和技术可能性作出灵活反应"②。另外,计划经济体制完全忽视了农民所具有的特殊利益,在不允许农民拥有土地所有权的同时,还让他们非自愿性地组织起来,进行集体劳动。由于农民在农业各生产环节的劳动对产出贡献不易彼此分开和度量,而且也很难监督。当农民的劳动贡献得不到完全回报或出现不公平时,他们就会增加偷懒和投机行为,即新制度经济学中的"搭便车"现象③。这种投机行为的累积最终会导致农业产出效率的降低和集体组织的瓦解。本来,计划经济体制在农业中的制度安排,其中最主要的目的是摄取最大的农业剩余资源,但结果是这种安排降低了农业的生产效益,抑制了农业发展。在计划经济体制下,农业发展长期滞后,常常延缓甚至打断结构转换的进程,使得计划制定者不得不时时回过头来重新推动农业增长。

---

① 吴敬琏:《当代中国经济改革:战略与实施》,上海远东出版社,1999年,第31页。
② 同上书,第29页。
③ 〔冰〕思拉恩·埃格特森:《新制度经济学》,商务印书馆,1996年,第145页。

历史已经充分证明了计划经济体制在推进结构转换和经济发展中的严重局限性。基于此,从20世纪80年代开始,选择了计划经济体制的国家纷纷进行改革,其中原苏联和东欧国家大都放弃了计划经济制度,进而用市场经济制度取而代之,中国于1978年、越南也在1986年以后开始了进行市场经济取向的改革①。

---

① 〔美〕吉利斯、波金斯、罗默、斯诺德格拉斯:《发展经济学》,中国人民大学出版社,1998年,第101页。

第3章 传统体制下中国经济结构演变与农业发展的关系

根据张培刚的研究,中国的工业化发端于20世纪初期。它是利用第一次世界大战各国列强忙于战事的机会,建立和发展了本国的工业[①]。随后因军阀混战,打乱了工业化进程步伐。到20世纪30年代,随着军阀混战的逐渐平息,国民经济的总体环境相对稳定,因而以轻纺工业推动的工业化尚处在一个较好的发展时期。此后,抗日战争和解放战争的相继爆发,急剧动荡的战时经济环境,迫使大量国内外工业资本流向海外,国内许多工厂不是在战火中被摧残,就是在迁移中元气大伤,工业化进程再次受阻。因此,我国开始持续大规模工业化还是在新中国成立之后。自20世纪50年代以来,中国的工业化选择了一条既不同于市场经济发达国家,又有别于大多数发展中国家的道路。在这种道路支配下,国内经济结构演变与农业发展呈现出一种复杂多变的特殊关系。

3.1 传统经济发展战略的选择与计划经济体制的形成

新中国成立之初,我国经济规模小,人均国民收入水平相当低;产业结构落后,农业和轻工业支持工业化的能力严重不足;农村人口比重

---

① 张培刚:《农业与工业化》,华中工学院出版社,1988年,第204页。

高,城市化压力大;西方发达国家实行封锁政策,我国工业化利用境外资本难。因此,在进行大规模工业化运动时,我国处在一个经济十分落后的发展起点上,并面对着一个极为不利的国际环境。这种状况既给新中国领导人带来了巨大的压力,又给中国工业化带来了颇难克服的困难。因此,选择什么样的工业化战略,用什么样的制度安排才能克服我国工业化起步时的重重困难和先天不足,就成为当时新中国领导人必须做出的选择。

经济结构由农业向工业转变或者工业化,是世界各国从贫穷走向富裕必经的一个历史阶段。从世界经济发展的历史经验看,各国所选择的工业化道路各不相同,实现结构转换的进程也有快有慢。比较而言,欧美先行工业化国家一般都采取的是分散自发式工业化模式,以市场经济制度为基础,从发展劳动密集程度高的消费品工业(或轻工业)开始,逐步从这些产业中积聚资本,然后转向发展资本密集程度高的重工业。这些国家通过此种方式实现工业化,大都经历了一个多世纪的时间。而后起国家一般走的是日本路线和俄—苏路线实现工业化,前者依然是靠市场经济体制,从轻工业循序渐进到重工业;后者却采取了集中有组织的工业化模式,以计划经济体制为基础,超越消费品工业发展阶段,直接进入重工业发展阶段。

对于新中国来说,究竟是效仿后起工业化国家日本模式还是苏联模式,进行结构转换,实现工业化呢?日本的工业化始于19世纪明治维新时期,当时日本虽然也想快速工业化,但并没有来自国际社会的直接军事威胁,工业化的时间约束比较弱。此外,依靠洋枪洋炮和西方军事制度的天皇派,战胜了凭借冷兵器与封建军事制度的幕府派,领略了西方先进技术和管理体制的威力。因此,在没有其他更先进的工业化模式可效仿的历史条件下,明治天皇统治的国家决策层对欧美国家的工业化模式具有制度选择偏好。再者,日本当时急需的技术、资本和产品市场,与西方国家之间没有意识形态壁垒。还有,日本同西方列强从其殖民地掠夺资本一样,曾从中国获得了巨额战争赔款,加速了其资本积累进程。因此,日本步欧美国家的后尘也就在情理之中。而苏联在20世纪20年代,内有反苏维埃军事力量的进攻,外有国际资本主义势力的直接插手和外围军事威胁,通过迅速工业化,提升军事实力,来维护政权稳定与国家安全就成了头等大事,所以,工业化的时间约束很强。另外,当时工业化道路论战的结果,计划经济体制派占了上风,尽管后来的制度绩效表明这是一种不正确的工业化道路选择,但毕竟当时的苏维埃政权决策层已形成了计划经济体制的偏好。再者,意识形态壁垒和国际资本主义社会的封锁,也妨碍了苏联利用国际技术、资本和产品市场来推进本国工业化。这些主要因素促使苏联依靠计划经济体制,走上了一条政府推动的集中型工业化道路。

相比之下,新中国在工业化战略选择过程中面临的主要约束条件和决策层偏好等因素更接近原苏联。一是要求快速工业化的时间约束强。新中国成立之初,内有台湾国民党反攻大陆的牵制,外有朝鲜战争以美国为首的西方资本主义势力的军事威胁,维护新生政权稳定与国家安全的严峻国内外形势,强化了工业化道路选择的时间约束。二是同一意识形态下制度选择偏好相同。中共与苏共意识形态一致,一些主要领导人如刘少奇等曾留学苏联,特别是最高权威领导人毛泽东曾在新中国成立之初,较长时间地访问了苏联,学习了苏联经验。而新中国与西方国家意识形态对垒,主要领导人又缺乏出访的制度经验积累与对比等,因而在制度选择上具有苏联模式偏好。三是面临西方国际社会的政治、经济和军事封锁。这严重阻碍了新中国从西方国家主导的国际市场引进资本、技术,并出口产品。相反,却可以从苏联得到这些东西。四是当时苏联模式处在鼎盛时期,弊端尚未暴露。而日本和西欧等一些资本主义国家,因二战破坏却处于困难的恢复期,于是,新中国领导者凭借大国优势,在借鉴和效仿苏联工业化经验的基础上,选择了一种特殊的经济发展战略,以及与之相配套的资源组织方式和管理制度。这就是在工业化伊始,我国就采取了工业优先,特别是重工业优先的经济发展战略。

重工业作为生产资料的部门,不但是工业的核心,而且是国民经济的核心。选择重工业优先发展的经济战略,可以直接迈过轻工业发展阶段,以较短的时间建立起现代化大工业体系。同时,重工业具有自我服务、自我循环的产业特征,可以脱离城乡市场需求自成体系地发展,克服了当时国内市场特别是农村市场对工业有效需求不足的矛盾的约束。确立重工业优先发展的战略地位,是在我国第一个五年计划中明确提出的。该计划的基本任务,是集中主要力量进行以苏联帮助我国设计的156个建设单位为中心、由限额以上的694个建设项目组成的工业建设[①]。

众所周知,优先发展重工业所需要的资本投入远远高于轻工业。如何才能保证重工业优先发展所需要的一切资源呢?如前所述,新中国成立初期,因资本供给严重不足,而劳动力极为丰富。如果经由市场机制决定资本和劳动价格,其结果是资本价格(利率水平)会相当高,而劳动力价格又相当便宜。按照市场机制,发展资本密集程度高的重工业,无疑会支付高昂的成本,面对高昂的资本品价格和低廉的劳动力价格,用市场力量很难将资本引入到重工业部门,还极有可能诱导以劳动密集型为特征的轻工业部门优先发展,这同我国的战略选择大相径庭。为了确保将社会经济资源集中投向工业,进而又重点投入重工业,实现国家确定的工业化既定目标,我国又建立起一套可集中动员和配

---

① 朱镕基等:《当代中国的经济管理》,中国社会科学出版社,1985年,第40页;曾培炎:《新中国经济50年》,中国计划出版社,1999年,第54~58页。

置资源的计划经济体制。

这种计划经济体制的主要特征是,在微观分配上,通过开展对农业、手工业、资本主义工商业的社会主义改造,消灭生产资料的私有制,实现生产资料的全民所有制和集体所有制;在组织体系上,建立起包括财政、金融、投资、物价、物资、劳动人事和工资分配在内的高度集中的自上而下的计划管理体系;在经济运行上,国家对各产业部门实行直接计划(指令性计划)和间接计划(指导性计划)相结合的计划管理制度。例如,国家对国营工业企业的生产经济活动下达指令性计划指标,包括总产值、主要产品产量、新品种产品试制、成本降低率、成本降低额、职工总数、工资总额、平均工资、劳动生产率、利润等。企业生产所需要的主要生产资料,由各主管计划部门按计划供应,产品由物资或商业部门调拨或收购;企业所需要的投资,由国家财政拨款,统收统支,专款专用;企业所需职工由劳动管理部门按计划配给等。对于农业、手工业等实行间接计划,国家主要通过经济政策、经济立法和经济合同等形式,将它们的活动纳入国家计划轨道。但是,随着时间的推移,国家实行直接计划或指令性计划的比重越来越大,统得越来越多,管理越来越死,最后导致了原来的间接计划也逐渐变为直接指令性计划。

高度集中的计划经济体制,其核心问题是要动员和组织全社会一切经济资源,支持重工业的优先发展。应当指出的是,当时我国是一个典型的农业大国,创造社会财富的主要产业是农业。所以,从农业部门筹集国家工业化建设所需要的资金,就成为计划经济体制的必然选择。毛泽东同志曾多次指出"为了完成国家工业化……所需要的大量资金,其中有一个相当大的部分是要从农业方面积累起来的。""如果没有足够的粮食和其他生活必需品,首先就不能养活工人,还谈什么发展重工业?"发展农业"可以更快地增加资金的积累,因而可以更多更好地发展重工业"。因此,为了有效地增加农产品供给,并确保能将农业的剩余吸收转化为工业化的资本积累,国家在农业工作中先后采取了一系列的政策调整。

首先,对粮棉油等主要农产品实行统购统销政策,以购销制度控制农产品供求。1952年之后,随着国民经济的发展,工业人口和城市人口的增加,对农产品特别是对粮食的需求迅速增长;与此同时,土地改革后,随着农村广大农牧民生活的改善,他们自身的粮食消费量也随之增加。此时我国农产品供求之间,已出现了新的矛盾。为了保证国家工业化建设所需要的粮食,稳定粮价,消灭粮食投机,1953~1955年国家先后颁布了《政务院关于实行粮食的计划收购和计划供应的命令》、《粮食市场管理暂行办法》①、《农村粮食统购统销暂行办法》和《市镇粮食定量供应暂行办法》等政策②。至此,一套完全脱离市场机制的粮食供求体系在工业化运动中形成了。同时,国务院又于1953~1957年先后对油料、棉花实行统购统销政策③。之后,又将烤烟、黄洋麻、苎麻、大麻、甘蔗、家蚕茧、茶叶、生猪等农林产品,38种重要中药材,以及供应出口的苹果、柑橘,还有既供应出口又供应大城市的水产品都一一纳入到国家统一收购的范围④。到1961年,国家正式将农产品分为

---

① 参见《政务院关于实行粮食的计划收购和计划供应的命令》(1953年11月19日);中国人民大学农业经济系资料室:"农村政策文件选编"(一),第174~178页。
② 参见《农村粮食统购统销暂行办法》和《市镇粮食定量供应暂行办法》(1955年8月25日);中国人民大学农业经济系资料室:"农村政策文件选编",第283~291页、第295~303页。
③ 参见《中共中央关于在全国实行计划收购油料的决定》和《政务院关于实行棉花计划收购的命令》;中国人民大学农业经济系资料室:"农村政策文件选编",第171~173页、第222~223页。
④ 参见《国务院关于由国家计划收购(统购)和统一收购的农产品和其他物资不准进入自由市场的规定》;中国人民大学农业经济系资料室:"农村政策文件选编",第533~536页。

一、二、三类，实行严格的分类管理。对一、二类农产品，国家实行严格的计划管理，其收购任务由国家指定的国营商品部门和供销合作社执行，其他单位或个人都不准到农村去收购。至20世纪70年代末期由国家统购派购的农产品已增加到230多种。

对农产品实行统购统销，实质上是国家超越和替代市场职能，垄断了农产品的购销经营权。在此制度条件下，农民必须按照国家规定的收购品种、收购数量和收购价格，及时将农产品交售给国营商业和供销合作社。对于农产品消费者，包括机关、企事业单位或个人，也必须在指定地点凭证购买所需要的农产品。于是，国家通过统购统销，既从生产来源上控制了农产品的供给总量，又从最终消费上控制了农产品的需求总量。

其次，对分散的小农经济实行社会主义集体化改造，从组织上保证农产品统购统销制度的有效运行。对农民实行统购派购完全是一种行政强制行为，它不仅剥夺了农民对自己所生产产品的处置权，而且由于这种政策强调国家计划的优先性，还挤压了农民自身的消费。这在当时农业生产十分落后的情况下，会遇到两大困难。一是在大规模工业化建设和人口增长压力下，全社会对粮食、棉花和油料等农产品的需求增长完全有可能超过农业的现实供给能力，这迫使国家向农民征收"过头粮"，造成征的多、留的少，直接限制了农民的消费，引起农民的不满和抵触情绪。二是实行农产品统派购政策，要面对的是一亿多分散的农户，对他们每年每个季节逐个核实生产品种、产量，确定统派购任务，并挨家挨户地上门收购，这样政府要支付的交易成本太高，收购难度太大。面对以上困难，国家需要寻找一种既能够增加农产品产量，又能够保证工业化获得足够粮食和原料的组织形式。此外，从体制上看，以公有制为基础的计划经济体制与土地私有制是根本不相容的，它本身也要求对小农经济进行社会主义改造。于是，20世纪50~70年代,国家先后通过合作化运动与人民公社化运动①,在农村对农产品顺利地实行了统购统销制度,将农产品剩余甚至包括资本积累有效地转移到工业部门和城市里,有力地配合了国家的重工业优先发展战略,支持了工业化。

第三,实行城乡高度分割的二元户籍制度,限制农村人口和劳动力向非农产业和城市流动。虽然,将个体小农经济改造为人民公社制度,为实行统购统销扫除了制度障碍,降低了工业化从农业汲取剩余产品和资本积累的成本。但是,在储蓄不足、资金短缺的条件下,面对农村大量剩余劳动力,如果按照市场经济制度,任由城乡劳动力自由流动,必然会出现大量乡村低收入人口涌向城市和工业部门。低收入人口的大量进入,不但加剧了城市化与工业化在资源配置上的矛盾,而且还会大大降低工业部门的资本有机构成,阻碍重工业优先发展。因此,设立一个门槛,限制农村劳动力和人口向城市以及工业部门流动,就成为又一制度选择。

新中国成立初期,劳动力流动和人口迁徙是自由的,大规模工业化吸引了许多农民进城。据统计,1949～1957年,全国城市人口由5 765万人增加到9 949万人,增长了72.6%。这远快于同期的全国人口平均增长速度(19.35%)。针对此种情况,政府于20世纪50年代初就开始一步一步地限制农民向城市流动。于是,早在1953年,政务院就发出了《关于劝止农村人口盲目外流的指示》;1958年,国务院又颁布了

---

① 关于合作化与人民公社化运动的历史过程,参见《中国共产党中央委员会关于发展农业生产合作社的决议》;中国人民大学农业经济系资料室:"农村政策文件选编"(一),第179～196页;胡绳主编:《中国共产党的七十年》,中共党史出版社,1991年;王耕今等:《乡村三十年》(上),农村读物出版社,1989年,第80页;陈吉元、韩俊:《人口大国的农业增长》,上海远东出版社,1996年,第6页;《中共中央关于农村建立人民公社的决议》(1958年8月29日);中国人民大学农业经济系资料室:"农村政策文件选编"(二),第72～76页。

《中华人民共和国户口管理登记条例》①。此后,我国以户口制度为基础,又先后制定了与其相配套的一系列制度安排。例如,粮食、副食品和燃料等生活资料供给制度、住房分配制度、医疗制度、教育制度、就业制度、劳动保护制度、养老保障制度、婚姻制度、生育制度和兵役制度等。这些制度安排构筑起了"一堵墙",把城市人和农村人分成了两个不同的二元"世界"和两种不同身份。只有城市人才能享有上学、就业、分房、公费医疗、凭票购粮等十几种福利"特权",而农村人则被这些制度排斥在城市文明之外,挡在工业化之外,仅成为为国家工业化提供食品、原料和原始积累的劳动机器。城乡分割的户籍制度实行以后,一度迅速增长的城市人口得到抑制,曾经快速攀升的人口城市化率也降了下来。例如,1949~1957年间,我国人口城市化率上升了近5个百分点,而此后21年间城市化率仅上升了2.5个百分点。另外,令人意想不到的是,构筑城市门槛,造就城乡分割的户籍制度,不仅能阻挡农村人口向城市迁移,同时它还能为政府从城市向农村排放"过剩"人口提供制度保障。如20世纪60年代初,国家为了缓解城市食品供应紧张的矛盾,让2 600万城市人返回农村;70年代,国家号召城市知识青年"上山下乡",又让3 000万城市人口迁往农村。如此大规模地调整人口流向,确保社会资源能集中用于重工业化发展目标等,这在市场经济制度下是无法想象的。

第四,垄断和控制生产要素配置权,限制农村产业发展方向。有了完善的城乡户籍分割制度,可以有效地限制农村人口向城市和国家大工业流动。但是,如果不限制农民在农村的产业发展方向,任由他们自由地支配手中的生产要素,他们完全可以利用一切机会,在农村大力发展工业以及服务业。这样就必然会造成农民与国家工业化争夺资源的

---

① 陈吉元、韩俊:《人口大国的农业增长》,上海远东出版社,1996年,第233页。

矛盾。为了控制工业化资源,国家还相继垄断和控制了主要生产资料的配置权。一方面,政府对用于非农产业的生产资料和资金,实行严格的计划分配政策,只有纳入国家计划轨道的企业,才能申请得到他们所需要的物资和资金,而农民要想放弃农业转而发展工业以及其他非农产业,首先他们无法获取所需要的资金和生产资料。另一方面,政府还对用于农业生产的资金、化肥、农药、农业机械和塑料薄膜等,根据需求量和供给能力,进行计划管理和分配,农民只能按照农业生产计划获得上述生产资料和流动资金。于是,被限制在农村的农民,在无法转产发展非农产业的条件下,只能以经营农业为主。

至此,一整套服务于国家工业化战略,并能为重工业优先发展有效提供粮食、原料和资本积累的农业计划体制形成了。由上述分析可见,我国工业化初期经济发展战略的选择和制度安排,完全是在国家行政力量支配下,人为造就了一种由农村搞农业、城市搞工业的二元经济结构模式。

3.2 计划经济体制条件下农业剩余转移与发展的理论模型分析

在计划经济体制条件下,为了推进工业化和结构转换,农业剩余是如何从农业部门向工业以及非农产业部门转移的,同时农业自身是如何发展的呢?在此,为便于研究分析,我们首先假定在没有任何行政干预的条件下,工业以及整个社会对农产品的需求和农产品的供给是通过市场调节达到均衡状态的。同时,还假定农产品供给量仅仅来自国内市场,由国内农业生产状况决定。由图3-1所示,在市场机制作用下,工业以及社会对农产品的需求曲线为D_0,农产品供给曲线为S_0,两条曲线相交于E_0,在E_0点上农产品供求达到了均衡,价格为P_0,供求数量为Q_0。

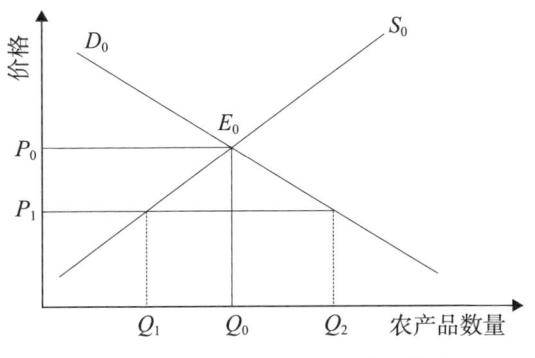

图 3-1 计划经济体制与农产品供求

当引入计划经济体制后,为了保证工业发展的高速度和高积累率,政府在采取统购统销制度的同时,还人为地压低农产品的购销价格,使得农产品价格水平从 P_0 降到 P_1。在 P_1 的价格水平上,农业能提供的农产品数量由 Q_0 减少到 Q_1,而工业及社会对农产品的需求量①却由 Q_0 扩大到 Q_2。这时如果政府不采取任何干预措施,农产品供求则会出现较大的缺口(Q_2-Q_1)。显然,在这种状态下,工业的扩张发展将受到农产品供给严重短缺的高度约束。事实上,政府在压低农产品价格后,为了防止工农两大产业发展失衡,还相应采取了一系列干预措施。在供给方面,采取的主要措施包括:一是向农业无偿投资,大搞农田水利基本建设。1953~1979 年,国家累计向农业投入基本建设资金 665.5 亿元,由此农田灌溉面积扩大了 2 500 多万公顷②。二是向农民低价供应农业生产资料,鼓励农民增加现代要素投入。在执行计划经济体制期间,国家曾先后对化肥、农用柴油、农用薄膜、农业用电和农业机械进行价格补贴,以优惠价格供应农民。仅以化肥和电力为例,1952~1978 年,国家向农业供应化肥从 7.8 万吨增加到 884 万吨,供电量由 0.5 亿

---

① 此处的需求量假定包括了农业为工业发展要求出口创汇所需要的农产品数量。
② 国家统计局:《中国统计年鉴》,中国统计出版社,1986 年,第 149 页、第 451 页。

度上升到253.1亿度①。三是财政向农业科学技术研究与推广拨款,支持农业技术进步。"一五"时期以来,国家建成了一套较为完整的农业科研和技术推广体系,1957年成立了中国农业科学院,同时各省、区、市也建立了自己的农业科学院,大部分地、县也相继建立了农业科学研究所,许多人民公社设立了农业技术推广站。大队设有农业技术试验站,生产队设立有试验田②。各级政府对这一科研和技术推广体系,包括对全国高中级农业院校的科研机构,从人力、财力和物力上支持他们进行科学研究和技术推广工作。此项工作的重点与核心是提高农业产量,增加农产品的供应。因此,该时期一批高产栽培技术、间作套种或复种技术和对水肥反应更为灵敏的杂交水稻、杂交玉米、杂交高粱、矮秆抗锈小麦,以及棉花新品种相继推出,并大面积推广运用。据统计,1952~1979年,由于实施多熟种植和间作套种技术,我国农作物复种指数由131%增长到151%,提高了20个百分点,相当于增加了2 267万公顷的农作物播种面积③。到1979年,全国高产良种的推广面积占同类作物播种总面积比例分别为:水稻80%、小麦85%、大豆60%、棉花75%、花生70%和油菜45%④。四是强制农民进行活劳动积累,以弥补资金投入不足。为了进行工业化,国家把绝大部分资金投入到工业等非农产业的发展方面,造成农业投资严重不足。为了克服资金短缺的矛盾,国家凭借人民公社体制,发动农民在冬闲时间增加活劳动投入,大搞农田水利基本建设。例如,组织农民平整土地,改良土壤,打井修渠,兴修水利,积肥造肥等。通过上述一系列政策措施,大幅度降低

---

① 这里是折合成化肥有效成分。国家统计局:《中国统计年鉴》,中国统计出版社,1986年,第149页。
② 李周:"中国农业技术变革的经济学分析",中国社会科学院研究生院博士论文,1993年,第45页。
③ 刘志澄:《中国农业科技之研究》,中国农业科技出版社,1992年,第61页。
④ 林毅夫:《制度、技术与中国农业发展》,上海三联书店,1992年,第186页。

了农业的生产成本,增加了农产品的生产量,使得农产品的供给曲线向右下方移动到 S_1(图3-2)。于是,在 P_1 的价格水平上,农产品的供给量便由 Q_1 增加到 Q_3。这样,还有一个 Q_2-Q_3 的需求缺口需要填平。

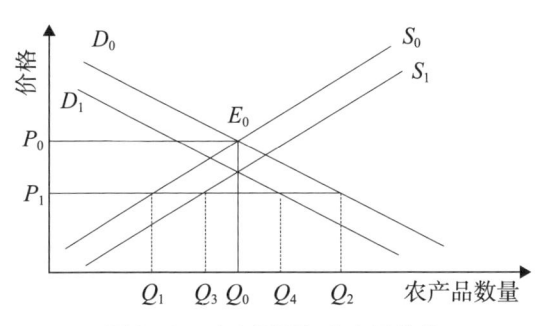

图 3-2 政府干预与农产品供求

在农产品需求方面,政府为了保持工业的高积累,同时也为了在低价格水平上限制非农产业部门对农产品的过度消费,首先对非农业部门的职工长期实行低工资政策。例如,1952~1978年,我国全民所有制单位职工年平均工资水平由446元增加到602元,按可比价格计算,年均增长仅为0.3%,其中"二五"、"三五"和"四五"计划时期,全民所有制职工的平均工资年均增长速度还是负数(表3-1)。从表3-1中可见,到20世纪70年代末期我国全民所有制单位职工的工资水平,不论是按可比价格计算的增长指数,还是名义工资水平都低于60年代中期甚至1957年的水平。

表 3-1 全民所有制单位职工平均工资

年份	1952	1957	1962	1965	1970	1975	1976	1977	1978
平均工资(元/年)	446	637	592	652	609	613	605	602	644
工资指数*	100	130.3	98.7	121.5	114.3	113.9	112.1	108.5	115.2

注:*以1952年为100。

资料来源:国家统计局:《中国统计年鉴》,中国统计出版社,1985年,第556页。

另从图 3-2 可以看出,在低工资政策条件下,非农业人口对农产品的需求潜力受到压抑,这就使得社会对农产品的需求曲线向左下方移动至 D_1。相应地在 P_1 价格水平上,非农业人口的农产品需求量也由 Q_2 减少到 Q_4。于是,经过政府的多次干预,农产品供给与需求之间的差距较以前明显缩小,但仍然存在着缺口,即 Q_4-Q_3。这意味着,此种情况下农产品的供给仍然难以满足社会的需求。

表 3-2　1953~1978 年中国粮食进出口数量变化　　　　亿公斤*

时期	净进出口	进口	出口
1953~1957	+100.1	5.0	105.1
1958~1962	+11.3	110.2	121.5
1963~1965	-132.0	189.3	57.3
1966~1970	-120.0	248.4	128.4
1971~1975	-155.3	279.2	123.9
1976~1978	-132.4	185.4	53.0
合计	-428.4	1017.4	589.0

注:*为贸易粮。+为出口,-为进口。我国在 1953~1978 年间,出口的粮食大部分是大米和大豆,进口的绝大多数粮食是小麦。
资料来源:原农牧渔业部计划司:"农业经济资料"(1949~1983),第 434~435 页。

为了保证工业化的顺利进行,政府对农产品的供求关系又进一步采取干预措施。第一,利用有限的外汇资源,进口少量的短缺农产品,以增加国内农产品供给量。例如,1953~1978 年间,我国共进口了 1 017.4 亿公斤粮食,扣除同期国内出口的粮食,共净进口了 428.4 亿公斤(表 3-2)。需指出的是,在工业化初期,我国还是粮食净出口国,整个 20 世纪 50 年代共净出口粮食 240 多亿公斤。但是,进入 60 年代后,情况开始发生变化,由于国内农业发展不足,而工业化对农产品的需求增长过快,迫使政府改变粮食的进出口政策,不得不连续多年从国外进口粮食,用以缓解国内粮食的供求矛盾。通过增加农产品进口,国内农产品供给曲线再次向右下方移动,在图 3-3 上表现为供给曲线由

S_1 下移到 S_2。这时在保持价格 P_1 水平不变的条件下,国内农产品总供给量由 Q_3 扩张到 Q_5。第二,在实行城乡隔离的户籍管理制度,控制非农业人口过快增长的基础上,国家还对非农业人口实行粮油肉布等主要农产品的定量配给政策,以抑制非农业人口对农产品的消费能力。受这种政策的制约,非农业以及社会对农产品的需求量再次下降,反映在图3-3上就是需求曲线由 D_1 下移到 D_2。在需求曲线 D_2 上,当农产品价格为 P_1 时,非农业以及社会对农产品的需求量为 Q_0。观察图3-3可以发现,尽管政府采取了一系列干预措施,农产品供给与需求之间仍然留有 Q_0-Q_5 的缺口。如何消除这一缺口呢?政府还采取了另外一条措施,即利用行政手段向农民强制超量征购农产品特别是粮油等产品,这起到了压制农民自身消费,扩大对非农业人口农产品供给的作用。于是,在此种情况下农产品的供给曲线再一次右移,从 S_2 移向 S_3。在 S_3 供给曲线上,当农产品价格为 P_1 时,农产品供给总量已由 Q_5 增加到 Q_0。到此为止,经过政府的多重干预,我国农产品供给和需求在 S_3 和 D_2 两条曲线交叉点上,又实现了新的均衡。此时,农产品供求均衡点为 E_1,农产品供求数量均为 Q_0。

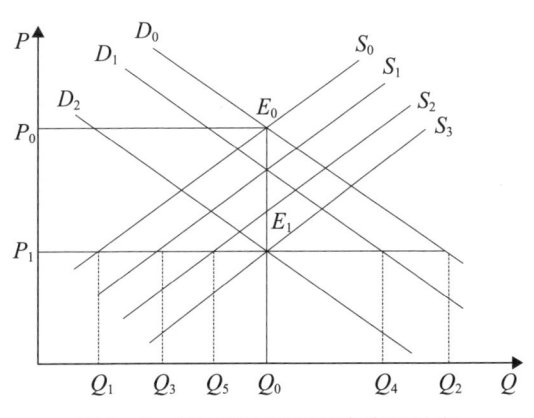

图 3-3 政府多重干预与农产品供求

上述模型分析表明,我国在工业化或者结构转换过程中,从农业转移剩余资源去推动工业不断扩张,同时又能促进农业发展,完全是在排除市场机制作用,扭曲产品和资源要素价格的情况下,依靠一套行政干预的制度安排实现的。

3.3 传统经济发展战略的成效和结构变化特点

选择重工业优先发展战略,利用计划经济制度,从农业、农村转移剩余资本,确实推动了我国的经济发展和结构转换,取得了显著成就。

第一,国民经济获得了持续高速增长。1952~1978年,我国国内生产总值由679亿元增长到3 624.1亿元。按可比价格计算,26年间国内生产总值增长了3.72倍,年均增长6.2%(见表3-3)。同期由于经济发展速度快于人口增长速度,人均国内生产总值也取得了显著增长。1952~1978年,我国人均国内生产总值由119元迅速增加到379元,按可比价格计算,增长了195.7%,平均年递增3.3%。

表3-3 国内生产总值增长及人均水平变化

时期	国内生产总值		人口		人均国内生产总值	
	绝对数(亿元)	增长率(%)	绝对数(万人)	增长率(%)	绝对数(元/人)	增长率(%)
1952	679.0		57 482		119	
1953~1957	1 068.0	9.2	64 653	2.38	168	6.8
1958~1962	1 149.3	-1.1	67 295	0.80	173	-2.4
1963~1965	1 716.1	15.1	72 538	2.53	240	9.9
1966~1970	2 252.7	6.8	82 992	2.73	275	6.9
1971~1975	2 997.3	5.9	92 420	2.18	327	6.7
1976~1978	3 624.1	5.7	96 259	1.37	379	6.6
1952~1978		6.2		2.00		3.3

资料来源:根据国家统计局1988年和2000年《中国统计年鉴》整理。

第二,经济高速增长是通过大量资本投入取得的。从20世纪50年代初开始,我国一直保持着20%以上的投资积累率,有的年份甚至超过40%①,这明显高于大多数低收入国家,也高于同期中等收入国家的积累程度。国内一些学者曾经对我国改革以前和改革以后两个时期各要素投入对经济增长的贡献率,进行过比较分析。结果发现在1953~1977年间,我国资本投入增加对经济增长的贡献率高达86.96%,而劳动投入增加的贡献率为12.88%,全要素生产率提高对经济增长的贡献更小,仅为0.16%②。霍利斯·钱纳里和莫尔塞斯·塞尔昆在建立的多国模型标准解式中,通过计算得出在人均国内生产总值(1970年美元)从140美元向5 040美元增长过程中,资本投入对经济增长的贡献率较高时区是在人均国内生产总值560美元以前,贡献率最高的时期是在人均收入280美元,达到48%。在560美元以前,全要素生产率对经济增长贡献在140美元水平上为11%,280美元水平上为15%,560美元水平上是25%。与此比较,我国在工业化初始阶段,资本投入对经济增长的贡献要大得多,而全要素生产率的贡献则小得多③。这表明1978年以前,我国经济增长主要是靠不断增加资本投入取得的。

第三,工业迅速扩张是这一时期经济增长的主要因素。在增加的资本投入中,国家围绕工业化既定目标,利用行政力量以计划配置资源的方式,将其一半以上用于第二产业特别是工业发展方面,而在工业中

---

① 国家统计局固定资产投资统计司:《中国固定资产投资统计年鉴(1950~1995)》,中国统计出版社,1997年,第9页。
② 张军扩:"'七五'时期各要素对经济增长贡献率的测算",国务院发展研究中心材料,1990年,第50页。
③ 〔美〕霍利斯·钱纳里等:《工业化和经济增长的比较研究》,上海三联书店、上海人民出版社,1996年,第333~334页。

又将绝大部分投资用于重工业建设方面。以基本建设投资为例(表 3 - 4),1978 年以前我国基本建设投资平均有 56.6% 都用在了第二产业发展上,而在第二产业中又有 86.8% 的投资用在了重工业的发展方面。受投资的拉动,我国的经济结构由农业向工业,由轻工业向重工业发生了重大转变。改革前的 26 年间,在我国的国内生产总值中,农业增加值所占的比重以较大的幅度持续下降,到 1978 年农业增加值在国内生产总值的份额已下降到 28.1%,比 1952 年下降了 22.4 个百分点。与此相反,第二产业特别是工业增加值在国内生产总值的比重持续上升。1952~1978 年,第二产业、工业占国内生产总值的比重分别由 20.9%、17.6% 提高到 48.2% 和 44.3%,分别上升了 27.3 和 26.7 个百分点(表 3 - 5)。第二产业和工业增加值份额的提高,一方面替代了农业增加值份额的下降部分,另一方面还替代和弥补了第三产业增加值份额的下降部分。

表 3-4　各个计划时期三次产业的基本建设投资

时期	投资额(亿元)					比重(以投资额为100)		
	总额	第一产业	第二产业	重工业	第三产业	第一产业	第二产业	第三产业
1953~1957	588.48	16.04	271.80	212.79	300.64	2.7	46.2	51.1
1958~1962	1 206.09	40.96	744.6	651.71	420.53	3.4	61.7	34.9
1963~1965	421.89	31.95	219.09	193.71	170.85	7.6	51.9	40.5
1966~1970	976.03	36.18	558.89	498.89	380.96	3.7	57.3	39.0
1971~1975	1 763.95	70.45	1 006.54	874.94	686.96	4.0	57.1	38.9
1976	376.44	12.61	214.54	190.34	149.29	3.3	57.0	39.7
1977	382.37	12.95	223.36	190.29	146.06	3.4	58.4	38.2
1978	500.99	17.95	282.00	243.86	201.04	3.6	56.3	40.1
合计	6 216.24	239.1	3 520.82	3 056.53	2 456.32	3.9	56.6	39.5

资料来源:国家统计局固定资产投资统计司:《中国固定资产投资统计年鉴》(1950~1995),中国统计出版社,1997 年,第 101 页、第 103 页。

表 3-5 1952~1978 年我国国内生产总值结构变化   %

年份	国内生产总值	第一产业	第二产业	工业	第三产业
1952	100	50.5	20.9	17.6	28.6
1957	100	40.3	29.7	25.4	30.1
1962	100	39.4	31.3	28.3	29.3
1965	100	37.9	35.1	31.8	27.0
1970*	100	35.2	40.5	36.8	24.3
1975	100	32.4	45.7	41.5	21.9
1978	100	28.1	48.2	44.3	23.7

注:*第一产业和第二产业结构变动的转折点。
资料来源:国家统计局:《中国统计年鉴》,中国统计出版社,2000 年,第 54 页。

表 3-6 工业总产值结构变动   %

年份	以工业总产值为 100		以工业总产值为 100	
	轻工业	重工业	以农产品为原料的工业	其他工业
1952	64.5	35.5	56.4	43.6
1957	55.0	45.0	44.9	55.1
1962	47.2	52.8	34.5	65.5
1965	51.6	48.4	37.0	63.0
1970	46.2	53.8	32.3	67.7
1975	44.1	55.9	30.9	69.1
1978	43.1	56.9	29.5	70.5

资料来源:国家统计局:《中国统计年鉴》,中国统计出版社,1988 年,第 47 页;原农牧渔业部计划司:"农业经济资料"(1949~1983),第 77 页。

第四,工业内部结构高度化带动了工业的迅速发展。在经济结构从以农业为主向以第二产业和工业为主的转换过程中,工业内部结构也在发生迅速变化。从表 3-6 可见,1952~1978 年间,我国工业发展出现了两大结构性转变。一是工业产值的增长从主要依靠农产品加工业向依靠非农产品为原料的工业方向转化。1952 年,全国工业有

56.4%的份额是由以农产品为原料的工业创造的,但到1978年,以农产品为原料的工业为工业提供的增加值份额已经下降到29.5%;相反,以非农产品为原料的工业给工业创造的增加值份额由43.6%上升到70.5%。

表3-7 1952~1978年工业产值增长的产业部门因素   %

时期	年均工业产值增长率			轻重工业平均比重		对工业产值贡献	
	总产值	轻工业	重工业	轻工业比重	重工业比重	轻工业	重工业
1953~1957	18.0	12.8	25.4	59.8	40.2	7.7	10.2
1958~1962	3.8	1.1	6.6	51.1	48.9	0.6	3.2
1963~1965	17.9	21.2	14.9	49.4	50.6	10.4	7.5
1966~1970	11.7	10.7	14.6	48.9	51.1	5.2	7.4
1971~1975	9.1	5.4	10.2	45.1	54.9	2.5	5.6
1976~1978	9.5	9.1	9.9	43.6	56.4	3.9	5.6

注:轻重工业部门平均比重是指在每个时期各部门初始年份和截止年份的平均份额;部门产值份额是按当年价格计算的,增长率是以1952年为100的增长指数推算的。轻重工业部门对工业产值增长的贡献是部门产值在工业产值中的比重与本部门产值增长率相乘之积。

资料来源:原农牧渔业部计划司:"农业经济资料"(1949~1983),第57页。

二是工业增长从主要依靠轻工业向依靠重工业方向转化。表3-7反映,在进行大规模工业化运动初期,我国工业有2/3的产值份额是由轻工业创造的,此后该比重不断下降,而重工业比重不断上升,最终在工业结构中重工业的增长替代了轻工业,成为工业中创造财富最大的产业部门。在此处,利用轻工业占工业总产值的比重变化与相应的产值增长率之积,来衡量两大产业对工业增长的贡献(表3-7)。结果发现,除了1963~1965年国民经济调整期之外,五个五年计划期间重工业对工业产值增长的贡献都比轻工业大。即使在第一个五年计划期间,重工业的增长对工业总产值增长的贡献也接近57%,其他几个五年计划期间,重工业增长的贡献率更高。我国重工业在增长过程中,其重心也在不断变化。20世纪50年代,重工业的发展重点是冶金、电力、煤炭、石油、化工和机械工业,基本上是以基础原材料、能源为主导的产业。20世纪60年代中期到70年代末,重工业的重点转向石油、化工和机械工业,基本上是以化工、机械等为主导的加工型产业。

工业结构重心向重工业转移,表明我国的产业结构高度在超前上升,工业化程度在人为拔高。在西方经济学中,德国学者霍夫曼(Walther Hoffman),根据他提出的"霍夫曼比例"变化将工业化过程划分为四个阶段①。如果用"霍夫曼比例"和工业化四阶段衡量我国的工业结构高度和工业化程度,那么从表3-8可以看出,我国霍夫曼比例在短短26年间就从1.35下降到0.63,工业化在20世纪70年代就已进入了第四阶段,即消费资料工业与资本资料工业净产值之比下降到1以下,资本资料工业的发展规模将大于消费资料工业。很显然,以霍夫曼比例来判定我国改革前工业化所达到的阶段和工业结构高度,有明显偏差之处。因为如同许多西方经济学家指出的那样,仅仅从工业内部的关系来划分工业化阶段是片面的,同时它还忽视了各国工业在发展过程中产业之间的差异性。因此,仅以霍夫曼比例来确定我国20世纪70年代的工业化水平是不科学的。但是,从各国实践经验来看,在工业化初期重工业比重上升或者霍夫曼比例下降是一种普遍现象,它反映了工业结构高度向上变化的趋势。与一些先行工业化国家相比(表3-9),我国在短短26年的时间里,霍夫曼比例迅速下降到1以下是不多见的。这至少说明了一点,我国用重工业替代轻工业的发展阶段要比先行工业化国家来得早,工业化水平上升得快。

---

① 杨治:《产业经济学导论》,中国人民大学出版社,1995年,第60页。

表3-8 中国霍夫曼比例变化值的估计

年份	1952	1957	1962	1965	1970	1975	1978
轻工业净产值(亿元)	66	127	131	251	345	480	545
重工业净产值(亿元)	49	130	172	254	427	633	861
霍夫曼比例	1.35	0.98	0.76	0.99	0.81	0.76	0.63

注:霍夫曼比例是按轻工业净产值与重工业净产值之比计算而得。
资料来源:原农牧渔业部计划司:"农业经济资料"(1949~1983),第75页。

我国工业内部结构出现的上述两大变化,对农业发展的影响是明显的。它意味着从原料供求方面,工业发展对农业的依赖程度在显著降低;相反,由于工业的"非农化"和重工业化的倾向,对资本需要的强度增加,在全社会资金匮乏的情况下,它显然会加大农业对工业化提供原始资本的压力。

表3-9 霍夫曼比例各国估计值

美国	年份	1869	1879	1889	1899	1904	1909	1914	1919	1929	1937	1947	1954
	霍夫曼比例	2.8	3.6	2.8	2.8	2.7	2.7	3.0	3.1	2.2	2.4	2.3	2.0
日本	时期	1909~1914	1914~1919	1919~1923	1921~1925	1923~1927	1925~1929	1927~1931	1929~1933	1931~1935	1933~1937	1935~1939	1937~1940
	霍夫曼比例	11.4	9.6	7.2	7.9	7.8	7.4	6.5	6.3	5.6	4.8	4.7	4.6
瑞典	年份	1864	1873	1882	1889	1897	1906	1913	1926	1938	1948		
	霍夫曼比例	2.9	2.6	2.4	2.5	2.4	2.6	2.3	2.7	2.0	1.8		
丹麦	年份	1930	1935	1939	1947	1949	1953	1958					
	霍夫曼比例	2.5	2.9	2.9	2.9	2.7	2.3	2.5					

资料来源:转引自杨治:《产业经济学导论》,中国人民大学出版社,1995年,第62页。

第五,在传统经济发展战略条件下,我国经济结构变化的一大显著特点是,同世界先行工业化国家相比,我国经济结构变动速度显著快于这些国家。由表3-10可见,英国、德国、意大利、美国和加拿大的工农业结构转换时间少则50年,多则106年,而我国的经济结构转换速度比发达国家当年发动工业化时至少要快1倍。

表3-10 先行工业化国家与中国经济结构变动速度的比较

国别	时期	时间跨度（年）	农业份额降幅（个百分点）	工业份额升幅（个百分点）
英国*	1801~1907	106	27.7	16.8
德国	1850~1938	88	27.3	27.3
意大利	1861~1952	91	31.6	23.1
美国	1839~1889	50	26.7	18.3
加拿大*	1870~1920	50	20.8	20.8
中国	1952~1978	26	22.4	26.7

注:*除英国外,其他国家的工业部门都包括建筑业、运输业、通讯业等。加拿大为非农产业。

资料来源:西蒙·库兹涅茨:《各国的经济增长》,商务印书馆,1985年,第151~155页;国家统计局:《中国统计年鉴》,中国统计出版社,2000年,第54页。

表3-11 传统战略条件下经济增长的产业部门因素

时期	年均增长率*(%)				部门附加值份额*(%)			对GDP增长的贡献*(%)			
	GDP	一产	二产/工业	三产	一产	二产/工业	三产	一产	二产/工业	三产
1953~1957	9.2	3.8	19.6	19.8	9.5	45.4	25.3	21.5	29.3	1.7	4.9	4.3	2.7
1958~1962	-1.1	-5.1	2.5	2.1	0.12	39.8	30.5	26.9	29.7	-2	0.8	0.6	0.04
1963~1965	15.1	11.33	21.4	21.4	11.8	38.6	35.2	30.1	28.2	4.4	7.1	6.4	3.3
1966~1970	6.8	3.1	11.3	11.7	3.8	36.5	37.8	34.3	25.7	1.2	4.3	4.0	1.0
1971~1975	5.9	3.2	8.7	9.0	4.6	33.8	43.1	39.2	23.1	1.1	3.7	3.5	1.1
1976~1978	5.7	0	8.3	8.9	7.7	30.3	46.9	42.9	22.8	0	3.9	3.8	1.8

注:*部门附加值份额为每个时期开始和截止年份的平均份额,部门份额是按当年价格计算的,增长率是以1952年为100计算的。各产业部门对GDP增长的贡献是部门附加值占GDP的份额与本部门的增长率之乘积。

资料来源:国家统计局:《中国统计年鉴》,中国统计出版社,2000年,第53~55页。

此外，对我国经济增长和结构转变富有历史意义的是，到1970年我国的经济结构发生了转折性变化，这就是第二产业包括工业增加值份额都开始超过农业，成为经济增长中的最大产业部门。在1978年前的26年间，我国经济结构的急剧变化主要体现在工业以及第二产业对农业的替代关系上。进一步而言，随着结构的转变，整个经济增长由依靠农业转向依靠工业方面，工业部门的高生产率和结构快速变化，引起了国民经济总量的不断扩张。这一时期，工业和第二产业对经济增长的贡献作用最大。由表3-11分析可知，1953~1978年，我国工业和第二产业增加值的增长，对国内生产总值增长的作用既大于农业，也大于第三产业。例如，在"一五"、"三五"、"四五"以及"五五"计划的前3年期间，第二产业对国内生产总值增长的贡献份额分别是53.3%、63.2%、62.7%和68.4%。这些数据意味着，在国民经济增长中有53%以上的贡献来自于第二产业，而且该贡献份额还在不断上升。

3.4 结构变化对农业发展的利弊分析

世界上任何国家的结构转换以及工业化，不论采取何种战略方式，选择何种制度类型，其现代部门的扩张都会对传统部门产生影响。正如阿瑟·刘易斯在"再论二元经济"一文中指出的，现代部门的迅速扩张既会使传统部门得益，也会使其受损①。我国也不例外，在以工业特别是重工业打头的工业化过程中，结构转换既给农业发展带来一些机会，也给农业发展造成了诸多困难。不过，和世界上大多数工业化国家有所不同的是，由于我国运用计划经济体制推动结构转变，由此对农业发展产生的影响特别是不利影响是极其深刻的，它几乎将农业乃至国民经济发展推向崩溃的边缘。

---

① 〔美〕阿瑟·刘易斯：《二元经济论》，北京经济学院出版社，1989年，第150页。

3.4.1 结构变化促进农业发展

客观而言,在结构转换过程中,我国工业部门的迅速扩张仍然给农业部门带来了不少益处。这主要反映在以下几个方面:

表3-12 农业主要现代物质要素投入量

年份	农业机械总动力(亿瓦特)	农用大中型拖拉机(台)	农用小型手扶拖拉机(台)	农用排灌动力机械(亿瓦特)	联合收割机(台)	农用载重汽车(辆)	化肥施用量(万吨)	农村用电量(亿千瓦/小时)
1952	1.8	1 307		0.9	284	280	7.8	0.5
1957	12.1	14 674		4.1	1 789	4 084	37.3	1.4
1962	75.7	54 938	910	45.2	5 906	8 239	63.0	16.1
1965	109.9	72 599	3 956	66.7	6 704	11 063	194.2	37.1
1970	216.4	125 498	78 309	134.1	8 002	15 593	351.2	95.7
1975	747.3	344 518	598 533	357.7	12 551	39 585	536.9	183.1
1978	1175.0	557 358	1 373 000	482.3	18987	73 770	884.0	253.1

资料来源:国家统计局:《中国统计年鉴》,中国统计出版社,1988年,第225、233页;原农牧渔业部计划司:"农业经济资料"(1949~1983),第294、295页。

第一,工业部门的发展为农业部门提供了大量现代物质要素投入,加快了传统农业改造的步伐。表3-12是我国大规模工业化以来到1978年末农业现代物质要素投入情况。从中可以看出,由1952年开始我国农业中的工业品投入大幅度增长,其中农业机械总动力增长了651倍,农用大型拖拉机增长了425倍,排灌动力增长了534倍,载重汽车增长了262倍,化肥用量增长了112倍,用电量增长了505倍。向农业投入大量的工业制成品,有利于农业借助外来的物质技术要素改造传统的生产方式,建立和加强自身的基础设施,从而为提高农产品生产力创造了条件。我们将农业总产值、粮食产量同农用排灌机械动力、化肥使用量和农村用电量之间的关系,用回归函数进行分析(表3-13),

结果发现农业总产值、粮食产量增长都与上述三种物质投入高度相关,这充分表明工业化通过现代生产要素供给推动了农业的增长。

表 3-13 农业总产值、粮食产量与排灌机械、化肥及用电量的回归模型

模型类型	回归模型及其参数
农业总产值模型	$Av=953.442(26.576)+0.167(11.114)Wq+e$
	$R^2=0.837, F=123.531$
	$Av=903.551(37.448)+0.282(18.454)CFq+e$
	$R^2=0.934, F=340.548$
	$Av=1028.543(19.809)+2.515(6.108)Pq+e$
	$R^2=0.608, F=37.302$
粮食产量模型	$Gq=3480.275(32.029)+0.432(10.403)Wq+e$
	$R^2=0.812, F=108.213$
	$Gq=3334.222(14.526)+0.757(38.390)CFq+e$
	$R^2=0.837, F=123.531$
	$Gq=3670.190(24.483)+7.010(6.121)Pq+e$
	$R^2=0.600, F=37.464$

注:Av、Gq 分别表示农业总产值、粮食产量;Wq、CFq 和 Pq 分别代表排灌机械数量、化肥用量及用电量;e 代表各模型的随机变量;括号中的数值为 t 检验值;t 值与 F 值是在0.05水平上显著。

资料来源:同表 3-1。

第二,工业部门向农业提供现代物质要素投入的同时,还为农产品提供了日益增长的消费需求市场。前述分析表明,我国工业化从一开始就走了一条优先发展重工业的道路,和常规工业化相比,这种工业化方式对农业的依赖程度较低。但是,这并不是说工业部门的扩张完全可以脱离农业的发展。实际上,除了资本需求之外,工业发展还从两方面对农业形成依赖。一方面工业部门的正常运行以及持续扩张有赖于农业部门的食品供给,另一方面工业尤其是轻工业生产部分地依赖农产品的原料供给。由于受资料收集的影响,我们很难计算两方面到底为农业提供了多大的消费市场。不过,从已有的统计资料分析,这一时

期农产品生产总量中有 30%~40% 的份额,是由工业和非农业购买的,而且这个份额从大规模工业化开始还呈不断上升趋势(表 3-14)。

表 3-14 商业、工业以及非农业居民购买农产品的数量情况

年份	农业总产值(亿元)	购买总量(亿元)	购买量占农业产值比例(%)
1952	461	140.8	30.5
1957	537	217.5	40.5
1962	584	211.0	36.0
1965	833	307.0	36.9
1970	1021	347.8	34.1
1975	1260	478.6	38.0
1978	1397	557.9	39.9

资料来源:根据国家统计局编《中国统计年鉴》(1988)和原农牧渔业部计划司编"农业经济资料"(1949~1983)整理。

在此,值得着重强调的是,在工业内部结构转换的一段时间里,虽然重工业发展远快于轻工业,但就轻工业本身来讲其发展速度也不慢。如按不变价计算,1952~1978 年,我国轻工业总产值平均增长率是 9.3%。而在轻工业产值增长中,有 70% 甚至更高的份额是以农产品为原料的加工工业实现的。这就是说轻工业的快速发展,为农产品的供给提供了很大的市场空间。按常理,工业以及非农业对农产品需求强烈,其贸易条件将变得对农业十分有利,这为农产品价格上升创造了机会。但是,由于当时我国农产品收购价格是由政府严格控制的,为了压低工业和非农产业职工的工资,确保工业的高积累率,政府只是小幅度地提高了农产品的收购价格①。农业从价格上获得的益处比在市场制度条件下要少得多。

---

① 1952~1978 年,我国农业产品收购价格提高了 78.8%,产值递增了 2.26%,而同期工业产品及非农业产品的收购总量,按不变价格计算增长了 200.4%,产值递增了 4.3%。后者是前者的近两倍。

3.4.2 农业受到的损害及发展困境

在传统体制框架下,工业化或者结构转换,虽然给农业发展带来了一些利益,但是在政府强制干预下,过度转移农业资本资源,延迟就业结构转换和城市化,控制居民收入增长等,使农业受到了严重损害,并导致其发展陷入困境。

3.4.2.1 工业的高投资率、高发展政策造成农业"失血"过多,自我发展能力严重不足

早在 20 世纪 50 年代,我国有计划地实行城市和农村相互分割的二元经济结构,其根本目的,就在于最大程度地动员国内一切资源,快速实现国家工业化。为了达到这个目标,我国以高投资率支持工业的高速发展。怎样才能实现高投资率呢?众所周知,在当时的国情条件下,国家只能在经济高度封闭的环境下,用超强制的行政手段将农业中的资金转移为工业化积累。国家从农业部门抽取工业化资本主要采取直接控制的方法,包括向农业征税,改变工农产品交换条件,以低于市场价格水平从农业强制收购农产品,又以高于市场价格水平向农业销售工业品;在农村建立由国家控制的金融机构,将农民的储蓄安全有效地转入工业发展之中;控制农产品的进出口权,让农业为工业化出口创汇。从理论上讲,储蓄是一国工业化资本积累的主要方式。但是,长期以来由于我国农村居民收入水平较低,边际储蓄倾向非常小,农民通过储蓄方式向工业化提供的资金积累很少。所以,本书在分析问题时,对这种资本抽取方式不作探讨,只对其余三种方式进行系统分析。

第一,向农业征税。新中国刚成立时,我国政府从农业征税,对老解放区和新解放区实行两种不同的税制,即对老解放区实行比例税制,对新解放区实行全额累进税制①。到1958年,又颁布了《中华人民共和国农业税条例》,对农业税征收统一实行比例税制。确认了农业生产合作社、有自留地的合作社社员、个体农民、国家农场和有农业收入的机关、企事业单位等5种纳税人。纳税范围包括农业税、牧业税,农业税征收以实物税为主,种植业以征收粮食为主,其他作物参照粮食作物的常年产量折算;养殖业,同样以征收畜产品或活畜为主。农民以税收形式缴纳农副产品,由国有粮食部门和其他国营部门负责接收,然后再由这些部门以现金收入付给财政部门,变成国家财政收入。农业税分国家税和地方附加税两部分,正税全国平均税率为常年产量的15.5%,地方附加税一般不超过正税的15%。在种植经济作物、园艺作物比较集中的地区,地方附加税最高比例不得超过30%②。

在工业化初期,将农民税收转化为非农业投资,是我国工业化资本积累的一种重要方式。表3-15显示,1952~1978年农业税及其附加在国家财政收入中的比重,以及占农业增加值的比重。它既反映了国家用税收方式从农业调动工业化资本的数量变化,也表明了农业在税赋方面的负担状况。从中可以看出,20多年里,我国以税收方式从农业收取的税收数量平均每年在30亿元以上。农业税及其附加占全国各种税收总额的比重和财政收入的比重在1957年以前,分别保持在11%和20%以上,此后连续下降。到20世纪70年代末,两项比重分别降到了3.5%和7%以下。与此同时,农业税及其附加占农业增加值比重也在不断下降,从50年代初最高比重9.7%下降到70年代的3.2%。

---

① 参见《新解放区农业税暂行条例》和《政务院关于1952年农业税收工作的指示》;中国人民大学农业经济系资料室编:"农村政策文件选编"(一),第53~60页、第110~114页。参见李溦:《农业剩余与工业化资本积累》,云南人民出版社,1993年,第279~295页。
② 《中华人民共和国条例》;中国人民大学农业经济系资料室编:"农村政策文件选编"(二),第48~53页。

表 3-15 农业税与财政变动情况　　　　　　亿元,%

年份	农业税及附加	占财政收入比重	占农业增加值比重	占各种税收总额比重
1952	31.45	18.1		32.2
1955	35.33	14.2	8.4	27.7
1960	32.25	5.6	9.5	15.8
1965	29.65	6.3	4.6	14.5
1970	36.78	5.6	4.6	13.1
1975	33.87	4.2	3.5	8.4
1978	32.66	2.9	3.2	6.3

注:农业税及附加=税×(1+15%)。
资料来源:国家统计局:《中国统计年鉴》,中国统计出版社,2000年,第9页、第53页。

上述变动趋势至少揭示出了两个问题:一是在20世纪50年代农业税及其附加是我国财政收入和税收收入的重要来源,也是国家动员工业化资源的重要手段。60年代以后,农业税及其附加在财政收入中的作用已变得越来越不重要。二是我国的农业税赋负担名义上是在15%以上,实际结果并不高,而且还连年下降。按道理,政府从农业征税是各国工业化过程中普遍采用的做法,也是强制集中财富向工业投资的最有效做法之一。例如日本在19世纪20年代农业的征税率为8.69%,1872～1910年间政府直接税中来自农业的地租所占比重至少达53.4%,最高达到100%。即使是在征收的所得税中,来自农民的在19世纪末20世纪初也达到了30%以上[①]。这表明日本开始进入工业化经济增长时期,来自农业的相关税是政府收入的最主要来源。同日本工业化初期相比,我国农业税赋负担是相对较轻的。为什么我国不对农业采取"重税"政策呢?从当时的情况分析,主要原因是新中国成立初期对于土地生产率比较低下和农产品自给比率较高的中国农业来

---

① 严立贤:《中国和日本的早期工业化与国内市场》,北京大学出版社,1999年,第132页、第155～156页。

讲,采取重税政策从农民手里强要明拿,农民可能会产生抵触情绪,这往往会引起社会环境的不稳定;再者中国共产党发动农民闹革命时,就一直反对国民党对农民的重税政策。在共产党执政后,如果不实行轻税政策,就会失信于民。轻税政策可以获得农民对新生政权的支持,也有利于促进农业的发展。不过,通过税收方式从农业抽取资源,尽管从资本流动上看,对工业化作用并不显著,但从实物上看,所起作用却是不可低估的。在实物税中,国家多年从农业征收粮食税都达到了100亿公斤以上,占国家向非农产业粮食销售量的1/3,最高比重超过40%。其中在20世纪60年代国家对全部非农业人口定额口粮供应中,有一半以上来自农业实物税,70年代有40%以上来自农业税①。可见,农业税特别是实物税对工业乃至整个非农产业发展曾经起到过举足轻重的作用。

第二,改变工农产品交换条件,从农业中获取"剪刀差"。在全社会资金高度短缺的情况下,采用轻税政策从农业"明取"工业化的原始资本积累是远远不够的,还必须通过工农产品的不等价交换,即"剪刀差"从农业中"暗取"。选择"剪刀差"方式从农业中提取工业化资本原始积累,在我国工业化起步阶段有着历史的必然性。

首先,旧中国给新中国选择"剪刀差"方式留下了一个历史基础。在旧中国封建势力的控制下,根本不存在完备的市场经济体系,农民很难按照市场需求配置资源;同时,旧中国的长期落后,在需求上并不依靠农村市场,即使农村缺乏购买力,也不会对工业造成多大影响。这就使得官僚资本随意压低农产品价格,而抬高工业品销售价格。解放后,当新中国大规模推进工业扩张时,工业乃至非农产业对农业同时提出

---

① 原中华人民共和国商业部:"粮食统计资料"(1953~1982),1983年,第11页、第30页。原农牧渔业部计划司:"农业经济资料"(1949~1983),第339~347页。

了两大需求:一方面需要农业提供越来越多的食品和农产品原料;另一方面还必须为工业扩张提供所需要的资金积累。此时,如果完全按照市场经济的做法,即由市场价格机制在资源要素配置和工农业产品交换中发挥作用,农产品价格必然大幅度的上升,结果会引起资源要素首先向农业中流入,而不是从农业向工业流入。这种结果不符合国家工业化战略的初衷。与此同时,农产品价格上涨还会通过市场机制,推动工业品价格的上升,进而又引起全社会产品价格向较高一级价格水平攀升,这种攀升完全有可能导致通货膨胀。如果发生通货膨胀,将严重干扰甚至打断刚刚启动的工业化进程和结构转换。因此,利用旧中国遗留下来的不等价交换关系,甚至运用行政力量强化这种关系,可以达到一举多得的目的。

其次,选择"剪刀差"方式从农业吸取原始资本积累来促使工业发展,也与我国效仿原苏联工业化模式相吻合。例如苏联20世纪30年代为了加速和优先发展重工业,压低当前消费,运用工农产品不等价交换,从农业强制性提取了大量工业化积累。这为后来我国进行工业化积累提供了可资借鉴的经验路径。

我国利用工农产品不等价交换,进行强制性工业化积累,采取了双重方式:一是国家借助对农产品收购的垄断地位,人为压低农产品的收购价格。按道理,在市场经济条件下,农产品价格是由市场决定的。假定,此时农产品供给曲线 S 与需求曲线 D 相交于 E_0 点。在 E_0 点,农产品供给量和需求量相等为 Q_0,农产品价格为 P_0。但是,国家为了从农业中获取工业化发展资金,用行政手段将农产品收购价格由 P_0 压低到 P_1,同时又采取其他措施将农产品供给保持在 Q_0 水平上(图3-4)。这样,通过国家干预,在图3-4中就出现了 P_0-P_1 的阴影部分($P_0P_1E_1E_0$),这个阴影部分就是国家改变农产品的交换条件,从中获取工业化原始资本的积累资金。

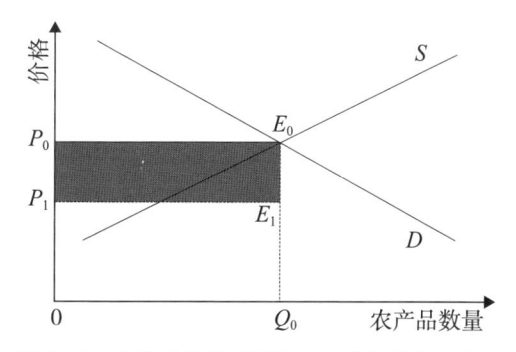

图 3-4　农产品价格干预与工业化原始资本积累

怎样才能计算出现实情况下 $P_0P_1E_1E_0$ 的数量呢？政府行政力量的长期干预,农产品交换几乎完全脱离了市场,因此很难从实际经济运行中找到真实的农产品市场价格资料。于是,国内许多学者运用不同的方法,试图计算出农产品价格偏离或者低于均衡价格的程度。赵苹在"剪刀差与农业的贡献"一文中,利用比值剪刀差计算出了 1952~1978 年间我国农产品价格低于价值即剪刀差的绝对量[①]。从计算的结果看,在 1978 年以前的 26 年间的农产品交换中,低价政策使农民少得了 3 917 亿元,或者说国家通过剪刀差从农业中拿走了 3 900 多亿元资金用于工业化建设。

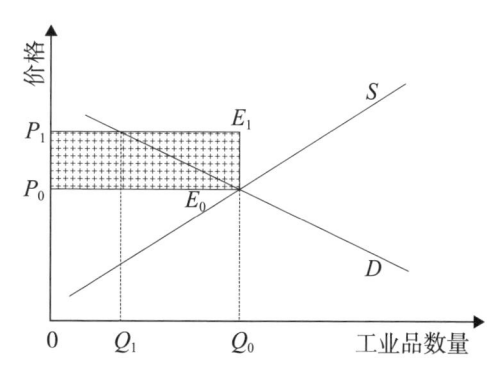

图 3-5　工业品价格干预与工业化原始资本积累

---

① 赵苹:"剪刀差与农业的贡献",《农业经济问题》,1992 年第 2 期。

二是国家通过控制工业品的供给渠道,人为抬高工业品的出售价格,以此达到由农业中汲取工业化资金的目的。同农产品价格变动一样,在由市场配置资源条件下,工业产品的价格是由市场供求决定的。在图 3-5 中,假定工业品对农业的供给量与需求量分别由 S 和 D 代表,两条曲线在 E_0 处达到供求平衡。在 E_0 点上,工业品的供给量与需求量均为 Q_0,这时工业品市场均衡价格为 P_0。然而,在 P_0 价格水平上政府无法取得工业品因为高价格产生的超额利润。于是,它便将工业品出售价格抬高到 P_1。在 P_1 价格水平上,如果供应量与需求量都保持在原来的 Q_0 点上,则会产生超过 P_0 价格水平以上的阴影区 $P_1P_0E_0E_1$。从理论上讲,阴影区应该是工业部门从农业中取得的超额利润或工业化原始资本积累资金。但是,一般地,当工业品价格提高到 P_1 时,一个理性的农业商品生产者就会调整自身的需求行为,把对工业品的购买量减少到 Q_1。实际上,在计划经济体制下,农业生产者即农村集体经济组织,已经不是真正意义上的农产品商品生产者,他们对市场不能作出正常反应,农业生产队的经营目标不是利润最大化,而是必须按照上级的计划指令,将农产品生产量作为最大化的目标。为了完成农业生产计划的目标,农村集体组织完全可以超过边际成本等于边际产量的盈亏临界点,继续购买农用工业品。因此,即使是农用工业品价格上升,也不会对农业生产者的农用工业品消费需求量产生多少影响。真正对这种消费需求有影响的是农民自身的积极性和工业化资金的供给能力。在计算国家通过工业品高价从农业提取工业化原始资本的具体数量上,李溦博士在《农业剩余与工业化资本积累》一书中进行了测算①。他认为在 20 世纪 60 年代中期以前,我国工业品价格高于其价值的幅度是在不断上升的,此后才逐步变小。但是,在 1978 年以前,工

---

① 李溦:《农业剩余与工业化资本积累》,云南人民出版社,1993 年,第 304~305 页。

业品价格高于其价值幅度都普遍超过了20%。26年间,工业通过给农业部门出售农业生产资料多拿走了766.4亿元。从上述分析中可看出,在开始大规模工业化的20多年里,我国通过双重"剪刀差"形式从农业汲取了4 600多亿元的资金。

第三,控制农产品的进出口权,迫使农民为工业化出口创汇。国家通过税收、价格"剪刀差"的方式从农业抽取工业化原始资本的同时,还通过对外贸易渠道从农业获取工业扩张所需要的外汇资源。众所周知,改革开放以前我国工业处于高度扩张的状态,特别是重工业的持续扩张,不但需要国内资本、技术的强有力支持,而且也需要从国外进口技术和设备。因此,这就需要稳定的外汇来源。从当时的产业结构状况分析,靠工业本身出口根本无法满足工业化对外汇资源的需要。于是,为工业扩张提供源源不断的外汇积累,就成了农业推动结构转换的又一重要贡献。但是,1978年以前,在我国的经济结构由农业向工业的转化过程中,农产品的供给长期短缺,要想让农民出口创汇,除非采取非市场的力量压缩国内农产品消费需求,否则是不可能从农业部门中获取出口农产品资源的。实际上,国家恰恰就是采取了行政力量。一方面通过统购体制不惜压低农民的农产品消费水平,从农村强制征收农产品;另一方面又通过统销体制,以定量配给的办法,限制城市居民的农产品消费水平。然后,将获得的"剩余"农产品交于国营公司出口,对出口创汇农产品严格实行计划定购价格或者低价收购政策,对农产品所创外汇的收支、结算、使用等实行政府管制。在农产品出口创汇中,国家还高估人民币,维持较高的对外汇率,使得政府能以较低的农产品出口换汇成本获取大量外汇资源。这大大降低了国内工业进口机器设备的成本[①]。只要稍加分析,我们就会发现在高估人民币的条件

---

① 〔美〕斯蒂格利茨:《经济学》(下册),中国人民大学出版社,1997年,第255~256页。

下,政府通过农产品出口创汇,从农业取得的资金剩余不是单一的,而是双重的。一重是工农产品交换的"剪刀差",另一重是由较低的农产品出口换汇成本产生的外汇资源。表 3-16 的资料显示出,1970 年以前我国农产品及其加工品出口在整个出口创汇中占据着举足轻重的作用。从总量上看,20 多年时间里,农产品及其加工品出口占全国出口创汇总额的比重最高达到 85.5%,最低为 61.89%。这表明,这一时期我国工业化所需要的外汇资源,全国有 68.6% 的份额都是由农业和农产品加工业提供的。从结构上看,农产品及其加工品的出口份额是随着国内经济结构转变而不断变化着的。即当我国开始大规模工业化运动时,农业部门的增加值占国内生产总值的比重超过 50%,农产品出口占全国出口创汇总量的比重也超过 50%;当农业部门增加值在国内生产总值中的比重不断下降时,农产品出口在出口贸易结构中的比重也随之不断下降。农产品加工品的出口与农产品出口有所不同,在出口贸易结构中的份额先是伴随农业增加值比重下降而不断上升,尔后又伴随工业增加值份额上升而不断下降。但是,不管农产品及其加工品在出口贸易结构中发生什么样的变化,它们都是我国工业化初期进口资本品所需外汇的重要来源。

表 3-16 1950~1978 年我国农产品及其加工业的出口情况　　亿美元,%

时期	出口总额	农副产品 金额	农副产品 比重	农产品及加工品 金额	农产品及加工品 比重	农业出口总额 金额	农业出口总额 比重
1950~1952	21.32	12.14	56.9	6.09	28.6	18.23	85.5
1953~1957	68.20	31.14	45.7	20.02	29.4	50.16	73.6
1958~1962	90.79	27.26	30.0	37.61	41.4	64.87	71.5
1963~1965	57.93	16.73	28.9	22.58	39.0	39.31	67.9
1966~1970	110.68	41.83	37.8	41.79	37.8	83.62	75.6
1971~1975	261.11	87.92	33.7	89.64	34.3	177.6	68.0
1976~1978	241.90	67.33	27.8	82.29	34.0	149.62	61.9
1950~1978	851.93	284.35	33.4	300.02	35.2	584.37	68.6

资料来源:根据陈家勤《创汇农业产品论》一书表 1-1 资料整理。

综上所述,国家以税收、工农产品交换和出口创汇的方式从农业抽走了大量的工业化原始资本积累。这会给农业带来什么样的影响呢?从道理上讲,如果这些资本积累纯粹是农业部门产生的剩余,让其流出则丝毫不会影响农业自身的发展。然而,由于我国农业人口多,劳动生产率低,自我发展能力不足,其自身所能产生的剩余十分有限。在这种条件下,国家以多种方式从农业部门大量抽吸工业化原始资本积累,事实上已经远远超过了农业剩余的界线。不难理解,越过农业剩余边界,过量抽取资本资源,固然有利于工业的高度发展,但却严重损害了农业的自我发展能力。这时,如果没有任何外来干预,农业的供给能力想必会发生萎缩,将越来越适应不了工业扩张对农产品提出的需要。正如前所述,国家在从农业转移出资源的同时,确实采取了包括增加农业投资和工业品投入在内的一系列措施,在一定程度上阻止了农业生产能力的萎缩和下降。但是,这些措施却很难将农业生产能力稳定提高到适应工业高速发展的水平上。

这是因为,其一,国家从农业转移出的工业化资源太多,而返还给农业的又太少,造成农业长期入不敷出,使得增加农产品供给能力严重缺乏资本和技术支撑。为了说明这一问题,我们将1952~1978年间国家从农业明取和暗拿的情况与对农业的各项财政支出作以比较(表3-17)。结果发现,改革开放前的20多年里,国家从农业转移出的资金远大于给予资金的数量。计算结果显示,这一期间农业向国家净流出资金总量达到4 054亿元,而且平均资金流出量还呈现出不断上升的趋势。例如,1952年农业部门资金净流出量为48.99亿元,到70年代末年均资金净流出量高达240亿元以上。资金流出量大且不断增加,必然会造成农业失血过多,没有能力改善自身生产条件,从而丧失了扩大再生产的机会。

表 3-17 资本从农业部门流入与流出情况　　　　　　　亿元

年份	农业税及附加	出售农产品少得收入	购买工业品多付资金	流出资金合计	财政对农业支出	流出—流入	年均净流出
1952	31.45	23.09	3.49	58.03	9.04	48.98	48.99
1953~1957	173.29	242.39	35.39	451.07	99.58	351.49	70.3
1958~1962	155.85	590.85	104.93	851.63	283.65	567.98	113.6
1963~1965	87.02	346.87	69.59	503.49	126.98	376.50	125.5
1966~1970	172.56	736.64	153.84	1 063.04	230.45	832.59	166.5
1971~1975	171.66	1139.59	242.21	1 553.46	401.22	1152.24	230.5
1976~1978	99.90	837.54	156.98	1 094.42	369.27	725.15	241.7
合计	8 91.53	3 916.97	766.43	5 574.93	1 520.19	4 054.74	150.2

资料来源:根据国家统计局《中国统计年鉴》(1988)、赵苹《"剪刀差"与农业的贡献》一文和李溦《农业剩余与工业化资本积累》一书提供的资料整理。

其二,为国家工业化配套的农业产权制度,抑制了农业的生产积极性,造成农业发展缺乏动力。研究制度经济学的专家们认为,"产权方面的细微变化可以改变经济系统的客观业绩并导致经济的增长或停滞"①。在进行大规模工业化时,为了从农业得到更多的食品和原料,我国在短短的几年时间里消灭了农业生产资料的私人所有制,将分散的个体农民组织起来,建立起了社会主义农业集体所有制。土地、农机具、牲畜等生产资料收归集体之后,形成集体经济组织——农业生产队,它就像一个工厂或企业,农户与生产资料和农产品之间的关系完全被内部化了。在这一产权制度安排下,生产资源的配置由集体决定,农民在生产队里,只是劳动者,他们每天完成的劳动结果按等级评工分,生产队在年终根据每个农业劳动者的工分总数分配劳动报酬(包括粮

---

① 〔冰〕思拉恩·埃格特森:《新制度经济学》,商务印书馆,1996年,第40页。

食和货币收入)①。在集体经济组织中,受农业生产特性的影响,生产队对劳动的监督十分困难,监督程度很低下。这是因为,一方面农业生产空间分散,生产周期比工业长,管理者很难对各个地块的农产品生产全部过程,包括各个生产环节进行全面监督;另一方面让农民集中起来劳动,由于劳动成员规模较大,管理者也不可能对每个成员的各个生产活动进行全过程监督。因此,这种集体劳动的监督管理成本必然很高。特别需要指出的是,在农业生产过程中,每个社员的劳动只是整个集体劳动的一部分,他们的劳动对农业的产出贡献不易彼此分开和度量,给予他们的劳动报酬也很难做到公正、公平。当农民的劳动贡献在集体经济组织中得不到完全回报,或发生分配不公平时,他们就会增加偷懒欺诈行为,纷纷出现"搭便车"倾向。搭便车现象的产生会严重降低集体农业生产的效益,抑制农产品生产量的增长。正像埃格特森在分析埃塞俄比亚国家农业产权结构时指出的那样,公有制的农业产权制度,打击了农民对耕地的长期投资积极性,降低了生产工作努力程度,改变了农民配置农业资源的决策,影响了农业技术的应用②。由此可见,在改革开放以前,如果每个农业生产队都出现偷懒、欺诈行为和搭便车现象,在客观上农产品生产总量是不可能有较大幅度增长的,于是政府采取了其他一系列补救措施。可见,当初国家为了工业化能够获取较多的资本积累、食品和原料,为农业安排了集体产权制度,但结果是这种产权制度安排却反过来抑制和降低了农业对工业化的供给能力。

资本资源从农业长期过度流出,加之产权制度安排对农业发展的抑制,最终结果是扩大了工业和农业两大产业的发展差距,造成产业供

---

① 作者于1972~1978年间在农业生产队参加农业生产劳动六年多,作为社员曾先后被评为第三等级(8分/每工日)、第二等级(9分/每工日)和第一等级(10分/每工日)劳动者,后来还当了记工员和出纳员,对这种集体劳动分配制度有亲身体会。

② 〔冰〕思拉恩·埃格特森:《新制度经济学》,商务印书馆,1996年,第114~115页。

求关系严重失调。1952～1978年,我国农业增加值累计共增长69.1%,平均增长2.85%,而同期工业增加值累计增长了15.96倍,年均增长11.5%。26年间工业平均增长速度是农业的5.6倍①。增长率上的巨大反差反映在产品供求关系上,是工业产品供给的快速增加和农产品供给的缓慢增长。相对于工业部门来说,农业增长速度过低,意味着可供同工业交换的农产品少,农民用于购买工业产品的能力弱,尤其是在存在工农产品交换剪刀差的情况下,农业购买工业产品的能力更弱。这样一来,工业的扩张和进一步发展遇到了两大难题:一是农业的发展满足不了工业乃至非农产业对农产品日益增长的需要,国内农产品供求出现了一个不断扩大的缺口。为了支持工业的高速增长,国家不得不增加农产品进口,以弥补国内农产品供给不足。以粮食进出口为例,20世纪50年代我国还是粮食净出口国,1961年我国开始变成粮食净进口国,此后进口量便逐年加大。60年代我国年均净进口粮食约为320万吨,70年代上升到436.8万吨②。需要指出的是,粮食净进口不断增长,使越来越多的外汇资源不能用于购买工业所需的设备、技术,这又直接阻碍了工业化的进程。但是,如果停止粮食进口,国内低下的农业生产难以满足工业扩张对食品以及原料的需求,同样会阻碍工业化或结构转化。二是农业对工业缺乏市场需求拉动力,很难为其提供一个不断扩张的工业品消费市场。长期以来,农业低速发展造成对工业不但卖得少,而且买得也少,这就从需求市场上约束了工业的发展。

但是,令人费解的是,在20多年时间里,工业是如何实现高速增长的呢?如前所述,我国工业的高速度发展是建立在农业大量转移资本

---

① 国家统计局:《中国统计年鉴》,中国统计出版社,2000年,第55页。
② 原中华人民共和国商业部:"粮食统计资料"(1953～1982),第2～8页。

原始积累基础之上,同时产品市场又不依赖于农业和农村市场。因为,工业化一开始就采取了重工业优先发展的战略。这种战略利用政府力量,人为割裂了农业和工业、轻工业和重工业的关系。动员和聚集了社会资源,重点发展重工业,不断扩大生产资料的供给和需求,在工业内部创造工业产品需求市场,凭借工业结构链条自我服务、自我循环,使重工业部门不断膨胀。下述数据清楚地表明了这一点。1953～1978年,重工业为轻工业提供钢材的比重由22.5%下降到12%,而重工业中机械用钢材所占比重从24.6%上升到29.3%。重工业的自我循环不断加强,脱离农业和轻工业而遥遥领先,使得整个工业在形式上保持了高速增长。"一五"时期,重工业增长速度领先系数为1.97,"二五"时期高达6.00,"三五"时期为1.75,"四五"时期为1.32,1950～1979年平均为1.5[①]。显然,重工业优先发展,一方面迅速增加生产资料的生产和供给,另一方面又在大量消费生产资料,这种发展对农业以及轻工业非但不能形成带动作用,还过分地依赖了农业资本资源的供给,由此加重了工业化对农业的损害程度。

3.4.2.2 就业结构转换严重落后于产业结构转换,造成大量剩余劳动力滞留在农业部门

在经济发展过程中,产业结构的转换一般表现为产值结构的转变和就业结构的转变两个方面。考察世界各国经济发展的历史过程可以发现,产业结构的变动是有一定规律的。即随着经济的发展和人均收入水平的提高,农业产值份额和农业劳动力份额不断下降,而工业乃至非农业的产值份额和劳动力份额都在不断上升。在产值结构和就业结构之间的关系上,其变化特征表现为,劳动就业结构从农业部门向非农产业部门转换要滞后于产值结构的转换。这意味着在结构转换过程

---

① 蔡昉:《中国的二元经济与劳动力转移》,中国人民大学出版社,1990年,第65页。

中,农业产值份额下降要先于农业劳动力份额的下降。但是,在结构变化速度上,往往是劳动结构转换速度要快于产值结构转换速度。

西蒙·库兹涅茨和H.钱纳里等经济学家,为经济结构的变化趋势提供了充分的论据。表3-18和表3-19是我们分别从西蒙·库兹涅茨的《各国经济增长》和H.钱纳里的《发展新格局(1950～1970)》两书中获得的数据资料,并加工整理而成。两表都揭示出这样一个规律,就是在人均收入水平(人均GDP或人均GNP)从70美元向1 000美元的提升过程中,农业劳动力份额、产值份额都呈现出下降的趋势,而非农产业特别是第二产业的劳动力份额和产值份额都呈现出持续上升的趋势。在经济结构变动过程中的起始阶段,农业部门的劳动力份额远远高于农业部门的产值份额。此后,伴随着人均收入水平的提高,农业部门的劳动力份额与产值份额越来越接近。从库兹涅茨提供的资料可以看出,在人均国内生产总值达300美元时(1958年美元),产值结构发生了转折性变化,第二产业产值份额开始超过了农业产值份额;在人均国内生产总值达500美元时,劳动力结构发生了转折性变化,第二产业的劳动力份额开始超过了第一产业。在钱纳里的研究中也同样有这种变化。当人均国内生产总值达到300美元(1964年美元)时,第二产业产值份额超过农业产值份额;此后在人均国内生产总值达到800美元时,第二产业的劳动力份额才超过第一产业。进一步的分析还可以看出,在人均收入水平提高过程中,劳动力从农业向非农产业转移的就业比率转换速度要明显快于产值从农业向非农产业转换的速度。这里我们借助结构变化值指标,来比较分析就业结构和产值结构的变换情况。通过对表3-18和表3-19的数据资料计算发现,除了钱纳里计算的人均国内生产总值70～100美元阶段之外,在其余所有人均收入阶段里,就业结构的变化值都高于产值结构变化值(表3-20和表3-21)。这充分说明,在以农业为主的经济结构向以工业乃至非农产业为主的结构转化过程中,就业结构的变化速度一般要快于产值结构变化速度。

表3-18 世界57~59个国家分组的就业结构与产值结构变动比较

人均GDP（美元）	劳动力结构(%)			产值结构(%)		
	第一产业	第二产业	第三产业	第一产业	第二产业	第三产业
70	80.3	9.2	10.5	48.4	20.6	31.0
150	63.7	17.0	19.3	36.8	26.3	36.9
300	46.0	26.9	27.1	26.4	33.0	40.6
500	31.4	36.2	32.4	18.7	40.9	40.4
1 000	17.7	45.3	37.0	11.7	48.4	39.9

注:按1958年人均国内生产总值(美元)进行分组,劳动力数据是由59个国家分组完成,产值结构是由57个国家分组完成。

资料来源:根据西蒙·库兹涅茨《各国经济增长》第118页、第211页数据表整理。

表3-19 世界发展模型"标准结构"中就业结构与产值结构变动比较

人均GDP（美元）	劳动力结构(%)			产值结构(%)			城市化率(%)
	第一产业	第二产业	第三产业	第一产业	第二产业	第三产业	
70	71.2	7.8	21.0	52.2	17.8	30.0	12.8
100	65.8	9.1	25.1	45.2	21.0	33.8	22.0
200	55.7	16.4	27.9	32.7	28.7	38.5	36.0
300	48.9	20.6	30.4	26.6	33.0	40.3	43.9
400	43.8	23.5	32.7	22.8	36.1	41.1	49.0
500	39.5	25.8	34.7	20.2	38.3	41.5	52.7
800	30.0	30.3	39.6	15.6	42.9	41.6	60.1
1 000	25.2	32.5	42.3	13.8	44.9	41.3	63.4
1 000以上（1 500）	15.9	36.8	47.3	12.7	48.8	38.6	65.8

注:人均GDP按1964年美元计算。其中第二产业产值为结构份额与公共产业结构份额之和。

资料来源:H.钱纳里等:《发展的格局(1950~1970)》,中国财政经济出版社,1989年,第22~23页。

表3-20　世界57～59个国家分组的结构变化值比较

人均GDP(美元)	就业结构变化值(%)	产值结构变化值(%)
70～150	33.2	23.2
150～300	35.4	20.8
300～500	29.2	15.8
500～1 000	27.4	15.0

资料来源:根据表3-18资料加工整理而成。

表3-21　"标准结构"中结构变化值比较

人均GNP(美元)	就业结构变化值(%)	产值结构变化值(%)
70～100	10.8	14.0
100～200	20.0	13.4
200～300	13.5	12.2
300～400	10.3	7.7
400～500	8.6	5.2
500～800	18.9	9.3
800～1 000	9.7	4.1
1 000～1 500	18.6	7.7

资料来源:根据表3-19资料加工整理而成。

　　与上述结构变动趋势相比,我国的经济结构变化有着明显的不同。如前所述,在过去经济发展中,我国农业总产值份额的下降和工业以及非农产业产值份额的上升要比先行工业化国家快得多。而且在产值结构转换过程中,由第二产业和工业替代农业的结构转折点也来得要早。即在我国人均国内生产总值于1970年达到112美元时,第二产业和工业产值就分别超过了农业产值份额。但是,由于我国产值结构转换主要是靠重工业带动的,而重工业是资本密集型产业。同轻工业相比,它的扩张在耗费巨大的工业化资金的同时,将大量的劳动力排斥在工业部门之外,由此导致了就业结构的转换速度要严重滞后于产值结构的转换速度。这里,只要我们将1978年以前我国产值结构变化值和就业结构变化值作一比较,就会找到充分的证据说明这个问题。

表 3-22 反映,改革前我国的就业结构变化值在各个五年计划期普遍小于产值结构变化值。尽管重工业优先发展的传统战略也从农业部门吸纳了大量剩余劳动力,但就业结构变化值小,意味着劳动力从农业部门向外转移的速度要小于产值结构的转移速度,这表明当农业的产值份额在迅速下降时,农业部门的劳动力份额下降缓慢甚至停滞不变。1952~1978 年,我国农业增加值占国内生产总值的份额,由 50.5% 下降到 28.1%,共下降了 22.4 个百分点,而农业劳动力份额仅从 83.5% 下降到 70.5%,只下降了 13.0 个百分点[1]。这种结构上的不对称转换,造成社会财富在从农业部门转向工业乃至非农业部门的同时,却将数以亿计的剩余劳动力滞留在农业部门。

表 3-22 1952~1978 年产值结构和就业结构变化值比较

时期	人均 GDP(美元)	就业结构变化值(%)	产值结构变化值(%)
1952~1957	50	4.6	20.5
1958~1962	57	2.0	3.3
1963~1965	86	1.0	13.4
1966~1970	112	3.6	5.0
1971~1975	166	6.5	10.4
1976~1978	220	13.0	8.6
1952~1978	220	25.6	54.6

注:人均 GDP 美元是按当年进出口总值人民币与美元折算比率推算所得。
资料来源:根据国家统计局编 1988 年《中国统计年鉴》第 157 页和 2000 年《中国统计年鉴》第 54 页整理而得。

农业部门剩余劳动力的沉淀,严重抑制了农业劳动生产率的提高。按可比价格计算,1952~1978 年间我国农业劳动生产率年均增长只有

---

[1] 国家统计局:《中国统计年鉴》,中国统计出版社,2000 年,第 54 页、第 116 页。

1.16%。劳动生产率的低速增长,造成农产品商品率不能迅速提高。整个社会的农产品供给量也得不到有效保证,直接抑制了工业的发展。通过这一因果关系可以推导出如下矛盾:国家为了加速工业化,便以重工业优先发展为捷径。在短期内,这种选择确实刺激了工业乃至整个经济的迅速增长,却积累了农业剩余劳动力的矛盾,给工业化进一步发展和结构转换带来了困难。

3.4.2.3 城市化过分滞后于工业化,造成大量农村人口被排斥在城市之外

大量的实证研究成果表明,一国的经济发展水平和结构转换与该国的城市化程度高度相关。城市化作为工业化的结果,与经济发展紧紧地联结在一起。世界银行提供的资料显示(表3-23),凡是人均国民生产总值越低的国家,农业的产值份额和就业份额就越高,其城市化水平也越低;相反,发达国家人均国民生产总值水平高,农业的产值份额和就业份额最低,他们的城市化率却达到最高。即使是在一个国家里,不同的经济发展阶段,也会出现不同的城市化水平。根据霍利斯·钱纳里和莫尔塞斯·塞尔昆的"标准结构模型"分析,城市人口比重上升的快慢与人均国民生产总值成反比,而与产值结构变动速度成正比。即人均国民生产总值水平越低,城市人口比重上升越快,而人均国民生产总值水平越高,城市人口比重上升越慢;相反,在人均国民生产总值小于400美元以前,产值结构转换明显较快,城市人口比重上升幅度也较大;而在人均收入超过400美元以后,产值结构转换速度放慢,城市人口比重上升幅度也较小①。

---

① 〔美〕霍利斯·钱纳里等:《发展的格局(1950~1970)》,中国财政经济出版社,1989年,第22~23页。

表 3-23 结构转换与城市化水平的关系

国家类型	人均收入（美元）	产值结构(%)			就业结构(%)			城市化率(%)
		一	二	三	一	二	三	
低收入	270	32	33	35	72	13	15	22
中下收入	820	22	32	47	55	16	29	36
中等收入	1 290	14	34	52	43	23	34	48
中上收入	1 850	10	35	54	29	31	40	65
发达国家	11 210	3	36	61	7	35	58	75

注:除就业结构是 1980 年的数据外,其余都是 1985 年的数据。人均收入指人均国民生产总值。表中"一"、"二"和"三"分别表示第一、二、三产业。下同。

资料来源:世界银行:《1987 年世界发展报告》,中国财政经济出版社,1987 年,第 202~203 页、第 206~207 页、第 264~265 页、第 267 页。

同上述一般变动趋势作比较,我国城市化变动明显滞后于经济结构的变动。为了便于说明问题,我们将 1978 年以前我国的就业结构、产值结构变动与城市化数据集中到一个表中对比分析(表 3-24),从中可以看出几个问题:一是 26 年间我国的结构变动处在 400 美元以前的时段,这个时段产值结构的快速转换并没有引起城市人口比重的迅速上升,相反从 60 年代中期以后还出现了城市人口比重下降的现象。二是以人均收入 100 美元为一个时段,考察城市人口比重上升幅度,在钱纳里的"标准结构模型"中,人均收入从 100 美元以下到 100 美元,100 美元到 200 美元,然后再由 200 美元升至 300 美元,其城市人口比重上升幅度分别为 9.2 个百分点、14 个百分点和 7.9 个百分点;而我国人均 GDP 由 50 美元到 112 美元,然后上升到 200 美元,城市人口比重分别仅上升了 4.9 个百分点和 0.5 个百分点,远低于"标准结构模型"的变动幅度。三是在产值结构转折点上,即在 1970 年我国第二产业和工业替代了农业,成为经济增长的主体时,我国的城市人口比重只有 17.4%,比"标准结构模型"要低 26.5 个百分点。

表 3-24　1952~1978 年我国结构变动与城市化对比

年份	人均 GDP（美元）	就业结构（%）			产值结构（%）				城市化率（%）
		一	二	三	一	二	工业	三	
1952		83.5	7.4	9.1	50.5	20.9	17.6	28.6	12.5
1957	50	81.2	9.0	9.8	40.3	29.7	25.4	30.1	15.4
1962	57	82.1	7.9	9.9	39.4	31.3	28.3	29.3	17.3
1965	86	81.6	8.4	10.0	37.9	35.1	31.8	27.0	18.0
1970	112	80.8	10.2	9.0	35.2	40.5	36.8	24.3	17.4
1975	166	77.2	13.5	9.3	32.4	45.7	41.5	21.9	17.3
1978	220	70.5	17.3	12.2	28.1	48.2	44.3	23.7	17.9

之所以出现产业产值结构超高,城市化水平偏低的现象,是与我国所采取的工业化方式有关。在开始进行大规模工业化时,我国并不是沿着农业—轻工业—重工业的顺序进行结构转换的,而是在轻工业还未发展成熟之前,把大量资本积累转向劳动就业弹性低的重工业方面,由此造成了产值结构脱离就业结构超前转换。结果使就业弹性高的劳动密集型工业发展不足,与此相关的第三产业发展严重落后,依靠第三产业聚集的城市扩张也受到了限制。还有在结构转换过程中,我国也不是将工业建设项目集中投向城市,而是根据"防苏、抗美"的国防需要,将大量重工业建设项目分散投向远离城市的边远山区,这既造成了工业化成本大幅度上升,又造成了城市基础设施(如交通、住房、医疗卫生、教育等)因资金短缺而得不到建设,致使城市承载人口、就业的能力异常弱小。为了减轻城市建设的压力,与各种城市经济政策相配合,政府采取了严格的户籍管理、食品定量配给、医疗住房补贴分配等制度,实行强制性城乡隔绝政策,限制城市就业,抑制农村人口向城市流动。这样城市化进程遇到人为阻滞,远远落后于工业化或者结构转换。城市化滞后的后果是,一方面农村人口被强制排挤在城市之外,享受不到工业化或结构转换带来的文明成果,只能聚集在农村,主要是农业部门中,其生存和发展空间都受到了极大的限制;另一方面城市化水

平上不去,非农产业发展的空间小而分散,难以形成聚集效应和规模效益,由此导致工业化物耗增加,成本上升,经济效益下降。

3.4.2.4 工业化或结构转换不但没有带来人均收入水平的迅速提高,而且还造成城乡收入差距过分悬殊

大量的国际统计资料证明,产业结构与人均国民收入水平是相互对应的有机统一体。不同层次的产业结构,可产生不同层次的人均收入水平;而不同层次的收入水平,也有相应的需求结构,并引发一定的产业结构。我国的情况并非如此。从产业结构特别是工业内部结构看,我国的人均收入水平理应接近中等收入国家水平。但是,由于我国所采取的工业化方式,既打断了就业结构的转换,也阻止和降低了城市化水平。实际上是一种"贫困的增长"方式,结果使我国从人均收入水平上衡量,仍处于典型的低收入国家之列。例如,尽管我国在过去 26 年,经济发展取得了年均 6.2% 的增长速度,但是在高积累、高投资率政策指导下,城乡居民收入水平极其低下,而且增长速度也相当缓慢。1957~1978 年,我国全民所有制职工平均工资由 637 元提高到 644 元,实际增长为负数,农民人均收入由 72.9 元增长到 133.6 元,实际增长仅为 2.4%。在低下的收入水平基础上,城市居民将 60% 的收入,农村居民把 68% 的收入都用于食品消费,其他消费包括工业品消费总量不足收入的 40%。这种低层次的消费需求结构很难对产业结构转换形成较大的推动力。尤其是在我国,人口 82% 以上居住在农村,其收入水平又远远低于城市居民,这一消费群体在日常消费支出中,将 80% 以上的收入用在了吃、穿、烧方面,对工业品的需求还处在极低的需求层次上。因此,农村居民的消费需求结构变动基本上游离于工业化之外,与产业结构转换严重脱节。这样就形成了一个结构转换的怪圈,即工业依靠重工业的发展不断扩张,这种扩张一方面需要农业和农民提供源源不断的原始资本积累;另一方面其产品又不需要也不依赖农村

市场的消费,而仅仅在工业内部循环。循环的结果是,工业扩张越快,对农业的原始资本需求也越多,农民的收入水平就越低,对工业提供资金的能力也越差。由于农业提供资本积累的能力不足,又直接限制了重工业的进一步发展和工业的继续扩张,最终不但使农业而且也使工业乃至国民经济发展都陷入了严重的困难之中。长期以来,由于国家采取用牺牲农业的方式推进工业化,造成了农业发展停滞不前,农村贫困普遍发生。到1978年全国农村已有贫困人口高达2.64亿人,贫困发生率为33.1%。由此可见,为了富国强民,我国用超经济手段发动工业化,但反过来又造成了大量农村贫困。

上述四个方面矛盾问题的分析,充分说明了我国原有经济发展战略及其制度政策的根本缺陷。继续执行这些政策,必将使矛盾进一步恶化,使理想中的工业化或结构转换难以为继,这是促成从1978年开始经济体制改革和改变经济发展战略的基本条件之一。

第4章 改革后经济发展战略调整与双重二元结构的生成

进入1978年以后,以中国共产党十一届三中全会为标志,我国展开了一场旨在矫正传统经济发展战略及其体制的改革。这场改革是富有成效的,它打破了原有工业化的格局,改变了传统的结构转换模式。

4.1 农村经济体制改革和经济发展战略的调整

我国农村经济体制改革发端于农业。十一届三中全会召开前夕,中国发生了两件值得记载的历史事件。一件是1978年12月13日,邓小平同志在党中央工作会议上,作了题为《解放思想,实事求是,团结一致向前看》的重要讲话。他指出我国经济体制管理权力过于集中,应在经济体制、财政和外贸等方面给地方更多的自主权,最迫切的是要扩大厂矿企业和生产队的自主权;在政策上允许一部分地区、一部分企业、一部分农民、工人,因辛勤努力、成绩大而收入先多一些,生活先好起来,由此产生极大的示范力量①。这个讲话实际上成为即将召开的十一届三中全会的主题报告。

---

① 郑韶:《中国经济体制改革20年大事记(1978~1998)》,上海辞书出版社,1998年,第1页。

另一历史事件发生在1978年12月16日,安徽省凤阳县小岗村18户农民为了摆脱贫困,冒着"坐牢"的风险,自发在一张合约上按下了21个手印,偷偷摸摸将集体耕地包干到户。自此,中国农村拉开了以家庭联产承包责任制为主的经营体制改革序幕。12月18~22日,党的十一届三中全会在北京召开,大会决定将全党的工作重点转移到社会主义现代化建设上来。全会同意将《中共中央关于加快农业发展若干问题的决定(草案)》发给各地农村试行。《决定》指出:"人民公社的基本核算单位有权因地制宜进行种植,有权决定增产措施,有权决定经营管理方式,有权分配自己的产品和资金,有权抵制任何领导机关和领导人的瞎指挥。"①十一届三中全会的召开,为农村经济体制改革提供了政治条件,广大农民和农村干部从各地实际出发,开始探索农村经济体制改革之路②。

率先实行包干到户的小岗村,在1979年春将全队517亩耕地按人分包到户,十头耕牛评好价,两户一头,国家农副产品交售任务、公共积累等也按人包干到户。包干任务完成后,剩余多少全归自己。结果当年农业夺得大丰收,全村粮食产量达到66 185公斤,相当于1966~1970年粮食产量总和;油料产量17 600公斤,是过去20年的产量之和;生猪饲养量也达到135头,超过历史上任何一年。小岗村的成功,在周围产生了强烈的示范效应。当年秋种时节,许多地方农村采取

---

① 王耕今:《乡村三十年》(下),农村读物出版社,1989年。
② 吴敬琏教授指出,《决定》虽然批判了新中国成立以来农业战线上长期存在的"左"的错误,强调要端正指导思想,但它未能摆脱长期"左"的错误的历史惯性,规定"不许包产到户,不许分田单干"。1979年9月中共十一届四中全会正式通过的《中共中央关于加快农业发展的若干问题的决定》,把"两个不许"改为"一个不许、一个不要",即"不许分田单干,除某些副业生产的特殊需要和边远山区,交通不便的单家独户外,也不要包产到户"。对包产到户由"不许"改为"不要",口气比较缓和,而且允许某些例外。见吴敬琏所著《当代中国经济改革:战略与实施》(上海远东出版社,1991年,第119页)。

"瞒上不瞒下"的办法,一夜之间就把田地、耕牛划分到户,搞起了以包干到户为主的联产承包责任制①。

就在小岗村偷偷摸摸搞包干到户时,安徽省委决定在肥西县山南公社搞包产到户试点。在要不要进行试点问题上,安徽省委于1979年2月6日专门召开了常委会。在会上时任省委书记的万里同志指出,"包产到户问题,过去批了二十几年,许多干部群众被批怕了,因而使得一些人见了'包'字、'户'字就害怕,一讲到包产到户,就心有余悸,可以说谈'包'色变。但是农民普遍希望包产到户,普遍要求包产到户,这是矛盾。现在回过头来看看,过去批判的东西,有可能是正确的,有的也可能是错误的,必须在实践中加以检验。……我主张在山南公社进行包产到户试验"。同小岗村一样,山南公社的试验也取得了成功,当年农业获得了空前大丰收。仅夏粮总产量就达到1 005万公斤,比1978年增产了两倍。山南公社包产到户对肥西县产生了广泛影响,不推自广,1979年全县试行包产到户的生产队比重只有23%,到1980年初这个比重猛然升到97%②。

在安徽省农民发起了包干到户、包产到户的同时,全国各地农村也相继实行了各种形式的联系农产品产量的责任制形式。有田间管理包工到组,田头估产,评定奖惩;有田间管理责任到人,联系产量,评定奖惩;也有当年包工包产到组,耕牛和大农具包给作业组管理使用等。进入1980年,中共中央开始支持并推动以包产到户为主要形式的家庭联产承包责任制。

5月31日,邓小平同志与中共中央负责同志谈农村政策问题时指出:"农村政策放宽后,一些适宜搞包产到户的地方搞了包产到户,效

---

① 王耕今:《乡村三十年》(下),农村读物出版社,1989年。
② 张广友:"万里与山南试点",《中国市场经济报》,1999年4月8日。

果很好,变化很大。安徽省肥西县大多数生产队搞了包产到户,增产幅度很大。'凤阳花鼓'中唱的那个凤阳县,绝大多数生产队搞了大包干,也是一年翻身,改变面貌。有的同志担心,这样搞会不会影响集体经济。我看这种担心是不必要的。"①

同年9月14～22日,中央召开省、区、市党委第一书记座谈会,讨论加强和完善农业生产责任制的问题,并以会议纪要形式印发全国。在印发的《关于进一步加强和完善农业生产责任制的几个问题》纪要中,中央首次以文件形式,明确肯定十一届三中全会以来农民群众创造的,以包产到户为代表的生产责任制的新形式。《纪要》指出:"在社会主义工业、社会主义商业和集体农业占绝对优势的情况下,在生产队的领导下实行包产到户是依存社会主义经济,而不会脱离社会主义轨道的,没有什么复辟资本主义的危险,因而并不可怕。"②这个文件受到广大农村干部群众的热烈欢迎,长期套在人们头上的意识形态紧箍咒随之消除了。包产到户在皖、浙、赣、苏、鲁、内蒙古、川、贵等省区农村迅速扩展开来。1980年11月初,全国农村实行包产到户的生产队比重占到15%,1982年6月末该比重上升到了67%。

1982年9月,党的十二大对以包产到户为主要形式的农业生产责任制改革再次给予肯定。胡耀邦同志在《全面开创社会主义现代化建设的新局面》的报告中指出:"这几年在农村建立的多种形式的生产责任制,进一步解放了生产力,必须长期坚持下去,只能在总结群众实践经验的基础上加以完善,绝不能违背群众的意愿轻易变动,绝不能走回头路。"③1983年1月2日,党中央颁发了《当前农村经济政策若干问

---

① 郑韶:《中国经济体制改革20年大事记(1978～1998)》,上海辞书出版社,1998年,第24～25页。
② 中共中央文献研究室、国务院发展研究中心:《新时期农业和农村工作重要文献选编》,中央文献出版社,1992年,第60～61页。
③ 陈吉元、韩俊:《人口大国的农业增长》,上海远东出版社,1996年,第16页。

题》的文件,高度评价了包产到户为主的联产承包责任制。指出:"党的十一届三中全会以来,我国发生了许多重大变化,其中,影响最深远的是,普遍实行了多种形式的农业生产责任制,而联产承包责任制又越来越成为重要形式。联产承包责任制采取了统一经营与分散相结合的原则,使集体优越性和个人积极性同时得到发挥。"①在党中央的领导和支持下,在强烈的示范效应影响下,包产到户从南到北、从东到西进一步发展。到1983年末,全国已有1.75亿农户实行了包产到户,包产到户在所有责任制中的比重达到97.8%;1984年末又进一步上升到98.9%②。

随着包产到户的兴起和迅速发展,为传统经济体制配套的人民公社制度的弊端日益凸显出来。许多地区的社队机构及领导班子陷于瘫痪或半瘫痪状态,很多工作无人负责,也无法承担政治和经济管理职能。因此,家庭联产承包责任制需要有新的农村管理体制。这样,改革政社合一的人民公社体制便提上议事日程。1979年,四川广汉县向阳公社,开始启动了人民公社政社分离的改革③。1983年1月,江苏省江宁县进行政社分开试点,全县26个公社先后成立了乡(镇)政府,公社党委也改为乡党委。与此同时,北京、江苏、新疆等15个省、区、市的69个县、市辖区的部分公社,也进行了政社分开、建立乡政权的试点工作④。同年10月12日,中共中央、国务院正式发出《关于实行政社分开,建立乡政府的通知》,要求改革政社合一的人民公社体制,在农村

---

① 中共中央文献研究室、国务院发展研究中心:《新时期农业和农村工作重要文献选编》,中央文献出版社,1992年,第165页。
② 张红宇:《中国农民与农村经济发展》,贵州人民出版社,1994年,第25页。
③ 陈锡文:《中国农村改革:回顾与展望》,载吴敬琏主编:《当代中国经济政策:战略与实施》,上海远东出版社,1999年,第104页。
④ 郑韶:《中国经济体制改革20年大事记(1978~1998)》,上海辞书出版社,1998年,第74页、第90页。

建立乡政府。此项工作要求在1984年底完成。

全国政社分开、建立乡政府的改革进展顺利。到1984年末,全国共建乡84 340个,建制镇7 280多个,新建村民委员会82.2万个①。乡镇政权的建立和村民委员会的形成,标志着农村人民公社制度的最终解体和新的农村管理体制的产生。

在分析中国的经济体制改革为什么首先在农村开始,并在很短的时间内让"包产到户"席卷全国,吴敬琏教授做出了这样的解释。它认为,旧体制已经无法维持,农民为捍卫自己的利益要求制度创新;包租土地的做法易于为农民所接受;向家庭承包经营转化没有严格的社会障碍②。在全国农村实行以包产到户为主的联产承包责任制,并相应建立新的农村管理体制,其决定意义是调动了广大农民的积极性,解决了农业发展动力不足的问题。

认真分析这次改革,它实质上是一种社会结构的调整和利益分配结构的重新安排。通过农业经营体制的创新,农民获得了土地、耕畜以及农具等生产资料的自主经营权。根据这种权力,农业生产者可以根据自己的意愿配置生产要素,生产农产品。完成生产后,农民在"交足国家的,留够集体的"之后,对剩余农产品有完全的支配权和处置权。因此,家庭承包经营将农民同国家、集体之间的责、权、利关系分得清清楚楚。同农业生产队相比,以农户为基本单位的家庭承包经营,有很高的激励和很低的监督成本。因为家庭承包经营制,在制度安排上具有内在性质③,它的特有经营方式和分配机制,满足了农民的既有心理习惯和追求物质的欲望,很好地适应了生产空间分散、生产周期长的农业

---

① 郑韶:《中国经济体制改革20年大事记(1978～1998)》,上海辞书出版社,1998年,第114页。
② 吴敬琏:《当代中国经济改革:战略与实施》,上海远东出版社,1991年,第121页。
③ 林毅夫:《制度、技术与中国农业发展》,上海三联书店,1992年,第44~69页。

生产。在家庭这个组织经营单位里,劳动成员之间互相信任,分工比较理性,生产经营过程无需高额的协调成本和监督成本,而且由于他们能获取其劳动的全部所得,于是每个劳动成员都在努力增加有效劳动,提高劳动的生产效率,这样,在农业生产新制度安排下,那种偷懒和投机的行为已不复存在。

在农村实行家庭承包经营制之后,国家利用行政干预,强加给农业的计划经济体制动摇了,从农业强制提取工业化原始资本积累的制度流程也受到了强烈冲击,并最终被打破。首先,原有人民公社制度解体后,农民在以家庭承包经营制为基础的制度安排条件下,人身是自由的。他们可以自由地支配自己的劳动,在承包的土地上可以自主地安排生产,生产什么,生产多少,何时出工,何时收工,完全由自己说了算。在这种新制度安排下,要想把农民牢牢地限制在土地上按照政府意愿去发展农业生产,已经完全不可能了。其次,在新的制度条件下,除了国家规定的合同收购产品数量之外,农民对自己的劳动产品有处置权和收益权。这意味着,在国家收购合同之外,农民可以将自己生产的农产品进行自由处置,或留或卖,即使卖是卖给国家还是卖向市场,都由农民自己决定,任何人不得干涉。面对这种变化,国家要像以往那样,以远低于市场均衡价格,将农民手中的全部农业剩余产品集中到国营部门手中,已经没有了制度基础,也缺乏政策依据。因此,支持工业化,促进产业结构转换,就必须重新调整工业乃至非农产业与农业之间的交换关系。

在发动农村经济体制改革的同时,国家相应调整了非农产业同农业的交换关系和资源配置政策。这主要表现在以下几个方面:第一,改变工农产品的贸易条件,减少国家对农业的索取。1978年后,为了刺激农业的发展,国家连续多次大幅度提高了农产品的收购价格,并不断压缩低价收购农产品的品种和数量。例如,从1979年3月开始,国务

表 4-1　农产品收购价格指数及农村工业品零售价格指数比较

年份	农产品收购价格指数	农村工业品零售价格指数	工农商品综合比价指数（以农产品收购价格为100）
1979	122.1	100.1	82.0
1980	130.8	100.9	77.1
1981	138.5	101.9	73.6
1982	141.5	103.5	73.1
1983	147.7	104.5	70.8
1984	153.6	107.7	70.1
1985	166.8	111.1	66.6
1986	177.5	114.7	64.6
1987	198.8	120.2	60.5
1988	244.5	138.5	56.6
1989	281.2	164.4	58.5
1990	273.9	172.0	62.8

资料来源：国家统计局：《中国统计年鉴》，中国统计出版社，2000年，第290页。

院决定大幅度提高粮、棉、油、畜产品、水产品和林产品等18种主要农产品的收购价，此后曾多次调高农产品收购价格。到1990年，我国农产品收购价水平比1979年提高了1.74倍，平均每年增长8.8%[1]。与此同时，国家还相应减免了部分农村的农业税收，仅在1979~1980年的两年间，共减免农业税45亿元。相反，同期内国家严格控制农用工业品的供给价格，其价格水平基本未动。表4-1是1978年以后到1990年的工农产品价格变动比较，从中可以看出在改革开放初期的十几年里，我国农产品收购价格上升速度要远远快于农村工业品零售价格上升速度。从1978~1990年，全国农村工业品零售价格提高了72%，年平均增长4.6%，平均每年上升幅度只及农产品收购价格的52%。提高农产品收购价格，减免农业税，控制农用工业品供给价格，

---

[1]　国家统计局：《中国统计年鉴》，中国统计出版社，1992年，第230~254页。

以及国家压缩低价收购农产品的品种和数量,最直接的效果是国家通过流通环节从农业提取工业化资源的强度减弱,提取的原始资本积累数量变小,留给农民的剩余增加。根据有关资料分析,1979~1988年,全国农民因农产品收购价格提高累计人均增加收入183.62元,因农村工业品零售价格上涨增加支出人均累计155.21元,收支相抵,农民人均增收28.41元①。不考虑增产因素,因工农产品价格政策调整,全国农民在1979~1988年间增加收入总额达到232亿元②。不仅如此,改善工农产品贸易条件的经济意义还在于,作为长期支持工业乃至重工业超前发展的重要原始积累手段,农产品统购统销制度开始从收购环节进而在销售环节动摇和破裂,在统购统销体制之外,有越来越多的农产品份额走向市场。因此,一种以市场为基础交换农产品的机制悄然形成并不断成长。面对这种情况,工业以及非农产业要想获取较多的农产品原料和食品供给,完全依靠计划经济体制,可能性日益变小,只能转向市场按照农产品供给均衡价格从农民手中收购。

第二,显著增加农业投资,支持农业的基础设施建设。改革以前,尽管国家向农业无偿投资,进行农田水利基本建设,但是所投资的数量有限。1978年后,这种状况得到改观,国家明显增加了农业的固定资产投资。例如,"六五"期间国家对农业的固定资产投资为115.27亿元,"七五"期间为161.35亿元。"八五"期间达到338.07亿元。

第三,改变高积累、高速度和重工业优先发展的结构转移模式。当国家从农业提取的原始资本积累减少后,以往那种高积累、高速度和重工业优先发展的经济战略就难以为继。特别是在打倒"四人帮"之后,城乡居民迫切要求改善生活状况,过去长期压制消费,支持投资积累的

---

① 《经济研究》,1989年第9期。
② 根据《经济研究》(1989年第9期)资料和历年人口统计资料推算所得。

产业政策也受到了严峻挑战。形势要求改变传统经济发展战略,也逼迫着决策者改革当时工业发展政策。为此,国家采取了两个方面的调整。一方面,调整国民收入分配结构,降低积累率,提高消费率。1978年我国国民收入使用结构中,用于投资积累的比重高达 36.5%,1979年降为 34.6%,到 1981 年又进一步降为 28.3%,以后虽有所回升,但在 1979~1984 年间加权平均积累率为 30.6%,明显低于 1970~1978年间的平均积累水平 3 个百分点。与此相对应,用于消费的国民收入份额很快提高,从 1978 年的 63.5% 上升到 1981 年的 71.7%①。另一方面,调整工业结构,实行以消费品为主体的轻工业优先发展政策。1979 年 4 月,中共中央工作会议正式提出国民经济实行"调整、改革、整顿、提高"八字方针,决定加快轻工业的发展②。同年 11 月召开的全国计划工作会议上,又进一步确定了对轻工业实行"六优先"的发展政策③。对于重工业,在 1987 年五届全国人大四次会议政府工作报告中也明确指出,重工业除了适当生产一些耐用消费品外,更重要的是调整服务方向,扩大服务领域,提高服务质量和适应能力,更好地为农业和消费品工业服务。同时在就业政策上,一方面国家强调要把发展劳动密集型工业和服务业放在重要位置,另一方面也采取优惠政策鼓励城市和农村发展集体经济企业,并允许发展个体经济,以便安排更多的劳动力进入非农产业领域就业。通过上述一系列改革和政策调整,传统工业化模式即重工业优先发展、自我循环被打破,一种新的工业化和结构转换模式诞生了。

---

① 国家统计局固定资产投资统计司:《中国固定资产投资统计年鉴》(1950~1995),中国统计出版社,1997 年,第 9 页。

② 郑韶:《中国经济体制改革 20 年大事记(1978~1998)》,上海辞书出版社,1998年,第 7 页。

③ 六优先指原材料、燃料、电力供应优先;挖潜、革新、改造措施优先;基本建设优先;银行贷款优先;外汇和引进新技术优先;交通运输优先。

4.2 农业的发展和新的结构转换模式的生成

农村经济体制改革的成功和经济发展战略的调整,不但解决了农业发展动力不足的问题,使长期受到压抑的农民生产积极性得到完全释放;而且它还从制度上减弱了工业化和结构转换对农业形成的原始资本索取强度。于是,我国农业从此获得了极大的发展活力,出现了连续多年的高速增长。表4-2是20世纪70年代末和80年代农业的增长情况,从中可以看出改革后的12年中,我国农业增加值按可比价格计算增长了91%,平均每年增长速度为5.5%,远远高于改革前26年年均2.1%的增长水平。农业高速增长体现在生产上就是农产品产量大幅度增加,可供交换的产品产量迅速增长。1978~1990年,全国粮、棉、油、糖、果、肉及水产品产量都取得了惊人的增长速度,有许多农产品在12年间所获得的增长幅度远远超过了改革前26年的总和。由此

表4-2 1978~1990年我国农业发展情况

年份	农业净值增长(%)	粮食产量(万吨)	棉花产量(万吨)	油料产量(万吨)	糖料产量(万吨)	水果产量(万吨)	猪牛羊肉产量(万吨)	水产品产量(万吨)
1952	100.0	16 392	130	419	760	244.3	338.5	166.6
1978	169.7	30 477	217	522	2 382	657.0	865.3	465.3
1980	177.5	32 056	271	769	2 911	679.3	1205.4	449.7
1985	263.7	37 911	415	1578	6 047	1163.9	1760.7	705.2
1990	323.6	44 624	154	1 613	7 215	1874.4	2 513.5	1237.0
1978~1990增长率(%)	1.91	1.46	2.08	3.09	3.03	2.85	2.91	2.66

资料来源:国家统计局:《中国统计年鉴》,中国统计出版社,2000年;国家统计局农村社会经济调查总队:《新中国五十年农业统计资料》,中国统计出版社,2000年。

表4-3 新中国成立以来我国农业内部结构变化　　%

年份	农业总产值	种植业	林业	牧业	副业	渔业
1952	100	73.54	1.58	11.22	12.35	1.31
1970	100	76.73	2.80	13.38	5.39	1.70
1978	100	76.71	3.44	14.98	3.29	1.58
1980	100	71.68	4.23	18.42	3.95	1.71
1985	100	62.99	5.21	22.02	6.30	3.48
1990	100	58.49	4.31	25.63	6.21	5.36

资料来源:国家统计局:《中国统计年鉴》,中国统计出版社,1991年,第317页。

表4-4 1978~1990年农业增长的部门因素分析

指标	时期	总体	种植业	林业	牧业	副业	渔业
平均增长率(%)	1978~1985	6.48	5.47	13.01	12.51	16.84	19.23
	1985~1990	5.21	3.67	1.28	8.46	4.90	14.66
	1978~1990	5.95	3.59	7.96	10.80	11.71	17.30
	1952~1978	2.10	2.20	5.20	3.20	-3.00	2.50
部门产值的份额结构(%)	1978~1985		69.85	4.32	18.50	4.80	2.53
	1985~1990		60.74	4.76	23.82	6.26	4.42
	1978~1990		67.60	3.88	20.30	4.75	3.47
	1952~1978		75.10	2.50	13.10	7.80	1.50
对产值增长的贡献(%)	1978~1985		3.89	0.56	2.30	0.80	0.48
	1985~1990		2.23	0.06	2.02	0.31	0.55
	1978~1990		2.43	0.31	2.19	0.56	0.60
	1952~1978		1.65	0.01	0.42	0.23	0.04

注:计算方法同表3-7。在计算农业各部门产值增长时,作者以农产品收购价格总指数进行缩减之后进行计算,实际上农业内部各农产品价格变动是不同的,但由于受数据来源的限制,只能以仅有的数据作粗略的估算。因此,部门增长贡献加总与总增长率有误差。

资料来源:国家统计局:《中国统计年鉴》,中国统计出版社,1991年,第317页。

可以看出,改革是农业发展的原始推动力。在农产品总量增长的同时,农业内部结构也在发生变化。表4-3显示出,改革以来在农业总产出中,种植业产出所占比重以较大的幅度在下降,相反养殖业特别是牧业产值比重显著上升。用结构变化值指标分析这一时期农业生产结构变动情况,结果发现改革以来我国农业结构变化值达到 36.44,远高于改革前结构变化值水平(18.12)。这充分表明,改革后农业内部结构变动是农业增长的重要力量。为了进一步分析结构变动对农业发展的影响,我们引入部门因素分析方法来计算农业内部五业对农业增长的贡献。从表 4-4 的计算结果看,1978 年以后种植业对农业增长的贡献份额由改革前的 78.6% 下降到 40.8%,而牧业的贡献份额由 20% 上升到 36.8%,此外林业和渔业的贡献份额也在上升。这表明改革以前我国农业增长中有 80% 来源于种植业,而改革后农业增长有 60% 来源于非种植业。农业的发展和农产品产量的大幅度增长,不仅解决了农民自身的温饱问题,而且还极大地增加了市场供给,满足了这一时期发展战略的调整和工业结构转换的需要。

同农产品供给总量增长相对应,我国工业发展及其结构也发生了转折性变化。即工业结构出现了轻型化现象。1978~1990 年,我国工业产值按可比价格计算年平均增长了 12%,其中轻工业平均增长 13.9%,重工业平均增长 10.3%。通过用部门因素分析方法计算轻重工业对这一时期工业增长的贡献,结果发现在 1978~1990 年间,工业产值增长中轻工业的平均贡献达到 53.6%,明显高于重工业的增量贡献率(表 4-5)。

表 4-5 1978~1990 年工业增长的部门因素分析

时期	年均增长率(%)			部门产值的份额结构(%)		对产值增长的贡献(%)	
	总产值	轻工业	重工业	轻工业	重工业	轻工业	重工业
1978~1980	9.1	14.36	4.90	45.15	54.85	6.48	2.68
1981~1985	12.0	13.49	10.69	49.45	50.55	6.67	5.40
1985~1990	13.2	14.10	12.17	48.50	51.50	6.83	6.27
1978~1990	12.0	13.90	10.30	46.25	53.75	6.43	5.54

注:计算方法同表 3-7。

表4-6 工业每增加亿元产值需要的基本投资数量　　　　亿元

时期	轻工业	重工业	重工业/轻工业
1971~1975	0.052	0.223	4.29
1976~1980	0.046	0.274	5.96
1981~1985	0.031	0.208	6.71
1986~1990	0.021	0.118	5.62

这一时期工业增长以轻工业打头,是对传统经济发展战略中以重工业为主的结构转换模式的矫正。此矫正对农业发展产生了三大积极影响:一是同重工业打头的结构转换模式相比,工业轻型化明显地减少了对资本投入的需求,大大减轻了农业为结构转换贡献资本的压力。比较工业中亿元产值所需要的基本建设投资数量,我国每增加亿元重工业产值所需要的投资数量要远高于轻工业。表4-6是1970~1990年间轻工业和重工业两大产业,每增加1亿元产值对基本建设投资的实际需要量。从中可以看出在工业产值增长中,轻工业每增加1亿元产值,实际需要的基本建设投资量比重工业要低得多。进一步分析还发现,改革以来由于工业体制改革和内部结构调整,提高了工业自身的投入产出效率,使得轻重工业增长对资本的需求程度都明显下降了,而且轻工业下降得要比重工业快。这也说明,20世纪80年代里,轻重工业生产一单位的产值所需要的资本数量都比改革前减少了。显然,这种结构变化对农业发展有利。

二是工业结构轻型化通过增加原料需求,与农业的前后向关联较以往紧密得多。这有利于改善农业的贸易条件和交换地位。在工业中,轻工业发展速度快于重工业,还意味着工业增加了对农业的需求和供给。在我国,以农产品为原料的加工业在轻工业中所占比重一直很高,而且在1978年以后还出现了上升的趋势。例如,1978年以农产品为原料的加工业产值占全国轻工业产值的比重为68.4%,80年代初上升到71%,即使到了20世纪80年代末其比重还保持在70%的水平。根据统计资料计算,1978~1990年,由于轻工业的快速发展,对农产品原料的需要按可比价格计算增长了1.67倍①。农产品原料需求的大幅度增长,为改变农产品低价收购政策,增加农业生产,最终提高农民收入水平,提供了很大的空间。

三是由于工业发展中以轻工业打头,而轻工业又属于劳动密集型产业,就使得工业发展对劳动力的需求急剧上升。这对农业剩余劳动力向外转移很有利。据统计,1978~1990年,我国工业包括建筑业在内,新增就业人数5 188万人,平均每年增加就业432.3万人,是改革前的2.1倍。同时,受工业轻型化和改革的推动,服务行业对劳动力的需求也以惊人的速度增长。此间,该行业共新吸纳劳动力5 664万人,平均每年增加就业472万人,是改革前的4.1倍②。总体上看,改革后由于调整经济发展战略,改变结构转换模式,我国非农产业每年新增加了904万个就业岗位,比改革前增长了1.8倍。工业和服务业大量地吸纳劳动力,为农业剩余劳动力向外转移提供了难得的机会,由此引起农业劳动力在全社会劳动力就业中的结构份额迅速下降③,农业劳动生产率和农产品商品率显著上升。

体制改革和经济发展战略的调整,既刺激了农产品生产的迅速增长,又带来了工业以及非农产业对农业的巨大需求,所有这些最终都引起了农民收入水平的快速提高。1978~1990年,农民人均纯收入由

---

① 原农牧渔业部计划司:"农业经济资料"(1949~1983),第76页。
② 国家统计局:《中国统计年鉴》,中国统计出版社,1991年。
③ 根据统计资料计算,在1952~1978年间,我国农业劳动力在三大产业中的就业比重下降了13个百分点,平均每年下降0.5个百分点;而在改革后的1978~1990年间,农业劳动力就业比重下降了10.5个百分点,平均每年下降0.88个百分点。

133.6元上升到686.3元,扣除价格上涨因素实际增长了211.2%,平均每年递增9.9%。这种增长水平不但快于改革前农民自身收入增长速度,也明显快于改革后城市居民收入增长水平①。农民收入增加后,为了改善生活他们首先将一部分收入用于食品消费支出,其次又将一部分收入用于非食品消费支出方面。分析这一时期农民生活消费支出结构变动特点:一是生活消费支出总量增长快。1978~1990年,全国农民人均生活消费支出按可比价格计算增长了1.4倍,由此全国农村每年形成了上千亿的消费增量需求。二是恩格尔系数急剧下降,非食品消费支出比重迅猛上升。改革以后,在农民的生活消费支出中,食品消费支出比重(恩格尔系数)从1978年的67.7%下降到54.9%,而他们用于穿住用等非食品消费支出比重由32.3%上升到45.1%。推动消费结构转变的主要因素是住房和日用工业品消费,这一时期农民的住房消费增长了8.6倍,日用工业消费品支出增长了3.3倍。仅以耐用消费品为例,农民拥有的自行车、缝纫机、手表、收音机等分别增长了2.9倍、1.83倍、5.2倍、1.6倍。电风扇、洗衣机、电视机以及电冰箱等家用电器消费从无到有增长更快,比如黑白电视机和彩色电视机拥有量从0.39台增加到44.44台,增长了112.9倍②。农民消费支出总量和结构变化,对工业特别是轻工业和建筑建材工业产品形成了极大的需求拉动,为这些产业在农村提供了一个广阔的发展空间。客观地评价,这一期间我国工业,特别是轻工业能够快速增长,与农业发展和农民收入增加是密切相关的。

---

① 改革以前的1954~1978年,全国农民人均纯收入由64.14元增加到133.6元,按可比价格计算增长了81.3%,年平均增长2.5%;改革后,城市居民人均可支配收入由1978年的343.4元增加到1990年的1 510.2元,增长了98.1%,年平均增长5.9%。

② 国家统计局:《中国统计年鉴》,中国统计出版社,1991年。

4.3 乡镇企业的成长和双重二元结构

当农业经营管理体制改革取得成功之后,农村的劳动力以及资金等要素流动和配置也发生了突出的变化。首先,实行家庭承包责任制使得农业劳动力从隐性剩余转向显性剩余。如前所述,传统的计划经济体制在农村导致偷懒、怠工现象极为普遍,无效和低效劳动掩盖了农业劳动力的剩余,使得农业劳动力剩余完全处于隐性状态。改革后,由于取消了人民公社制度,农民在自己的承包地上,能够获得他们劳动的全部所得。所以,当农民获得了土地使用权后,在劳动资源配置上的第一反映就是减少劳动的无效投入,增加农业的劳动生产效率。于是,以往隐蔽在农业领域中的剩余劳动力就显现出来。这里,我们从全国农村大规模实行包产到户的1981年开始,考察我国主要农产品生产每亩实际投入的劳动用工量变化,结果发现自1981~1990年,全国六种粮食、三种油料、两种糖料和棉花、烟叶等,每亩实际用工量分别减少了34%、18.1%、20.4%、18.3%和25.7%(表4-7)。此外,1990年全国粮、棉、油、糖、烟等农产品播种面积比1981年增加了3 186万亩,而同期这些产品劳动用工量却减少了1 327 721万个劳动工日。如果将增加的作物面积考虑进去,同1981年相比,1990年这几种产品生产实际劳动用工量共减少了1 497 342.3万个工日。若按每个农业劳动力每年出工305个工日计算,当年这几种农产品生产实际减少了4 909万个劳动力需求。当然,这一时期农业生产大量减少劳动力投入量,不仅仅是由制度创新导致劳动绩效提高引起的,而且还有农民不断追加现代生产要素投入,比如机械投入造成了对劳动的替代。但是,按照我国当时农业制度变迁和实际发展情况分析,由现代要素投入增加对劳动的替代是有限的,农业劳动投入量的减少,更多的是由劳动绩效提高引起的。农业劳动力剩余从隐性变为显性状态后,产生了数以千万计的剩余劳动力,需要在农业以外寻找新的就业门路。由此可以得出,家庭承包责任制使农业剩余劳动力由隐性变为显性,并产生向外转移的强大推动力。

表4-7 主要农产品实际用工量变化

品种	1981年			1990年			节约劳动量(万日)
	亩用工(日)	播种面积(万亩)	总用工量(万日)	亩用工(日)	播种面积(万亩)	总用工量(万日)	
粮食	22.27	172 437	3 840 172	14.7	170 199	2 501 925	1 288 406.7
油料	22.1	13 701	302 792	18.1	16 350	295 935	65 400
棉花	54.2	7 777.5	421 541	44.26	8 382	370 987	83 317.4
糖料	43.6	1 480.5	64 550	34.7	2 518.5	87 392	22 414.6
烟叶	73.2	880.5	64 453	54.42	2 013	109 548	37 803.6
合计		196 276.5	4 693 508		199 462.5	3 365 787	1 497 342.3

注:粮食亩用工量是以六种粮食平均每亩用工量计算的。油料亩用工量是以三种油料亩用工量为代表计算的。糖料亩用工量是以甘蔗和甜菜平均每亩用工量计算的。

资料来源:国家物价局等:"全国农产品成本收益资料汇编",1981年和1991年;国家统计局农村社会经济调查总队:《中国农村统计年鉴》,中国统计出版社,1995年。

其次,伴随着收入的不断增加,农民手中开始出现并逐渐积累起了大量的剩余资金。据统计资料显示,1978年全国农村居民储蓄总额仅55.7亿元,1985年增加到564.8亿元,1990年又进一步达到1 841.6亿元①。改革12年间,农民手中储蓄剩余资金就增加了32.1倍。面对手中出现的剩余资金,农民也需要寻找新的投资空间。

同农业相比,工业以及服务业是获利较高的产业。当农业出现了剩余劳动力和剩余资金之后,如果没有任何制度障碍,这些剩余要素必然会向非农产业转移。但是,当时我国依然实行着城乡隔离制度,从户

---

① 国家统计局:《中国统计年鉴》,中国统计出版社,1991年。

籍管理、食品供应、工商注册、就业、子女上学到医疗卫生等政策方面，还严格地限制农民进城从事非农产业。在农民进城无门的制度约束条件下，他们只有在农村找出路。的确，在进入20世纪80年代后，农民在农村发展非农产业已经扫除了制度障碍，他们除了有剩余资金和剩余时间外，更重要的还在于有了比较充分的人身自由，可以在一定范围内自由流动和自由择业。与此同时，在农村改革之初，党中央和国务院就鼓励和支持农民发展农村工业以及其他非农产业。在党的十一届三中全会上通过的《农村人民公社工作条例（试行草案）》中就明确指出，农村"根据当地资源条件和社会需要，有计划地积极兴办公社和大队企业"①。1979年7月，国务院颁发了《关于发展社队企业若干问题的规定（试行草案）》，更进一步指出，"社队企业要有一个大发展"，"各行各业必须把扶持社队企业的发展作为自己的一项重要任务，制定规划，提出措施，为社队企业的大发展做出贡献。"②该规定认为，农村社队企业的大发展，不但可以加速我国工业化的发展进程，还可以避免工业过分集中在大中城市的弊病，是缩小城乡和工农差别的重要途径。紧接着在农业获得大丰收后的1985年，中共中央和国务院于1月1日颁布了《关于进一步活跃农村经济的十项政策》，号召农民调整产业结构，大力发展乡镇企业，并对乡镇企业实行信贷、税收优惠，鼓励农民发展采矿和其他开发性事业③。在上述大背景下，大量农民利用刚刚获得的人身自由，携带着资金，抬起双腿迈出农业门槛，轰轰烈烈地办起了乡镇企业。

在我国，乡镇企业的前身是社队企业。早在20世纪50年代末期，

---

① 《农村经济政策汇编1978~1981》（上册），农村读物出版社，1982年，第29页。
② 同上书，第333页。
③ 郑韶：《中国经济体制改革20年大事记》（1978~1998），上海辞书出版社，1998年，第112页。

为了实现大跃进大炼钢铁这一工业化总体目标,并将人民公社办成一个集工农商学兵为一体的共产主义综合体,我国农村响应党中央和毛泽东同志的号召,社社都办起了工业。然而,好景不长,伴随着大炼钢铁的失败和人民公社制度的调整,这些企业也纷纷倒闭。此后,社队企业被定位为农业中的副业,严格约束在"三就地"和"四服务"的范围内发展①,因此,在改革前农村社队企业一直未发展成一个真正的产业,始终从属于农业,以农业为主体。改革以后,受农业经营管理体制改革和经济发展战略调整的影响,在各级政府的有力推动下,农村社队企业发展的内容和外延都开始发生变化。首先,它的属性已不再是指那些由农村人民公社、生产队举办的集体企业,而且还包括了联合体、个体私营企业等其他类型企业,因此,传统意义上的社队企业称谓已经很难覆盖农民举办的所有乡村企业,乡镇企业便由此脱颖而出②。其次,社队企业演变成乡镇企业后,它还从农业的附属地位脱离出来,在投入结构、装备水平、生产流程、管理方式以及劳动效率等方面,采取了一种超越自然再生产约束的工业化生产方式,独立发展并逐渐形成农村中一个富有生机的产业体系。在这个产业体系中,乡镇企业主要是发展农村工业。例如在20世纪80年代里,在农村非农产业产值中有62.6%～75%是由农村工业部门提供的(表4-8)。

在20世纪80年代里,就像家庭承包责任制一样,以农村工业为代表的乡镇企业发展是迅速的,所取得的成就是举世瞩目的。从企业数量上看,乡镇企业数从1980～1990年间增长了12.2倍,其中80年代

---

① "三就地"指就地取材、就地加工和就地销售。四服务指为农业生产服务、为城乡人民生活服务、为国家大工业服务和为出口服务。
② 1985年,中共中央四号文件正式将社队企业改称为乡镇企业。

的前五年增长最快,平均每年增加 216 万个,其中 90% 以上都属于个体办企业,这些企业完全依靠市场力量,自筹资金,自我发展。从企业固定资产投资来看,这一期间仅乡村两级企业固定资产原值就翻了 5.8 倍。从劳动就业数量看,在这十年时间里,乡镇企业新增加了就业人数 6 262.3 万人,平均每年增加就业人数 626 万人。再从乡镇企业创造的财富看,1980~1990 年,乡镇企业创造的农村非农产业总产值从 869.5 亿元上升到 8 957.1 亿元,按可比价格计算增长了 4.4 倍,年平均增长 18.3%。在乡镇企业中,产值增长最快的要数农村工业,同期内农村工业增长了 5.4 倍,年平均增长 20.5%(表 4-8)①。

表 4-8 乡镇企业发展情况

项目	单位	1980 年	1985 年	1990 年
企业数量	万个	14 2.5	1 222.5	1 873.5
乡村办企业	万个	142.5	156.9	144.4
村以下办企业	万个	NA	1 066	1 728
企业固定资产原值	亿元	326.3	750.4	2 202.0
劳动就业数量	万人	2 999.7	NA	9 262
农村非农产业产值	亿元	869.5	2 720.5	8 957.1
农村工业产值	亿元	544.0	1 750.1	6 719.7

注:固定资产原值指的是乡村两级企业的固定资产原值;NA 表示缺少该项数值。
资料来源:国家统计局农村社会经济统计司:《中国农村统计年鉴》,中国统计出版社,1986 年和 1993 年;农业部:《中国农业发展报告》,中国农业出版社,1995 年和 1997 年。

当乡镇企业以勃勃生机迅速兴起,并掀起了澎湃浪潮涌向农村各个角落时,过去那种由传统战略及其体制造就的城市搞工业和农村搞农业的二元经济结构格局被第一次打破了。在国家打造的工业化即城市工业化之外,产生了一个新的工业化即农村工业化。由此,我国形成

---

① 这里的乡镇企业产值增长率是以 1980 年全国零售物价总指数为 100 折算而成的。

了一种新的经济发展格局,就是在地域分布上出现了,城市工业化与农村工业化并存的两重工业化结构格局。

同城市工业化相比,农村工业化的崛起和迅速成长有着鲜明的特点。其一,农村工业化是靠农民自发力量兴起的,并以市场经济制度为基础。众所周知,城市工业化主要是靠国有企业特别是国有工业企业发展起来的,而国有工业企业又是依靠国家利用计划经济体制,从全国调集资源重点培植起来的。这些企业从诞生之日起,就生存在"不愁吃,不愁穿"的环境之中,基本建设投资和流动资金由国家供给,原材料、能源等生产资料统一由计划调拨,产出品则由国营商品部门统一营销。而农村工业化主要是靠乡村企业发展起来的,这些企业从办厂之日起,就生长在"找米下锅"的发展环境中,资金要靠自己筹集,原材料、能源等生产资料要到市场上去寻找,产品也要依靠市场去销售。因此,乡镇企业作为农村工业化的中坚力量,从诞生之日起就在社会中摸爬滚打,锻造出了较强的市场竞争力。其二,农村工业化是大多数人的事业,它将占中国人口绝大多数的农民引入到工业化过程中,对就业结构和产业结构转换具有较强的带动性。从制度上分析,城市工业化是借助计划经济制度,依靠政府力量,将城市大门关起来进行的。如前所述,这种工业化把占中国人口80%以上的农村居民排斥在外,而这些人在通过计划经济体制,向城市工业源源不断地贡献了原始资本积累之后,却极少能分享到工业化的成果,工业化和城市化的文明成果都留在了城池中,只有城市人才有权享受。与这种工业化不同的是,农村工业化采取了以劳动替代资本的发展方式,将亿万农民带进非农产业领域,通过吸纳农业剩余劳动力到农村工业以及服务业中就业,使大多数农民从中受益。据统计,1985年农村里已有6 713.5万劳动力在工业、建筑业和服务业中就业,占农村劳动力的比重达到18.1%,到2000年农村非农产业已吸纳了15 164.5万个劳动力就业,占农村劳动力的比重达到31.6%①。随着农村非农产业就业人数的迅速增长,农民来自于非农产业的收入也在不断增加。1985年,我国农民从第二、第三产业获得的人均纯收入为69.4元,到2000年增加到993.5元,占农民人均纯收入比重由17.5%上升到44.1%②。其三,农村工业还距离农业比较近,同农业的关联效应大。农村工业同农业有着天然的血缘关系,不仅农业剩余劳动力进入门槛低,而且从产品的供求关系上同农业也存在着紧密的联系。同城市工业相比,农村工业更倾向于轻型化,而在轻型化的工业中有大多数行业都与农业密切相关。通过对全国乡及乡以上全国工业结构和农村乡村集体工业结构进行比较分析发现,在1985年全国工业产值结构中,同农业有关的建材工业、森林工业、食品工业、纺织工业、皮革工业、造纸工业及文教艺术用品工业所占比重为39.8%,而乡村工业同类指标所占比重为52.9%。在1990年全国工业产值结构中,食品制造、饮料、烟草加工、饲料工业、纺织缝纫、皮革毛皮及其制品、木材加工及竹、藤、棕等制品、家具制造、造纸及纸制品、印刷、文教体育及工艺美术品制造和建材工业等产出所占比重为36.02%,而乡村工业同类指标所占比重为52.25%③。事实昭然若揭,农村工业通过就业、收益分配和产品需求把农业同自身发展紧紧联系在一起,正因为如此,乡村工业的兴起和发展才受到了广大农民的热情欢迎和大力支持。

农村非农产业特别是农村工业发展壮大,并迅速形成一个独立的产业体系之后,不但打破了我国原有的工业化格局,也冲破了原有的城

---

① 国家统计局农村社会经济统计司:《中国农村统计年鉴》,中国统计出版社,1987年和2001年。
② 国家统计局:《中国统计摘要》,中国统计出版社,2001年。
③ 国家统计局工业交通统计司:《中国工业统计年鉴》,中国统计出版社,1989年;国家统计局:《中国统计年鉴》,中国统计出版社,1992年。

乡二元经济结构。现在，在城市工业和农业之间，成长出了一个独立发展的农村工业。于是，农业对工业（包括非农产业）的结构关系，就变成了既对城市工业也对农村工业的双重供求关系。这样，整个社会的资源配置，财富创造与分配关系在城乡之间，都发生了新的变化。

第一，在土地、资本等要素配置上，农业对工业形成了双重供给关系，既要供给城市工业发展所需要的土地和资本，也要满足农村工业在土地、资本等方面的要求。

第二，从劳动力配置结构上看，农业剩余劳动力具有双重转移性质，非农产业对劳动力也具有双重吸纳特性。农业劳动力不仅仅由农业转向城市非农产业部门，而且还迅速转向农村非农产业部门。值得强调的是，在吸纳农业剩余劳动力方面，农村非农产业的力量要比城市非农产业大得多。从表4－9的资料反映出，改革开放以来，我国农业劳动力比重的下降，甚至绝对数量的减少，是由城市非农产业和农村非农产业共同作用的结果。其中，农村非农产业吸纳的农村剩余劳动力数量要比城市大。1980～2000年，农村非农产业部门共新创造了12 107万个劳动就业岗位，同期内城市非农产业新增加劳动就业岗位10 228万个，前者是后者的1.18倍。

表4－9　城乡劳动力资源配置结构　　　　　　　　万人，%

年份	从业人员总计	农业		城市非农产业		农村非农产业	
	劳动力	劳动力	比重	劳动力	比重	劳动力	比重
1980	42 361	29 122	68.75	10 181.7	24.04	3 057.3	7.21
1985	49 873	31 130	62.42	12 029.4	24.12	6 713.6	13.46
1990	63 909	38 428	60.13	16 808.9	26.30	8 673.1	13.57
1995	67 947	35 468	52.20	19 771.7	29.10	12 707.3	18.70
2000	71 150	35 575	50.00	20 410.5	28.69	15 164.5	21.31

资料来源：国家统计局：《中国统计年鉴》，中国统计出版社，2001年，第108页、第363～364页。

第三,从城乡产业产出结构上看,农村工业以及服务业发展也改变了国民经济的产出格局,使得经济发展在地域上呈现出双重扩张特点。表4-10显示,1980年,在国内生产总值结构中,除了30%的部分是由农业提供的之外,其余国内生产总值中有95.2%是由城市非农产业提供的。此后,随着乡镇企业的迅速发展,由乡镇企业创造的非农产业增加值占国内生产总值的比重不断上升,而城市非农产业创造的增加值所占比重却不断下降。到20世纪末,由乡镇企业提供的非农产业增加值占国内生产总值的比重达到了30%。有趣的是,自从农村掀起新的工业化浪潮以后,农村创造的国内生产总值,占全国国内生产总值的比重还出现了大幅度的回升趋势。到2000年,全国约有46%的国内生产总值是由农村提供的。现在,在国民经济增长中,有两股力量在上升,一股是以农村工业为代表的农村非农产业,另一股是以城市工业为代表的城市非农产业。这清楚地表明,改革开放以来,在乡镇企业带动下,农村创造和占有的社会财富份额比以前明显扩大了。

表4-10 城乡间国内生产总值产出结构　　　　　亿元,%

年份	GDP总量	农业GDP		乡企GDP		城市GDP	
		绝对额	比重	绝对额	比重	绝对额	比重
1980	4 517.8	1 359.4	30.1	151.8	3.3	3 006.6	66.6
1990	18 547.9	5 017.0	27.1	2 475.0	13.3	11 055.9	59.6
1995	58 478.1	11 993.0	20.5	14 425.7	24.7	32 059.4	54.8
2000	89 403.5	14 212.0	15.9	26 842.3	30.0	48 349.2	54.1

注:乡镇企业增加值中已经扣除掉其中的农业增加值。1980年乡镇企业增加值是从总产值折算过来的。

资料来源:农业部编1995~2001年《中国农业发展报告》;农业部乡镇企业局编1996~2000年《全国乡镇企业统计年报及财务决算资料》;国家统计局编2001年《中国统计年鉴》。

第四,由于两重工业的存在,非农产业对农产品是双重需求关系。当乡镇企业为社会不断创造出大量财富,并改变了城乡财富产出格局后,此时的非农产业从原料需求和产品供给上也对农业形成了双重关系。即在两重工业化格局条件下,农业既要供给城市工业所需要的原料和产品,也要满足农村工业对农产品原料所提出的要求①。

第五,两重工业化还从工业品上对农业形成了双重供给,即城市工业和农村工业都同时为农业提供工业产品。改革开放以前,受传统计划体制的影响,农业只能从城市工业获得主要生产资料和工业消费品,而现在农业既可以从城市工业也可以从农村工业获得这些产品。

因此,从上述农业与城市工业化和农村工业化多层双重关系特征可以看出,改革开放以后,我国城乡经济结构不再是城市搞工业与农村搞农业的二元结构,而是形成了一种城市工业与农业农村工业与农业并重的双重二元结构。如果要给这种二元结构下定义,它是指由城市工业与农业、农村工业与农业在资源要素配置、财富创造和分配、农产品需求和工业品供给等方面所构成的双重二元经济体系。

有些专家学者在分析改革开放以来我国城乡经济结构变动时,将国民经济中农业、农村工业(乡镇企业)和城市工业并存局面,归纳为三元经济结构模型。"三元结构论"者认为,农村工业只有中间性质,不同于传统农业部门,又有别于城市现代化工业部门,既具有推行工业化的特征,又不具备已经现代化的条件。因此,农村工业是作为第三种结构形式出现的,是传统产业与现代产业间的桥梁②。笔者认为这种分析过于简单化。其一,城市工业装备水平以及劳动生产率比农村工业高并不具备必然性。因为就像前述分析的那样,城市工业在起步时,依靠计划经济体制直接越过了轻工业发展阶段,采取了重工业优先的

---

① 根据农业部乡镇企业局编《全国乡镇企业统计年报及财务决算资料》计算,2000年农村乡镇集体工业,当年消耗了农产品原料6 469亿元,占农业总产值的26%。
② 李克强:"论我国经济三元结构",《中国社会科学》,1991年第3期;陈吉元、胡必亮:"中国的三元结构与农业剩余劳动力转移",《经济研究》,1994年第4期。

发展方式,这种发展方式所造就的工业,有机构成必然很高,其劳动生产率也会大于正常情况下的水平。与城市工业所不同的是,我国农村工业在起步时是依靠市场原则,按照工业内部结构转换顺序,即先发展轻工业,后发展重工业的顺序进行的。因此,农村工业在起步阶段资本有机构成低,劳动密集程度高,劳动生产率较低,就是一种必然现象。但是,当农村工业结构转换越过以轻工业为主的发展阶段后,其资本密集程度以及劳动生产率必然要提高。其二,"三元结构论"者对城乡两种工业进行比较时,忽略了它们之间的时间差距。20世纪80年代农村工业真正作为独立的产业才刚刚发展起来,而此时城市工业已经历了30多年的发展历程。显然,不考虑时间差距就将两种工业进行盲目对比是没有多大说服力的。其三,在农村工业经过20多年的发展以后,我们回过头来对城市工业和农村工业进行比较,就会惊奇地发现,农村工业不但具有推行工业化的特征,而且也具备了现代化的条件。只要我们到珠江三角洲和长江三角洲地区考察一下那里的农村工业,就可以看出当前在发达地区,农村工业与城市工业并不存在差别,甚至有些农村工业企业现代化程度还远远高于城市工业。例如广州郊区的科龙集团、浙江的万向节集团、张家港的沙钢集团、江苏的森达集团、红豆服装集团等乡镇工业企业,其现代化装备水平在同行业中已遥遥领先。即使是在中西部地区,近几年也成长出了一批完全具有现代化特征的乡镇企业。由此可见,农村工业和城市工业在技术构成上没有质量差别,只在发展时间和数量上有所差别,将农村工业定性为中间性质是不能成立的,并由此推导出我国国民经济呈现三元经济结构论断也是缺乏理论根据的。

另外,在制度特征上看,农村工业采取以市场为导向的制度安排,并不能说明它是与农业和城市工业相并列的独立一元,也没有改变资源要素配置和产品供求在城乡间的双重二元关系特征。"三元结构论"者还将农村工业当作与农业及城市工业相并列的国民经济中的一元独立经济形式,还有一个理由是它具有不同于农业部门及城市工业部门的制度特征,同传统体制的"正式"组织相比表现出"非正式"性,它是以市场导向得到迅速发展的,是国民经济变革的一股带头力量①。作者认为,这恰恰是农村工业能够高速发展的特征,而不是"三元经济结构"本身的特征。试设想,如果农业和城市工业都采取了以市场为导向的制度安排,农村工业作为独立的一元经济是否就会消失?在解释双重二元经济结构中,我们将农村工业的市场导向制度安排,仅作为农村工业发展的直接原因和形成农业与农村工业之间二元经济关系的间接原因。但是,农村工业的市场导向制度安排并不改变它与农业以及城市工业之间,在资源、资本、技术配置和产品供求等方面的双重二元关系特征。即使是农业和城市工业通过改革都采取了市场经济制度,只要现行城乡管理体制不打破,城市工业和农村工业与农业形成的二元供求关系就不会发生根本变化。需要指出的是,"三元结构论"者在分析"三元特征"时,曾提到中国农业剩余劳动力流动出现的双重吸收与双重转移格局;同时也一再指出农村内部存在着小二元经济(即农业与农村工业),城市经济与农村经济间也存在着大二元经济②。不管采取什么样的逻辑推理方法,都无法将这些特征演绎归纳到"三元经济结构"中去。相反,这些特征似乎可以成为解释双重二元经济结构的重要理由。总之,作者认为,农民发展农村工业并形成农村工业化浪潮,并不是"中国国民经济体制转换的惟一选择"③,而是在现行城乡隔离体制下一种无奈选择。由这种选择造就的农村工业同传统农业之

---

① 陈吉元、胡必亮:"中国的三元结构与农业剩余劳动力转移",《经济研究》,1994年第4期。
② 同上。
③ 李克强:"论我国经济三元结构",《中国社会科学》,1991年第3期。

间的差别,在城市工业与农业之间同样存在,两重工业与农业所形成的结构性链条关系,在土地、劳动力、农产品原料以及资金需求和工业产品供给方面也不存在本质上的区别,即使有差别也只是时间上和量上的差距。之所以出现了农村工业与农业和城市工业与农业两种二元结构关系,完全是由我国现行城乡体制扭曲造成的,是体制人为造成了两种工业体系在我国城乡之间独立并存,并与农业形成了两种相同的二元结构关系。面对这两种结构关系,将其称为双重二元经济结构,无论从理论上还是从实践中都要比"三元结构"称谓合理得多。

第5章 双重二元结构下的农业发展

在双重二元结构条件下,经济增长所表现出的特点是不同的,结构转换与农业发展的关系也极其复杂。它在较短时期内通过城市和乡村两重工业的高速增长,既迅速填平了国内工业品的市场需求缺口,又拉动了农业的进一步发展。

5.1 两重工业化格局下的经济增长和对农业的需求

20世纪90年代,我国经济仍在较高水平上增长。同80年代相比,这一时期产业结构转换速度加快,经济增长更加依赖于结构转换。1980～1990年,我国非农产业的扩张和发展,使其占国内生产总值份额上升,对农业增加值份额替代了3个百分点。这个时期,结构转换更多地表现在非农产业之间,特别是工业内部结构变动上。因为,进入20世纪80年代以后,对传统工业化战略的不断矫正,使得工业在国民经济中的份额不仅没有上升,而且还明显地下降了7.2个百分点,相反第三产业即服务业却上升了9.9个百分点。因此,在整个80年代里,国民经济在总量扩张的过程中,出现了轻工业对重工业的替代,服务业对工业和农业的替代。与80年代有所不同的是,整个90年代的产业结构变化值要比前十年大①,而且这一时期的农业增加值份额下降了 11.2 个百分点,其中有 7.3 个百分点被工业替代,1.9 个百分点由服务业替代,其余份额由建筑业替代(表 5-1)。

表 5-1 国内生产总值构成

年份	第一产业	第二产业	工业	建筑业	第三产业
1980	30.1	48.5	44.2	4.3	21.4
1985	28.4	43.1	38.5	4.7	28.5
1990	27.1	41.6	37.0	4.6	31.3
1995	20.5	48.8	42.3	6.5	30.7
2000	15.9	50.9	44.3	6.6	33.2

注:国内生产总值=100。
资料来源:国家统计局:《中国统计摘要》,中国统计出版社,2001 年,第 18 页。

进一步分析还发现,在 20 世纪 90 年代,我国经济能获得高速增长,其中工业发展的贡献作用明显大于前十年。20 世纪 80 年代里,全国国内生产总值增长中,有 41% 的份额是由工业提供的;而整个 90 年代国内生产总值增长中,工业的贡献份额上升到 56%。相应地,农业为经济增长的贡献份额由 19% 迅速下降到 8.1%(表 5-2)。这表明,在通过结构转换推进经济快速增长中,农业的影响作用越来越弱。

表 5-2 国民经济增长的部门因素

时期	GDP	增长率(%)				增加值份额(%)				贡献份额(%)			
		一	二	工业	三	一	二	工业	三	一	二	工业	三
1980~1990	9.31	6.2	9.5	9.6	12.3	28.6	45.1	40.6	26.3	1.77	4.29	3.9	3.24
1990~2000	10.1	3.8	13.6	13.9	9.1	21.5	46.3	40.7	32.2	0.82	6.3	5.66	2.93

注:表中"一"、"二"和"三"分别表示第一产业、第二产业和第三产业。
资料来源:同表 5-1。

---

① 1980~1990 年,我国三大产业结构变化值为 19.8,1990~2000 年产业结构变化值为 22.4,后者比前者高 2.6。

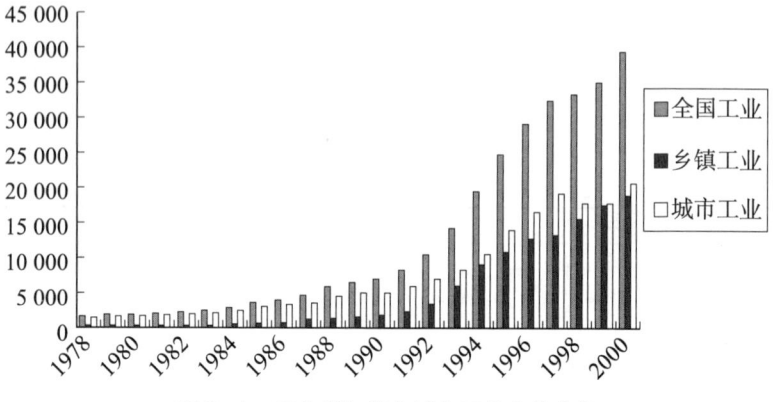

图 5-1　工业增加值在城乡工业中的变化

当分析工业发展对国民经济增长的作用时,我们发现靠近农业、贴近农民的乡村工业,对国民经济增长的贡献是显著上升的。图 5-1①是我国工业增加值与城市工业增加值和农村工业增加值的变动关系。图 5-1 中显示,20 世纪 80 年代,我国乡村工业创造的增加值占全国工业增加值的比重尽管在明显上升,但份额一直较低。前五年乡村工业增加值份额在 9.9%~15%之间,后五年上升到 15%~27%。进入 20 世纪 90 年代特别是 1992 年后,受乡镇企业快速增长的推动,乡村工业增加值占全国工业增加值的比重上升趋势骤然加快,由 1990 年的 27%迅速上升到 2000 年的 47.5%。这充分说明,到 20 世纪末我国工业增加值有近一半是由农村工业提供的。为了能更清楚地说明城市工业和农村工业的发展对全国工业发展的贡献,这里运用部门因素分析法,计算出了 20 世纪 80 年代以来城乡两种工业分别对工业增加值增

---

① 图 5-1 中数据见中华人民共和国农业部乡镇企业局:《辉煌的中国乡镇企业》,新华出版社,1999 年,第 56 页;《全国乡镇企业基本情况及经济运行分析》,2000 年,第 1 页;国家统计局:《中国统计年鉴》,中国统计出版社,2001 年,第 297 页;《中国统计摘要》,中国统计出版社,2001 年,第 16 页;中华人民共和国农业部:《中国农业发展报告》,中国农业出版社,2001 年,第 116 页。

长的贡献变化(表 5-3)。这里尽管由于数据来源的困难和较大的误差,使表 5-3 所得结果可靠性大打折扣,但从趋势上还是可以看出,20 世纪最后 15 年农村工业对全国工业增加值增长的贡献作用明显大于城市工业。在 15 年里,我国工业增加值增长中有 53% 以上是由农村工业提供的,而城市工业所提供的增长份额在 40% 以下。

表 5-3 双重二元结构下城乡工业增长贡献作用　　　　%

年　度	乡村增长率			城乡工业所占份额		对工业增长贡献	
	工业 GDP	农村工业	城市工业	农村工业	城市工业	农村工业	城市工业
1980~1985	9.9	16.5	8.3	12.95	87.05	2.1	7.2
1985~1990	9.2	17.6	1.4	21.0	79.0	3.7	1.1
1990~1995	17.7	24.7	7.6	30.35	64.65	7.5	4.9
1995~2000	10.2	12.0	8.6	45.1	54.9	5.4	4.7
1990~2000	13.9	18.2	8.1	37.2	62.8	6.77	5.09

注:城乡工业增加值增长率是用同期内工业出厂价格指数对现有工业增加值进行缩减后取得的不变价增加值,然后折算成增长率。由于城乡工业增加值份额是初始年和终止年的平均份额,因此农村工业和城市工业增加值贡献份额加总并不一定与工业增长率相等。

资料来源:中华人民共和国农业部乡镇企业局:《辉煌的中国乡镇企业》,新华出版社,1999 年,第 58 页;《全国乡镇企业基本情况及经济运行分析》,2000 年,第 1 页;国家统计局:《中国统计年鉴》,中国统计出版社,2001 年,第 297 页;《中国统计摘要》,中国统计出版社,2001 年,第 16 页。

在城市工业之外,迅速成长和不断上升的农村工业,对农业发展同样形成了强大的需求拉力。在全社会商品还普遍短缺的条件下,两种工业在同一时间内同时为社会生产和供应农产品加工品,可以在较短时间内快速增加市场供给,但同时这也对农产品原料形成了双倍的需求。这里,由于统计资料的限制,使得本书很难将城乡工业各自对农产品原料的需求计算出来,不过从全国部分工业产品产量增长来看,也可说明一些问题。表 5-4 是 20 世纪 90 年代与农产品相关的全国部分工业产品产量。从表 5-4 中可以看出,这些以农产品为原料的工业产品产量增长是十分明显的。如果我们将表5－4中九种工业品加总计算它们产量增长率,就会很容易地发现在过去十年里,它们的产量增长远远快于同期内农业增加值的增长速度。显然,以农产品为原料的工业超过农业增长,势必会对农产品供给产生强大的需求拉动力。

表5－4 全国部分工业产品产量

品种	单位	1990	2000	2000/1990
食用植物油	万吨	544.1	835.3	1.54
糖	万吨	580.0	700.0	1.21
罐头	万吨	157.1	178.2	1.13
啤酒	万吨	692.0	2 231.3	3.22
卷烟	万箱	3 298	3 397	1.03
纱	万吨	462.6	657	1.42
布	亿匹	188.8	277	1.47
毛线	万吨	23.8	42.3	1.78
饲料	万吨	3 220	7 429	2.31

资料来源:国家统计局:《中国统计年鉴》,1991年,第428～431页;《中国统计年鉴》,2001年,第451～457页;1990年饲料产量来自韩俊、马晓河的"我国饲料粮流通体制政策研究",1998年5月全国饮料工业办公室委托课题,第51页;2000年饲料产量来自杨振海等"2000年中国饲料工业生产回顾",《饲料广角》,2001年第3期。

另外,同传统体制下的一重工业化相比,两重工业化对农业剩余劳动力的需求拉力更大。农村工业和城市工业的飞速发展,带来了城乡非农产业就业人口的迅猛增长。特别是在20世纪90年代的前六年,由于城乡两种工业乃至整个国民经济的高速增长,使得农村乡镇集体企业、私营企业和个体企业,吸纳的农村劳动力增加了6 498万个,城市企业也增加了3 199万人[①]。短短六年时间,城乡非农产业新增就业人数接近1亿人。城乡非农产业就业数量的急剧增长,引起了我国劳

---

① 国家统计局:《中国统计摘要》,中国统计出版社,2001年,第40页。

动力就业结构的快速转变。从表5-5提供的资料分析,20世纪90年代,我国劳动力就业结构出现了加速转变的趋势。同20世纪80年代相比,这一时期劳动力就业结构变化值为20.2,高出80年代同类指标的17.4%。这种变动恰好与产业产出结构变动相一致。深入分析我国20世纪90年代劳动力就业结构,我们还发现了一个具有理论价值,也有决策价值的变化。这就是从1992年开始,我国农业领域的劳动力就业绝对数量出现了连续七年的减少趋势,在1991~1997年间农业共减少了劳动力3 955万人。与此同时,农业劳动力在全社会的劳动就业比重也从60.1%下降到49.9%。这些变化,对经济发展和结构转换具有两大战略意义。一是我国农业领域的劳动力绝对数量出现连续多年减少,意味着中国农业劳动力正在跨越无限供给阶段,供给逐渐变成为无弹性。二是劳动力就业结构加速变动,还使得我国劳动力就业主体结构于20世纪末期发生了转折性变化,这就是全社会的劳动就业从以农业为主向以非农产业为主转化。20世纪90年代,中国劳动力结构转化情形正好反映了阿瑟·刘易斯所描述的经济发展新阶段的到来,即"当资本赶上了劳动力供给时,经济进入了第二个发展阶段。这时,古典经济学就不再适用了;我们处于新古典经济的时代,在这里,所有生产要素都为短缺,这意味着,它们的供给是无弹性的。随着资本积累的进行,工资不再保持不变;技术变革的利益并不总是增加利润;边际利润也不一定总是增加的"①。经济发展新阶段的来临,标志着我国经济结构转换开始进入了一个快速变动时期。

---

① 〔美〕阿瑟·刘易斯:"无限的劳动力:进一步的说明",载《二元经济论》,北京经济学院出版社,1989年,第70页。其中,古典经济学的特点是劳动力供给无限,工资水平不变,经济增长利益全归资本家;新古典经济学的特点是劳动力稀缺,工资水平可变,经济增长利益在资本家和工人之间分配。

136　结构转换与农业发展

表5-5　中国劳动力结构变动统计

年份	人口总数（万人）	各产业人数（万人）			构成（%）		
		一	二	三	一	二	三
1980	42 361	29 122	7 707	5 532	68.7	18.2	13.1
1990	63 909	38 428	13 654	11 828	60.1	21.4	18.5
1991	64 799	38 685	13 867	12 247	59.7	21.4	18.9
1992	65 554	38 349	14 226	12 979	58.5	21.7	19.8
1993	66 373	37 434	14 868	14 071	56.4	22.4	21.2
1994	67 199	36 489	15 254	15 456	54.3	22.7	23.0
1995	67 947	35 468	15 628	16 851	52.2	23.0	24.8
1996	68 850	34 769	16 180	17 901	50.5	23.5	26.0
1997	69 600	34 730	16 495	18 375	49.9	23.7	26.4
1998	69 957	34 838	16 440	18 679	49.8	23.5	26.7
1999	70 586	35 364	16 235	18 987	50.1	23.0	26.9
2000	71 150	35 575	16 009	19 566	50.0	22.5	27.5

注：表中"一"、"二"和"三"分别表示第一产业、第二产业和第三产业。
资料来源：国家统计局：《中国统计年鉴》，中国统计出版社，2001年。

城乡非农产业就业的急剧增长，表现在收入分配上就是农民和城市居民收入水平的迅速提高。据统计，在1990~1996年间，农民人均纯收入增长了34%，年均增长5.1%；城市居民可支配收入增长了52.2%，年均增长7.3%[①]。收入的迅速增长直接引起了城乡居民对农产品消费量和消费结构的变化。表5-6给我们的信息是，在20世纪最后十年里，我国城乡居民在食品消费中，首先对口粮的消费出现了共同减少的倾向。这十年里，尽管全国人口增加了12 256万人，但由于城乡居民人均口粮消费量的持续减少，结果使全国口粮消费总量不但没有增长却反而下降了。其实，城市居民早在80年代就开始减少了口粮消费量[②]，不过那时由于城市人口的增长和农村居民口粮消费量的

---

① 国家统计局：《中国统计摘要》，中国统计出版社，2000年，第9页。
② 国家统计局：《中国统计年鉴》，中国统计出版社，1991年。

增加,并没有能够引起全国口粮消费量的减少。只是到了90年代,当农村居民开始不断减少粮食的直接消费量时,才发生了上述变化。粮食直接消费量的减少并不意味着人们对粮食消费的减少。随着收入水平的提高,城市居民对粮食的转化产品以及其他食品需求出现了明显的增长趋势。分析表5-6可以看出,1990~2000年,城乡居民对食用油、肉禽蛋、鱼虾等类产品显著增加了消费量。在这10年里,城乡居民对这些产品的消费需求总量分别增长了61%和58%,同工业对农产品原料需求一样,消费增长也快于农产品生产的增长。对粮食转化产品以及其他食品消费的迅速增长,不但引起了全社会粮食以及农产品消费总量的增长,而且还增加了对农业需求的压力。

总而言之,城市工业和农村工业的快速发展,带来了国民经济的高速发展。国民经济的高增发展又对农业产生了巨大的需求。这种需求最终通过市场机制传导给农业,对农业发展形成了极大的刺激和推动力。

表5-6 城乡居民食品消费情况变动统计　　　　亿公斤

品种	1990			2000			2000/1990		
	总计	城	乡	总计	城	乡	总计	城	乡
粮食	2 728.7	380.5	2 348.2	2 642.8	326.9	2 315.9	0.97	0.86	0.99
菜	1543.6	343.1	1 200.5	1426.4	387.4	1039.6	0.92	1.13	0.87
食用油	47.5	15.8	31.7	78.2	27.6	50.6	1.65	1.75	1.60
猪肉	140.1	45.7	94.4	181.3	56.5	124.8	1.29	1.24	1.32
牛羊肉	17.4	8.1	9.3	22.3	11.2	11.1	1.28	1.38	1.19
家禽	19.7	8.5	11.2	44.9	18.4	26.5	2.28	2.17	2.37
鲜蛋	39.5	17.9	21.6	84.0	37.9	46.1	2.13	2.12	2.13
水产品	38.1	19.0	19.1	69.7	33.3	36.4	1.83	1.75	1.91
食糖	18.7	5.3	13.4	17.64	5.74	11.9	0.94	1.08	0.89

注:城乡食品消费总量是根据城市人口和乡村人口与各自当年家庭人均消费量相乘而得;城市粮食消费量已折算成原粮。

资料来源:国家统计局:《中国统计年鉴》,中国统计出版社,2001年。

5.2 农业内部结构变动与发展特点

如果说,20世纪80年代我国农业的发展得益于农村改革和宏观经济发展战略的调整,农产品供给增长具有改革带动型性质。那么,进入20世纪90年代后,我国农业则呈现出需求拉动型的增长。

首先,受工业对农产品原料需求和城乡居民对食品需求快速增长的影响,农产品价格出现了全面迅速上涨的势头。20世纪90年代初期,我国在经历了3年多的治理整顿之后,经济又开始进入新一轮的高速增长。在这一时期,全社会对农产品的需求,在城乡两重工业拉动下急剧膨胀。当农产品供给赶不上需求时,农产品价格就急速上扬。表5-7是1990~1996年间,全国农产品收购价格总指数同国内生产总值和农业增加值指数变动情况比较(1978=100)。可以看出,这一时期农产品价格上涨,既快于国内生产总值的增长,也远远快于农业增加值的增长。考察1990~1996年间农产品收购价格指数变动情况,各类农产品价格上涨虽然都是同步的,但在上涨幅度上却不尽一致。凡是工业和城乡居民需求强烈和供给不足的农产品,其价格上涨幅度就大,否则就小。

表5-7 1990~1996年农产品价格与GDP比较

年份	国内生产总值	农业增加值	农产品收购价格总指数
1990	281.7	190.7	273.4
1991	307.6	195.2	268.4
1992	351.4	204.4	277.5
1993	398.8	214.0	314.7
1994	449.3	222.6	440.3
1995	496.5	233.6	527.9
1996	544.1	245.6	550.1
1996/1990	1.93	1.29	2.01

资料来源:国家统计局:《中国统计年鉴》,中国统计出版社,2001年。

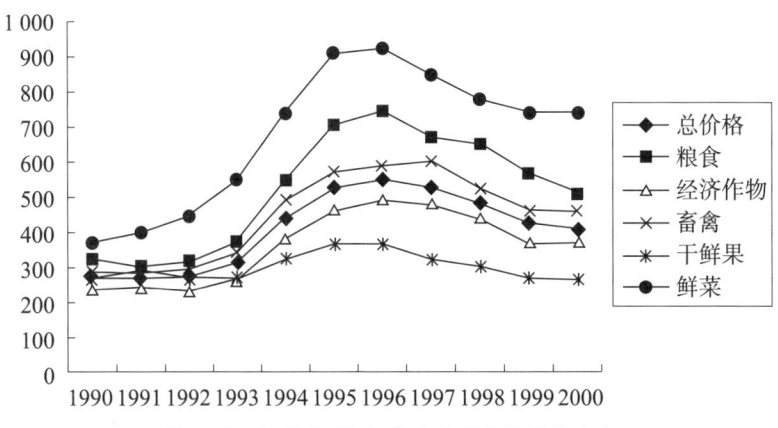

图 5-2 20 世纪 90 年代农产品收购价格变化

图 5-2 是 20 世纪 90 年代我国农产品分类收购价格指数变化图[①]。图 5-2 中反映出,我国农产品价格在 90 年代里具有同步变动的特征(1978=100)。粮食、经济作物、畜禽、干鲜果和新鲜蔬菜等五大类产品收购价格于 1993 年开始同时大幅度上涨,又于 1996 年开始同时下跌。其中新鲜蔬菜、粮食、畜禽和经济作物产品波动是最大的。价格作为市场供给信号影响我国农业发展,在改革开放以来特别是 90 年代具有明显的正相关作用。凡是农产品价格上涨幅度较大的时期,农业发展相对较快;凡是某些农产品价格上升快的品种,其产量增长也较为迅速。对此,我们利用回归统计方法对 1978 年以来的农产品收购价格总指数与农业增加值增长指数,粮食收购价格指数与粮食产量,油料收购价格指数与油料产量之间的相关关系分别进行了分析(表 5-8)。结果表明,三个线性回归模型拟合程度高,其中农产品价格指数与农业增加值之间的相关系数为 0.814,粮食价格指数与粮食产量之间的相关系数为 0.803,油料收购价格指数与油料产量之间的相关系数为 0.731。这说明,农产品价格变动对农产品供给以及农业发展具有显著的相关作用。

---

① 国家统计局:《中国统计年鉴》,中国统计出版社,2001 年,第 295~296 页。

表 5-8　农产品收购价格指数与农业增加值、粮食和油料产量的回归模型

模型类型	回归模型及其参数
农业总产值模型	$Y_1 = 87.222(7.532) + 0.3493(9.579) \times X_1$ $R^2 = 0.814, F = 91.765$
粮食产量模型	$Y_2 = 32183.822(27.255) + 26.987(9.261) \times X_2$ $R^2 = 0.803, F = 85.765$
油料产量模型	$Y_3 = 515.002(3.241) + 4.124(7.561) \times X_3$ $R^2 = 0.731, F = 57.165$

注:Y_1、Y_2、Y_3 分别表示农业总产值、粮食产量和油料产量;X_1、X_2 和 X_3 分别代表农产品收购价格总指数、粮食收购价格指数、油料收购价格指数;括号中的数值为 t 检验值;t 值与 F 值在 0.05 水平上显著。

资料来源:国家统计局:《中国统计年鉴》,中国统计出版社,1990 年和 2001 年。

其次,受需求拉动和价格的刺激,农民迅速调整农业投入结构,大量增加现代物质技术要素投入。当社会对农业的需求大幅度增加,引起农产品价格急剧上涨,市场交易条件变得对农业有利时,农民在既定的投入结构状况下,遇到了选择。这就是,增加哪些投入品能带来农产品的迅速增长? 增加活劳动、畜力以及农家肥等传统的生产要素,所需要的投入成本较低,但它们在增加农产品产量上的作用要比现代物质技术要素小得多。相反,增加良种、化肥、农膜、农药和灌溉设施等现代物质技术投入,所需要的投入成本较高,但它们对增加农产品产量的作用大。很显然,在有利的市场交易条件下,如果增加现代物质技术要素投入,能给农业带来更高的增长和更大的收益,农民必然会增加现代农业要素投入。从我国主要农产品生产投入结构在时间序列上观察到的资料来看,20 世纪 90 年代里,我国农民的投入行为恰恰符合上述结构变动特点。从大宗农产品生产投入结构的变化分析能清楚地看到,1990 年以来我国农业投入到六种粮食、三种油料和棉花的各种生产要素中,活劳动投入量在明显减少,物质投入在迅速增加(表 5-9)。1990~1999 年,农民投入到每亩粮食、油料、棉花生产的用工量分别减

少了 25.9%、30.9% 和 31.8%;而物质费用投入则分别增长了 124%、88.3% 和 108%。在物质投入中,传统物质要素投入增长相对较慢,而现代物质要素增长则比较快。同期内,三类农产品每亩投入农家肥和畜力折合成本费用分别增长了 64%、32.3% 和 32.6%;相反,种子、化肥、农药、机械和排灌投入费用增长大都超过了 1 倍。这表明,在需求和价格刺激下,农民用越来越多的现代物质技术要素替代传统物质投入要素,以获取农业发展。这种投入替代不仅仅发生在对劳动力、农家肥和畜力方面,而且还发生在对土地的替代上。由于我国人多地少,农业发展的空间狭小,特别是在两重工业化的条件下,有数以千万计的土地流向非农产业和城市领域[1],导致用于农业发展的土地尤其是耕地不增反减。面对土地对农业发展的制约,农民愈来愈多地使用工业品投入,去克服土地供给缺乏弹性的矛盾,追求农产品的增长。为了进一步研究农民如何用增加工业品投入,来替代传统投入要素和土地,以带动农业增长,我们对农业总产值增长与劳动力、土地、物质投入变化之间的关系,分改革前和改革后两个阶段,用道格拉斯函数进行分析(表5-10)。结果表明,1978 年以来物质技术投入对农业总产值的弹性是上升的,由改革前的 0.356 提高到 0.799。这充分说明物质资本和技术投入对农业发展的作用在显著提高。相反,劳动力、土地对农业总产值的增长弹性不升反降,分别由 1.003、0.348 下降到 -0.094 4 和 -0.092 7。它表明,在现有生产技术条件下,继续增加劳动力投入,不会给农业增长产生任何积极影响。需要指出的是,在函数关系中,土地对农业产值的增长弹性已变为负值。不言自明,在农业发展过程中,土地变动与农业产值增长成相反方向变动,对农业发展是缺乏弹性的。

---

[1] 根据国家统计局提供的资料,1978~1995 年,全国耕地年末实有面积共减少了 6 600 多万亩。其中在 1985~1995 年间,国家基本建设占地、乡村集体占地、农民建房占地共计 3 463 万亩。参见国家统计局编《中国统计年鉴》(中国统计出版社,1998 年,第 389 页)。

表5-9　20世纪90年代主要农产品生产投入结构变化情况

项目	单位	1990			1995			1999		
		粮食	棉花	油料	粮食	棉花	油料	粮食	棉花	油料
总投入	元	101.4	240.8	106.9	219.7	559.4	217.9	235.5	521.0	221.3
劳动	日	14.7	44.3	18.1	13.4	41.7	16.4	10.9	30.2	12.5
物资费	元	58.7	112.4	54.5	130.2	256.4	103.1	131.6	233.8	102.6
种子费	元	8.1	7.1	14.0	17.4	15.4	25.8	16.7	19.1	23.9
农家肥	元	5.8	13.3	7.2	9.5	20.3	12.7	9.1	17.0	7.6
化肥费	元	19.2	33.0	14.0	47.5	83.3	31.4	45.3	78.1	32.9
薄膜费	元	0.7	6.2	1.0	0.9	15.5	1.5	1.1	14.6	1.0
农药费	元	2.1	20.3	1.7	4.5	55.6	4.1	5.7	40.7	5.1
畜力费	元	7.9	6.2	7.2	14.8	11.8	12.0	13.1	8.8	11.5
机械费	元	3.5	3.6	1.2	9.5	9.6	3.5	15.4	13.0	5.8
排灌费	元	2.2	3.7	0.9	6.0	11.8	2.9	11.4	19.0	6.0
棚架费	元	0.04	0.6		0.1	0.6	0.02	0.14	0.4	
小农具	元	1.6	2.7	1.4	3.2	5.2	2.7	3.0	3.9	2.7
折旧费	元	2.8	4.7	2.1	4.8	6.4	4.0	6.6	7.0	4.7
销售费	元	0.5	1.6	0.1	1.2	2.7	1.1			

注：粮食指六种粮食，油料指三种油料。

资料来源：国家发展计划委员会、国家经济贸易委员会和农业部等："全国农产品成本收益资料汇编"，1991年、1996年和2000年。

表5-10　1952~2000年农业增长与投入要素回归分析

模型类型	回归模型及其参数
1952~1977年农业总产值与投入模型	$V=34.709\times L^{1.003}\times K^{0.356}\times A^{0.348}$ $(8.882)(4.473)(2.978)(0.635)$ $R^2=0.959, F=169.745$
1978~2000年农业总产值与投入模型	$V=10.580\times L^{-0.0944}\times K^{0.799}\times A^{-0.0927}$ $(5.674)(0.264)(38.995)(0.156)$ $R^2=0.804, F=85.865$

注：V为农业总产值（亿元）；L为农业劳动力（亿人）；K为物质投入；A为农作物播种面积（亿公顷），括号内为t检验值。

资料来源：国家统计局编写的1990年、1998年和2001年《中国统计年鉴》，原农牧渔业部计划司编写的"农业经济资料"。

第三,现代物质技术要素投入的不断增加,使得我国农业的生产能力持续提高,农产品供给总量大幅度增长。只要系统考察一下20世纪90年代以来,全国农产品的增长特点,就会发现这十年里,我国农业发展是在农产品总量扩张和结构性增长共同作用下的结果。先从总量方面看,在20世纪90年代前半期,受市场需求的强烈拉动,我国农产品生产在同一时段里同步增产,全面丰收,出现了农产品供给总量不断扩张的趋势。例如1990~1996年,全国粮食增产了5 830万吨,油料增产597万吨,水果增产2 778.4万吨,水产品增产了2 051万吨,肉类产量增产了3 268万吨。同时,这种增长还具有大幅度和持续性特点。十年间,全国水果、肉类、奶类和水产品产量分别增长了2.3倍、1.1倍、2.5倍和0.9倍①。随着农产品总量的扩张,农产品之间的替代性和互补性也明显增强,这使得农业对国民经济的综合支持能力大大提高。单从粮棉油糖等大量农产品的人均占有水平看,我国人均主要农产品产量增加并不多,甚至在90年代末期人均粮棉糖产量还有所下降。但是,从市场看,包括粮棉糖在内的主要农产品供给还是超过了需求。引起这种变化的主要原因除了大宗农产品的库存剧增和亚洲金融危机后国内需求下降之外,更重要的因素是近十年来农业生产的产品品种越来越丰富,供给日益多元化。在这种情况下,即使是人均粮食、糖料产量不增加,由于其他含有蛋白质、脂肪和热量等营养物质的农产品供给增长,也会引起全社会食品供给总量的增加,无形中就对粮食、糖料等大宗农产品产生了替代。因此,从这种角度观察,目前我国农业的综合供给能力或者说对国民经济的支撑能力,已远远高于从统计数据上所表现出的人均粮棉油糖等产品占有量的水平。

再从结构方面分析,与三大产业结构转换不同的是,20世纪90年

---

① 国家统计局:《中国统计年鉴》,中国统计出版社,2001年,第380页。

代里,我国农业内部结构转变速度比前十年有所放慢。1990~2000年,农业内部结构(包括种植业、林业、牧业和渔业)变化值为19.06,比前10年下降了13.1%①。这种变化同人们对农业发展的感受有很大的反差。从事农业经济研究的专家们一般都认为,当农业发展越过温饱阶段之后,农业的供给结构将会加快转变速度。但事实是,农业发展在解决了我国的温饱问题后,并没有出现专家们预期的结果。其实不然,这种反差只是表象,仅仅反映了农业的第一层次结构变化情况。只要透过第一层次结构深入分析二级结构,即农业内部的产品结构,就会发现农业结构在深层次上正处于加速转换时期。以种植业结构为例,该行业的产品结构变化要比上一个十年大得多。表5-11是1980年以来种植业作物播种面积的结构变化情况,从中可知,20世纪的最后十年里,粮棉糖麻烟播种面积比重不断下降,而油料、蔬菜、水果面积比重持续上升,种植业结构变化值由80年代的15.9上升到90年代的22.62。这说明,近十年种植业在产品结构上发生了较快的替代变化。这种结构性替代变化是种植业增长的主要动力。在养殖业领域内,类似的结构变动也在发生。20世纪90年代最明显的变化是在所有的肉类生产中,牛羊肉和禽肉快速增长并对猪肉生产产生了大规模结构替代。在这十年里,牛羊肉以及禽肉产量增长都远远超过了猪肉产量的增长。到20世纪末期,猪肉产量占全国肉类产量的比重由1990年的79.8%下降到65.8%,而牛羊肉以及禽肉等产量比重则由不足20%上升到34.2%②。农业结构在深层次加速转换,深刻揭示出了农业内部结构的变动特征。

---

① 国家统计局:《中国统计年鉴》,中国统计出版社,2001年,第360页。
② 国家统计局:《中国统计年鉴》,中国统计出版社,2001年,第360~378页;国家统计局农村社会经济调查总队:《新中国五十年农业统计资料》,中国统计出版社,2001年,第1页。

表 5-11　种植业作物播种面积结构变化　　　　　　%

作物品种	1980	1990	1980/2000 结构变化值	2000	1990/2000 结构变化值
粮食	80.09	76.5	3.59	69.39	7.11
油料	5.42	7.3	1.88	9.85	2.55
棉花	3.36	3.8	0.44	2.59	1.21
麻类	0.46	0.33	0.13	0.17	0.16
糖料	0.63	1.11	0.47	0.97	0.13
烟叶	0.35	1.1	0.75	0.92	0.18
蔬菜	2.16	4.3	2.14	9.75	7.61
水果	1.22	3.49	2.27	5.72	2.23
其他作物	6.31	2.08	4.23	0.64	1.44
结构变化值	1980~1990		15.9	1990~2000	22.62

资料来源：国家统计局：《中国统计年鉴》，中国统计出版社，2001 年，第 375~378 页。

在农业内部各业不断扩张和结构转化的推动下，20 世纪 90 年代农产品供给增长发生了一个转折性变化。这就是在 90 年代中期以前，面对农产品普遍短缺和市场的强大需求拉动，农业在尽可能快地填平供求缺口的过程中，急剧扩张农产品供给总量，一味追求产量最大化。供给总量持续增长并最终超过市场总需求时，我国农产品供给由长期的全面短缺转向供求平衡，并出现了结构性和阶段性过剩。从此，我国农业进入了一个新的发展时期。

5.3　两重工业化格局下的区域结构变动与农业发展

两重工业化不仅从总体上带动了农业内部结构的变动和发展，而且它还引起区域结构的变动，并使农业在区域上呈现出不同的发展特点。

首先，从东中西三大地区的经济发展总量分析可以得知，20 世纪

90年代以来,我国经济在区域上获得了普遍的高增长,但是增长速度最快的是东部沿海地区,增长最慢的是西部地区。例如,1990~2001年,东部沿海12个省市①的国内生产总值名义增长率为686.8%,而中西部地区分别是556.2%和515.4%。从人均国内生产总值看,也呈现东高西低和东快西慢的特点。仅以2001年和1992年相比较,东部地区人均国内生产总值2001年为12 071元,名义增长率是330%,而中西部地区人均国内生产总值分别为6 415元和4 942元,分别增长了300%和260%②。在经济增长上为什么会出现东快西慢的变化特点呢?这是由区域结构变动引起的,从分析表5-12可以发现,越是东部地区农业在国内生产总值的比重越低,非农产业的增加值比重愈高,而越是西部地区农业的增加值在国内生产总值中的比重愈高,非农产业的增加值比重相对较低。很显然,遵从产业结构的一般演变规律,在工业化进程未完成以前,一个非农产业产值所占比重较高的国家或地区,它的经济增长具有较大活力,这种增长活力主要来自非农产业。值得注意的是,表5-12还给我们揭示出一个信息,就是在地区间代表结构变动活跃程度的结构变化值,同地区产业结构高度呈相反的变化特征,即农业产值比重越高的地区结构变化值就越高,而非农产业产值比重越高的地区结构变化值就越低。合理的解释是,同东部地区相比,目前我国中西部地区产业结构相对不成熟,产业结构正处于快速转换时期,此时非农产业对农业的替代步伐要比东部地区快。由此可以推断,今后一段时间内中西部地区的经济增长将会保持一个较高水平。

---

① 按照国家统计局的分类,我国东部沿海地区是指辽、京、津、沪、冀、鲁、苏、浙、闽、粤、琼、桂等省区市;中部地区是指黑、吉、晋、内蒙古、皖、赣、豫、鄂、湘等省区;西部地区是指云、贵、川、渝、藏、陕、甘、青、宁、新等省区市。

② 根据国家统计局编1991年、1994年和2002年《中国统计年鉴》资料整理而得。

表 5-12 我国各地区国内生产总值构成变化　　　　　　　　%

地区	1992 农业	1992 非农产业	2001 农业	2001 非农产业	结构变化值
全国	21.8	78.2	15.2	84.8	13.2
东部	19.9	80.1	11.4	88.6	17.0
中部	28.8	71.2	18.7	81.3	20.2
西部	31.3	68.7	20.1	79.9	22.4

资料来源:国家统计局编1991年、1994年和2002年《中国统计年鉴》。

表 5-13 我国三大地区乡镇企业增加值构成情况　　　　亿元,%

地区	1996 GDP	1996 工业	1996 工业比重	2001 GDP	2001 工业	2001 工业比重
全国	17 659.3	12 627.7	71.5	29 356.4	20 314.7	69.2
东部	10 458.6	8 353.0	79.9	18 315.5	14 285.3	78.0
中部	6 740.5	4 012.3	59.5	8 193.4	4 861.3	59.3
西部	1 460.2	662.4	45.4	2 847.4	1 168.1	41.0

资料来源:农业部乡镇企业局编1996年和2001年《全国乡镇企业基本情况及经济运行分析》。

地区经济增长差异与产业结构高度有关,进而与非农产业发展直接相连。与此同时,它还同两重工业化在三大地区的表现有着直接关系。众所周知,改革开放以来农村工业化进程最快的是东部地区,这个地区农村工业化程度要远远高于中西部地区,比如,1996年在全国的乡镇企业增加值中,有59.2%是由东部地区的乡镇企业创造的,而中西部地区乡镇企业创造的增加值只占40.8%。到2001年,东部地区乡镇企业创造的增加值占全国乡镇企业增加值的比重又进一步上升到62.4%,而中西部地区乡镇企业创造的增加值比重下降到37.6%。目前,在东部地区乡镇企业创造的增加值占该地区非农产业增加值的比重已达到1/3,而西部地区同类指标不足1/4。东部地区乡镇企业之所以规模大、增长快,关键是由工业带动起来的。从表 5-13 提供的数据可以看出，最近五年里东部地区乡镇企业增加值中接近 80% 的份额是由工业创造的。相反，中西部地区同类指标分别只有 59% 和 41% 左右。由此可见，农村工业化是推动地区经济增长的重要动力。

另外，非农产业特别是乡镇企业发展，对地区农业劳动力转移以及就业结构转换也有不同的贡献。由表 5-14 反映的数据可以看到，由于东部地区工业化程度高，非农产业就业的数量远远超过了其他地区，而且非农就业比重已显著大于农业，这就是说目前东部地区非农产业已经成为当地劳动力就业的主体。其实，20 世纪 90 年代以来，东部地区非农产业的迅速发展不但拉动了本地农业剩余劳动力的转移，而且也带动了中西部地区农业剩余劳动力向沿海地区流动。1990～2001 年，东部地区非农产业领域吸纳的劳动力就业由 11 521.6 万人增长到 14 841 万人，11 年增加了 3 319.4 万人，同期内农业领域的劳动力从 12 610.8 万人减少到 11 636.9 万人，减少了 973.9 万人。这一时期，虽然中西部地区农业劳动力数量也下降了 1%，但远低于东部地区 7.7% 的下降水平。毫无疑问，农业劳动力数量的减少和比重的下降，是非农产业发展和农村工业化的结果。

表 5-14 我国三大地区就业结构变动情况　　　　　万人，%

地区	2001			
	合计	农业	非农业	乡镇企业
东部	26478	11 637	14 841	6 456.1
	100	43.9	56.1	24.4
中部	21 845	12 291	9 554	4 666.0
	100	56.3	43.7	21.4
西部	14729	8 696	6 033	1 963.5
	100	59.0	41.0	13.3

资料来源：国家统计局编 2001 年《中国统计年鉴》，乡镇企业资料来源同表 5-13。

其次,从三大地区的农业发展情况分析,两重工业化也给各地农业发展带来了颇具意义的变化。从农业总产值增长看,凡是工业化进程快、城乡工业发展迅速的省区市,农业产值增长都比较快。比如,1990~2001年,全国农业总产值实际增长率为101%,其中东部地区增长为113%,明显快于中西部96.6%和80.7%的增长水平。为什么东部地区农业发展速度快于落后地区？这里有三条原因可以解释,一是东部地区城乡工业发展起步早、规模大,已经成为当地财政收入的主要来源,这使得财政有能力为农业提供公共品,支持农业进行现代化,特别是大量农业剩余劳动力向非农产业转移,也为提高本地农业劳动生产率创造了条件。二是随着农业劳动力的转移,农业的边际生产成本迅速提高,这就迫使东部地区调整农业结构,减少生产成本较高、经济效益较差的农产品生产,而增加附加价值高的农产品生产。需要指出的是,20世纪90年代以后,东部沿海地区城乡居民收入水平大幅度上升,食品消费结构也向优质、安全、营养、方便方向转变,这为当地农业向优质、高效和高附加价值方向发展提供了很大的发展空间。三是东部沿海地处对外开放的前沿,发展外向型创汇农业有着得天独厚的条件,这些地区比较容易从国外引进资金、技术和人才,根据国际市场需求变化,及时发展一些资本和技术密集并具有高附加值的农产品生产,比如蔬菜、花卉、特种水果和特种养殖业等。因此,尽管东部沿海地区农业在经济结构中份额迅速下降了,但农业的产业化规模却急剧扩张,产值迅速增长。相反,在本地城乡工业发展相对缓慢的条件下,受资金、技术和市场需求的限制,中西部地区只能多发展一些土地密集和劳动密集的农产品生产,由此发展差距就出现了。从表5-15给出的数据看出,1990年以来,东部沿海地区粮食产量、水果产量、猪牛羊肉产量增长都低于全国平均增长水平,而且粮食产量11年里还减产了4.72%。与此相反,中西部地区粮食、水果和猪牛羊肉等农产品的增长都明显快于全国平均水平①。与上述三类产品有所不同的是,在蔬菜种植上,东部沿海地区的发展速度要比中西部地区快得多,例如在 1990~2001 年间,东部沿海地区发展的蔬菜面积从 316.49 万公顷增加到 817.43 万公顷,增长了 158.3%,而中西部地区则从 386.56 万公顷增加到 822.77 万公顷,增长了 112.84%,前者比后者快 45.5 个百分点。

表 5-15　我国三大地区主要农产品产量增长情况　　　万吨,%

地区	1990			2001		
	粮食	水果	猪牛羊肉	粮食	水果	猪牛羊肉
全国	44 624.3	1 874	2 513.5	452 63.7	6 658	5 026
东部	16 945.6	1 246.3	1 000.4	16 145.7	4 084.1	1 928.7
中部	18 846.5	263.4	819.5	19 595.3	1 294.7	1 897.1
西部	8 832.2	364.3	693.6	9 522.7	1 279.2	1 200.2

资料来源:国家统计局编 1991 年和 2001 年《中国统计年鉴》。

表 5-16　我国三大地区农业产值结构变动情况　　　　　%

地区	1995				2001			
	种植业	林业	畜牧业	渔业	种植业	林业	畜牧业	渔业
全国	58.4	3.5	29.7	8.4	55.2	3.6	30.4	10.8
东部	53.9	3.4	28.8	13.9	51.4	3.5	27.8	17.3
中部	62.3	3.5	30.2	4.0	57.8	3.6	32.8	5.8
西部	63.7	3.7	31.3	1.3	61.2	3.8	33.1	1.9

资料来源:国家统计局编 1996 年和 2001 年《中国统计摘要》。

地区间农产品的消长以及品种结构的调整,最终引起了农业结构的变动。考察 20 世纪 90 年代中期以来的地区农业结构变化情况(表 5-16),我们从中可以发现,越是发达的沿海地区,种植业和畜牧业在

---

① 1990~2001 年,中西部地区猪牛羊肉产量合计共增长了 104.7%,比全国快 4.7 个百分点,比东部快 11.9 个百分点。但是,同期内西部地区猪牛羊肉产量只增长了 73.04%,既低于全国也低于东部地区。

农业产值结构中的比重越低,而渔业比重又最高。渔业产值比重高与该地区的海洋资源直接有关,但是,不可否认过去十几年里,东部地区将大量耕地变成鱼塘,大力发展淡水渔业,也直接导致了种植业比重下降和渔业比重上升。在东部地区,发展传统意义上的种植业已遇到很大的挑战,因为当土地不断地从农业流向城市和工业领域后,用于种植业的耕地越来越稀缺,价格也越来越高。在此情况下,农民势必要放弃传统种植业,将极其稀缺的土地资源投向有高回报的产业领域,这样农业的结构必然就会在两个层次上发生变动。第一层次是在资源成本的高度约束下,种植业发展速度缓慢甚至下降,非种植业发展速度加快,比重不断上升;第二层次是在种植业比重不断下降过程中,传统种植业例如属于土地密集型的粮食、棉花、油料、糖料等产品出现萎缩,而新型种植业比如设施农业发展迅速,比重也相应上升。这两个层次的结构替代目前在东部地区较为显著,中西部地区并不十分显著。但是,今后随着工业化的推进和产业结构的升级,中西部地区也将紧随东部地区在两个层次上开展农业结构的替代活动。

第 6 章 双重二元结构下农业发展遇到的问题

20世纪90年代,在双重二元结构背景下,我国的经济结构转换的确将农业发展推向了一个新的阶段。但是,这种由两重工业打头的经济增长还通过产品、资源等方面的竞争性需求,给农业发展带来了跨世纪性的难题。

6.1 两重工业发展条件下农产品的供求矛盾

如前所述,城市和乡村两重工业在同一产业领域为社会生产同一类农产品加工品,它们对农业的需求是双重的。当全社会还处在商品货物和服务普遍短缺的时代,城市工业和农村工业会同时向市场生产和提供农产品加工品。此时,由于城乡两重工业在同一时空扩张生产规模,迅速增加以农产品为原料的工业产品总量,就必然带来农产品加工品乃至整个工业的超常规增长。显而易见,这种超常增长要比在单纯一种工业体系下快得多。需要指出的是,城乡工业同时增加生产,一方面给农业带来的需求势必会超过供给,另一方面也会超过社会对农产品加工品需求的增长速度。在这种情况下,两种工业同时发展首先放大了社会对农产品的需求信息,导致农产品价格过度上涨。给农业生产者造成了严重的信息错觉,似乎社会对农产品的需求已膨胀到非常剧烈的程度。面对强烈的需求信息,农民会采取一切必要手段,积极扩大农业生产,增加农产品的供给总量。从最终消费需求而言,社会对农产品加工品的需求只有一重,即城乡居民的吃穿用。当两种工业体系同时都为居民生产这些商品时,它们的供给在短时间内就能满足全社会的需求,并会很快出现供过于求的现象。例如,在20世纪80年代末期,我国工业每年生产服装为30亿件,到90年代中期工业年生产服装迅速增加到179.96亿件,全国人均产量由2.6件跃升到14.9件。在布匹、鞋、毛巾、袜子、纯毛织品、地毯等工业品的生产上,同服装生产一样,其供给量都出现了成倍的增长[1]。而在同一时期里,城乡居民对农产品加工品的需求,并不都跟随工业供给的增长而增长。以服装消费为例,从20世纪80年代末期到90年代中期,城市居民的衣着消费从1.95件增加到5.37件,增长了175%,远远低于供给的增长[2]。在农产品加工品供给迅速越过需求之后,过剩就成为必然趋势。因此,两种工业体系并存发展,会迅速扩张农产品加工品的供给,加快实现供求平衡,使过剩期提前到来。

当农产品加工品供给超过需求出现了过剩以后,产品库存积压,价格下降,这又迫使城市工业和农村工业同时紧缩生产,由此导致了工业对农产品需求的下降。特别是,在双重二元结构条件下,工业对农产品需求紧缩是双重的,需求紧缩信息也是被放大了的。这些信息传递到农业生产者那里已经失真。因此,在城市工业和农村工业并存的情况下,工业发展一旦出现需求紧缩,所引起的社会对农产品需求量的下降要比只有一重工业条件下大得多。面对社会对农产品需求的双重紧缩,农产品价格由过去的大幅度上涨迅速转为大幅度下跌。由

---

[1] 国家统计局工业交通统计司:《中国工业经济统计年鉴》,中国统计出版社,1998年,第26~31页。
[2] 国家统计局:《中国统计年鉴》,中国统计出版社,1991年和1996年。

表 6-1 反映的情况看,1996~2000 年,我国六大类农产品收购价格指数都下降了 20% 以上,这在建国以来是绝无仅有的(1978 年 = 100)。受农产品市场价格全面下降的影响,农业的交易条件也从有利变得越来越不利。由此导致农业发展速度减慢,甚至出现农产品生产明显减产。

表 6-1　1996~2000 年全国主要农产品的收购价格指数

年份	总指数	粮食	经济作物	畜禽	干鲜果	鲜菜	水产品
1996	550.1	748.0	492.1	663.1	366.0	928.8	737.3
1997	525.3	674.7	482.3	714.2	324.3	850.8	676.9
1998	483.3	652.4	439.9	606.4	306.5	780.2	634.9
1999	424.3	568.2	368.2	528.8	270.0	740.4	587.3
2000	409.0	512.5	374.8	530.9	266.2	739.7	590.2
2000/1996	0.744	0.685	0.762	0.801	0.727	0.796	0.800

资料来源:国家统计局:《中国统计年鉴》,中国统计出版社,2001 年,第 295~296 页。

上述分析表明,在双重二元结构背景下,城乡两重工业并存发展,放大了对农业的需求信息,加剧了农产品的供求矛盾。在商品货物和服务全面短缺的时代,两重工业需求迅速膨胀往往会加剧农产品供给不足的矛盾;在商品货物出现过剩以后,两重工业需求迅速紧缩,又常常会造成农产品需求不足的矛盾。

6.2　城乡工业过度竞争对农业资源的占有

改革之前及初始阶段,我国的经济结构呈现出的是一重二元结构。在这种结构状态下,农业的大部分剩余经过计划经济渠道,流向了国家造就的工业化领域。1978 年以来,随着国家工业化自身积累和发展能力的增强,它对农业剩余特别是以农产品为代表的资本剩余的抽取强度变得越来越弱。相反,中央政府还以投资、价格以及扶贫开发等形式加大了对农业的"返还"。按常理,在这种情况下,农业剩余向外流动的流速和流量均应该是下降抑或是减少的。但是,改革以后特别是20世纪80年代中期以来,农民为了分享工业化成果,在无法冲破传统的城乡二元隔离制度的条件下,于城市之外又造就了农村工业化体系。这个工业化体系从产生到发展壮大,主要是依靠农民自身凭借与农业的天然联系,从农业不断转移剩余资源,去支持乡村工业的发展。在农村工业化初期,受工业化利润的诱惑,农民从农业转移剩余资源,其原始冲动是自发的,其形式也是多种多样的。有的农民将承包田里的农产品直接转移到自己办的工厂中作原料,有的将历年出售农产品所得的货币储蓄投资办厂,也有的从农村信用社、农村合作基金会①贷款投资办厂,还有一些农民将土地使用权作价入股与他人合作创办非农企业。同传统计划经济体制条件下农业剩余资源向外转移相比,农业剩余资源向农村工业化领域转移具有后发性,形式具有多样性。由于农村工业化刚刚起步,农业为其提供原始资本积累任务格外繁重。同时,农民将自己创造的农业剩余拿去发展农村工业,他们既不会考虑转移农业剩余资源会在宏观经济方面造成什么影响,也不会考虑城市工业何时需要以及需要多少农业剩余,只要发展工业能为农民带来超过农业的利润,他们就会在市场中不拘一格,不惜一切地调配资源。

需要指出的是,当农民从农业领域源源不断地转移剩余资源时,国家工业化虽然减弱了对农业剩余资源的抽取强度,但并没有停止从农业转移资源。尤其是在20世纪80年代中期以后,我国进行的多次财税体制改革,还强化了地方政府从农民抽取农业剩余资源的强度。在

---

① 在传统农业区,信用社、合作基金会的储蓄绝大部分来源于农民出售农产品的货币收入。

20世纪整个80年代和90年代初期,我国财政体制在划分预算收支的基础上,实行中央与地方政府分级财政包干。财政包干体制使各级地方政府变成了相对独立的利益主体。在利益驱动下,各级地方政府往往是,将那些本应由本级财政负责的事权,逐级转嫁给下级政府,这最终加重了基层政府和财政的支出负担。与此同时,为了保证本级财政收入的增长,各级政府在大力支持农民发展乡村工业化的同时,还纷纷开辟多种筹资渠道,大上地方工业项目,大搞地方基础设施建设。所有这些,都为减少地方政府农业投入,增加农业剩余资源索取数量,奠定了制度基础。

从1994年开始实行的分税制改革,尽管在税源及财政收入渠道上划清了中央和地方政府之间的关系,但在事权界定上仍然模糊不清。分税制改革后,各级地方政府为了寻求财政收支平衡,一方面尽可能地上收财权,增加财政增收项目。例如,许多地方政府给下级层层下达财政增收指标,并把这种指标的完成情况同各级主要领导人的政绩和利益挂钩。为了完成财税增收目标,不少地方政府纷纷招商引资,或大量举债,竞相新上工业项目。同时,为了创收和增收,各级地方政府还自上而下层层出台名目繁多的收费、集资和罚款项目,千方百计地广辟财源。这样做的结果是,从农业征收的过头税,从农民身上非法收取的各种集资和摊派费用不断上升或反弹。另一方面,在财源不足而支出压力又不断加大的矛盾下,各级地方政府进一步下放事权。为了减轻本级财政支出负担和压力,要么将那些需要投入多、难度大的事权项目向基层政府下放,要么本级政府出政策让下级政府出资金。省级政府是这样,市县乡政府也不例外。因此,越是基层财政增支减收的压力就越大,负担也就越重。在县乡甚至村一级,往往是事权远远大于财权,财政收支平衡的压力迫使他们向农民伸手。下放事权,还导致各种各样的达标升级活动大量发生,如农村"双基"达标①、小康村建设达标等。所有这些都无形中加大了农民的支出负担,侵蚀和转移了农业剩余,最终造成农业发展缺乏动力。

同 1978 年以前相比,农业剩余流出形式呈现多样化和复杂化特点。除了农民在工业化利润诱惑下,自愿将农业剩余资本转向非农产业外,政府转移农业剩余资源的重点,一是由以中央政府为主转向以地方各级政府为主;二是由过去以"剪刀差"形式为主转向复杂多样化形式。在既要"吃饭"又要"建设"的压力下,各级地方政府以各种方式从农业转移资源。如从农业征收农业税、特产税、牧业税、耕地占用税、牲畜屠宰税和契税等;同时又向农民收取乡(镇)统筹、村提留②,以及各种收费、集资、摊派、罚没款和不合理的达标升级活动费用。表 6-2 是 1994~1999 年间农业以及农民主要税费负担情况。可以看出,除了乡(镇)统筹、村提留费增长速度,稍低于农民人均纯收入增长之外③,农业各税和各种社会负担均超过农民人均纯收入名义增长率。这些名目繁多的收费项目,大大增加了农业的发展成本,削弱了农民扩大再生产的能力。

---

① 农村教育"双基"达标是指 2000 年全国农村基本普及九年制义务教育,基本扫除文盲。

② 乡(镇)统筹是指用于乡村两级办学、计划生育、优抚、民兵训练和修建乡村道路等民办公助事业,共五项需要向农民收费;村提留包括公积金、公益金和管理费等三项要向农民收取。公积金用于农田水利基本建设、植树造林、购置生产性固定资产和兴办集体企业;公益金主要用于五保户供养、合作医疗及其他集体福利事业;管理费用于村干部报酬和管理开支。参见宋洪远等编著的《改革以来中国农业和农村经济政策的演变》(中国经济出版社,2000 年,第 44 页)。

③ 其实,从农民收取的乡(镇)统筹、村提留费用实际增长速度要比统计数据大得多,因为有不少基层政府为了增加乡(镇)统筹、村提留收取数量,往往人为地抬高和虚报农民人均纯收入水平。

表6-2 1994~2000年农业、农民税费主要负担情况

项目		单位	1994	1995	1996	1997	1999	2000
农业各税	总额	亿元	231.5	278.1	369.46	397.48	423.50	465.3
	人均	元	25.3	30.3	40.2	43.4	45.9	50.1
提留统筹	总额	亿元	365.8	487.0	605.9	645.5	602.0	620.0
	人均	元	40.0	53.2	65.9	70.5	65.3	66.8
社会负担	总额	亿元	70.5	114.9	131.2	134.9	256.0	270.0
	人均	元	7.7	12.6	14.3	14.7	27.8	29.1
人均纯收入		元	1221	1 577.7	1 926.1	2 090.1	2 210.3	2 253.4

注：在本表中，农业各税包括农业税、牧业税、耕地占用税、农业特产税和契税。社会负担包括集资、行政事业性收费和罚没款等。

资料来源：马晓河等："农村税费改革问题研究"，国家计委宏观经济研究院2000年院重点课题，第3页；国家统计局：《中国统计摘要》，中国统计出版社，2001年，第91页。

6.3 双重二元结构对农业剩余劳动力转移的限制

在双重二元结构条件下，城市工业和农村工业在同一产业或产品结构层次上，是采取劳动密集型还是资本密集型发展方式，对农业发展产生的影响是不同的。如果两种工业都采取了劳动密集型方式发展工业，它们对农业的资本剩余抽取数量相应要小得多，而对农业剩余劳动力的需要量相对较多。相反，如果两种工业同时采取资本密集型方式发展，它们不但对农业资本剩余抽取的数量大大增加，而且对农业剩余劳动力的需求量还明显下降。如前所述，在改革初期，由于国家调整了工业化发展战略，城市工业采取了一条轻型化的发展道路；恰在此时农村工业刚刚起步，大多数乡镇企业都以较多的劳动力配备较少的资本来发展工业项目。很明显，这种发展方式对农业发展是有利的。但是，进入20世纪90年代以后，随着全国工业品供给由短缺转向过剩，城市工业和农村工业在同一产业结构层面上遇到了相同的问题，就是在工

业品市场饱和的情况下,如何增强自身的竞争力,在保证既有市场地位的同时,还能开拓和扩大市场份额,挤垮竞争对手。为了达到此种目的,各方纷纷增加资本投入,对工业进行技术改造,使本企业能够上规模,产品能够上档次;另一方面,两种工业都先后进行了体制改革。例如国有企业和乡镇集体企业都搞资本重组,股份制改造,拍卖租赁等。工业企业进行体制改革后产生的后果是,在各种形式的改革中,企业都将"减员增效"作为改革的重要目标。因此,一旦企业体制改革完成,便有一批工人被下岗分流。另外,当体制改革完成之后,许多企业还往往投入巨资,引进技术更新设备,增加本企业的资本和技术含量。由此可见,面对过剩条件下的市场竞争,两种工业实际上都走了一条减少劳动、增加资本技术投入的道路,即"资本深化"的道路。

"资本深化"是结构转换和经济发展到一定阶段后的必然选择。阿瑟·刘易斯曾经指出,"在技术既定和固定工资下无限供给的劳动力既定的情况下,资本'深化'不会出现,只有当资本积累的增长快于劳动力的增长,改变了资本与劳动配置比率时,资本深化才会发生"[1]。观察我国的情况,同国民经济所处的实际发展阶段相比,我国的资本深化是超前了。从表面上看,我国全社会资本积累的增长要明显快于劳动力供给的增长。表6-3显示,按照不变价格计算,在整个20世纪80年代和90年代里,除了1985~1990年间资本积累平均增长速度慢于劳动力供给增长以外,在其他年份资本增长均快于劳动力供给增长。如果以每10年为一个时段进行比较,就会发现80年代我国固定资产投资按不变价格计算平均每年增长9.9%,劳动力供给年均增长4.2%,前者增长是后者的2.36倍。在90年代,资本积累增长快于劳动力供给增长的趋势有所加快,十年中固定资产投资平均年增长率为

---

[1] 〔美〕阿瑟·刘易斯:《二元经济论》,北京经济学院出版社,1989年,第63~71页。

15.5%,而同期内劳动力供给量增长约为 1.2%,前者是后者的 12.9 倍。显然,改革以后特别是 20 世纪 90 年代以来,资本积累增长快于劳动力供给增长有合理的因素。但是这一时期劳动力供给的实际增长速度要远远大于统计表中反映的数据。

表 6-3 全社会固定资产投资与劳动力供给增长的比较

年份	固定资产投资		劳动力供给	
	绝对量 (亿元)	增长率 (1980 年=100)	绝对量 (万人)	增长率 (1980 年=100)
1980	910.9	100	42 903	100
1985	2 543.2	235.6	50 112	116.8
1990	4 517.0	258.1	64 483	150.3
1995	20 019.3	667.2	68 739	160.2
2000	32 619.0	1 092.4	72 559	169.1

注:由于没有系统的固定资产投资价格指数,作者仅以 1980 年为基期,用商品零售价格指数折算固定资产增长率。

资料来源:1980~1999 年投资数、劳动力数据来源于国家统计局编写的《中国统计年鉴》(中国统计出版社,2000 年,第 116 页,第 168 页);2000 年投资数据和劳动力数据来源于国家统计局编写的《中国统计年鉴》(中国统计出版社,2001 年,第 49 页)。

首先,20 世纪 90 年代中期以后,除了城乡工业企业体制改革将数以千万计的劳动大军推向社会之外,从中央到地方各级政府机构也纷纷进行了改革和职能转变。同样也将数以万计的劳动力从行政管理部门分离出来。实质上这些改革从对劳动就业影响看,它降低甚至减少了社会对劳动力的需求,同时又增加了劳动力的实际供给量。其次,劳动力供给的实际增长还发生在农业部门。以种植业为例,80 年代由于粮、棉、油、糖、烟五大产品的生产每亩用工量的减少,引起了这些农产品生产对劳动力的实际需求量减少了 4 909 万个(表 4-7)。在 90 年代,这种趋势仍在继续(表 6-4)。1990~2000 年,我国粮、棉、油、糖、烟等五大产品生产的每亩用工量,相应地又分别减少了 28.9%,

34.3%,32%,28.2%和26.3%。排除播种面积增减变化的影响,这一期间因单位播种面积用工量的减少,使得上述农产品生产又节约了946 042.4万个劳动日。为了与前十年统计口径一致,这里仍以每个农业劳动力每年出工305个工日测算,到2000年生产相同面积的粮棉油糖烟等农产品,实际耗费的劳动力要比1990年减少了3 102万个。上述分析清楚地表明,1980~2000年间,由于每亩农产品生产用工量的节约,使得我国粮棉油糖烟等产品的生产对劳动力的实际需求共计减少了8 011万个。

表6-4 主要农产品生产实际用工量变化

产品	1990			2000			节约用工量（万日）
	亩用工（日）	播种面积（万亩）	总用工量（万日）	亩用工（日）	播种面积（万亩）	总用工量（万日）	
粮食	14.7	170 199	2 501 925.3	10.6	162 694.5	1 724 561.7	667 047.5
油料	18.1	16 350	295 935.0	12.3	23 100.0	284 130.0	133 980.0
棉花	44.26	8 382	370 987.0	29.1	6 061.5	176 389.7	91 892.3
糖料	34.7	2 518.5	87 392.0	24.9	2 271.0	56 501.3	22 255.8
烟叶	54.42	2 013	109 548.0	40.1	2 155.5	86 435.6	30 866.8
合计		199 462.5	3 365 787.0		196 282.5	2 328 018.3	946 042.4

注:粮食亩用工量是以稻谷、小麦、玉米、麦子、高粱、大豆等六种粮食亩用工量为代表;油料用工量以花生、油菜籽、芝麻三种油料亩用工量为代表;糖料用工量是以甘蔗、甜菜两种糖料亩用工量为代表。
资料来源:国家统计局农村社会经济调查总队:《中国农村统计年鉴》,中国统计出版社,2000年;国家物价局等:"全国农产品成本收益资料汇编",1991年。

就在社会以各种方式增加劳动力供给总量之际,我国城市工业和乡村工业都在用资本、技术加速替代劳动力,进一步加深了我国劳动力供给过剩的矛盾。为了更好地说明问题,这里我们用资本与劳动力、工业产值增长与劳动就业增长之间的关系变化,来考察城乡两种工业以资本深化推动工业发展的进程。先从城市工业分析,表6-5是1980年以来国有工业固定资产配置和劳动就业的变化情况。从中可以看出,20世纪最后十年是我国工业固定资产原值增长最快,而劳动就业人数增长最缓慢甚至下降的时期。这十年里,国有工业人均固定资产原值从22 820元增加到177 458元,增长了6.8倍,平均每万元固定资产原值配置的职工人数从0.44人下降到0.06人,下降了86.4%。这里,如果不考虑通货膨胀因素的影响,又假定整个20世纪90年代国有工业资本替代劳动的趋势与80年代的速度相同,那么这一时期国有工业每万元固定资产原值配置的职工就不应该是从0.44人减少到0.06人,而应是减少到0.2人。若如此,到2000年国有及国有控股工业企业所配置的职工人数总量就应该是10 970多万人,很可能比1990年增加6 600多万个就业岗位。

表6-5 国有工业企业年末固定资产原值和职工人数

年份	固定资产原值（亿元）	年末职工数（万人）	人均固定资产原值（元/人）	每万元配置职工数（人/万元）
1980	3 465.2	3 334.0	10 393.5	0.96
1985	5 182.2	3 815.0	13 583.7	0.74
1990	9 961.2	4 365.0	22 820.6	0.44
1995	25 733.0	4 379.0	58 524.0	0.17
1997	38 351.0	4 040.0	94 928.2	0.11
2000	54 456.6	3 068.7	177 458.4	0.06

注:2000年数据是国有及国有控股企业数据,固定资产原值是当年国有及国有控股企业固定资产净值除以0.658 5系数而得。

资料来源:国家统计局工业交通司:《中国工业经济统计年鉴》,中国统计出版社,1980～2000年;国家统计局:《中国统计年鉴》,中国统计出版社,2001年。

再从农村工业分析。表6-6是1980年以来乡镇企业固定资产原值和劳动力就业的变化情况。从中反映出,20世纪80年代是乡镇企业吸纳农村劳动力数量增长最快的时期,而90年代是固定资产增长最快的时期。在90年代中,由于乡镇企业固定资产原值总量迅速扩张,而劳动力就业增长缓慢甚至在90年代中期还出现了下降趋势,由此导致乡镇企业每万元固定资产原值配置的农村劳动力急剧下降,从1990年3.45人减少到0.49人,下降了85.8%。如同分析国有工业一样,若不考虑通货膨胀因素,同时假设乡镇企业在90年代资本替代劳动的趋势与80年代的速度相同,乡镇企业每万元固定资产原值配置的职工数应该由3.45人下降到1.3人。这样,到2000年末乡镇企业所吸纳的农村劳动力总量就有可能增至34 090万人,比现有劳动力就业人数多21 270余万人。

表6-6 乡镇企业年末固定资产原值和职工人数

年份	固定资产原值 （亿元）	年末职工人数 （万人）	人均固定资产 原值（万元/人）	每万元配置职工数 （人/万元）
1980	326.3	2 999.7	1 087.7	9.19
1985	823.0	6 979	1179.3	8.48
1990	2 682	9 262	2 895.7	3.45
1995	12 841	12 861	9 984.5	1.00
2000	26 224	12 820	20 455.5	0.49

资料来源:中华人民共和国农业部:《中国农业发展报告》,中国农业出版社,1995年、1997年和2001年;中华人民共和国农业部乡镇企业局:《辉煌的中国乡镇企业》,新华出版社,1999年。

现在,我们再来分析工业产值增长与劳动就业增长之间的变化关系。由于受统计资料的限制,这里仅用第二产业增加值增长与劳动就业增长之比即就业弹性来分析。表6-7是我国1980年以来第二产业增加值和就业增长的情况(1978=100)。从中可以观察到,按可比价格计算,20世纪90年代全国第二产业增加值增长率要远远高于劳动就业增长率。由此劳动就业增长率与增加值增长率之比大大低于80年代。它说明在20世纪最后十年里,我国第二产业的发展对劳动力的吸纳能力明显变弱了,这恰好印证了上述城乡两种工业发展用资本、技术替代劳动的分析。试设想,如果90年代全国第二产业就业弹性保持在

80年代的水平不变,即第二产业增加值每增长1个百分点,该产业劳动就业平均增长0.72个百分点,那么到2000年末第二产业劳动就业总量有可能达到34 950万人,比现有劳动就业人数多出21 300万人。

表6-7 全国第二产业增加值与劳动就业增长情况

时期	增加值增长率	就业增长率	就业弹性
1980~1985	1.61	1.35	0.84
1986~1990	1.54	1.32	0.86
1980~1990	2.47	1.77	0.72
1991~1995	2.23	1.15	0.52
1996~2000	1.60	1.02	0.64
1991~2000	3.56	1.17	0.33

资料来源:国家统计局:《中国统计年鉴》,中国统计出版社,2001年。

因此,不管怎样分析,最近十年来城市工业和乡村工业以及整个第二产业的发展,都在迅速追加资本品投入的同时,不断降低对劳动力的吸纳能力。

在全社会劳动力供给实际增长幅度大于统计报表反映出的数据条件下,两种工业同时超前进行"资本深化",不但阻碍了农业剩余劳动力向外转移,加剧了农业劳动力过剩的矛盾,而且还会导致整个社会财富配置向不利于农业发展的方向变化,从而引起农业相对国民收入水平过快下降。因为过多的劳动力滞留在农业部门中,同有限的资本、土地等生产要素进行配置,其配置关系必然是恶化的。例如,在两重工业化中,城乡两种工业都大量抢占耕地资源,导致全国耕地总量不断减少。相反,农业剩余劳动力向工业领域转移过缓,由此引起农业劳动力人均占有耕地不但没有增加,反而还出现下降。当人均耕地资源下降,在科技进步不足以弥补或者无法完全替代那部分流失的耕地资源时,农业部门的劳动力生产抑或占有的社会财富份额势必也会下降。表6-8的计算结果已给我们的分析提供了充分的证据。认真分析表6-8可以发现,在 1990 年以前农业劳动生产率增长要明显快于第二产业,而在 20 世纪 90 年代却远远落后于第二产业。再用部门产出比重与部门劳动力就业比重之比,即比较劳动生产率指标衡量,在 80 年代农业的比较劳动生产率是上升的,而在 90 年代是显著下降的;第二产业部门的比较劳动生产率变化同农业部门相反,即先降后升。这说明一个问题,就是在 90 年代里农业部门生产或占有的财富同第二产业部门的差距在不断拉大。1990 年,第二产业比较劳动生产率是农业比较劳动生产率的 4.31 倍,而到了 2000 年同类指标就上升了 7.11 倍。在结构转换中,我国比较劳动生产率在工农两大产业之间的差距扩大,意味着产业产出结构转换依然快于就业结构转换。

表 6-8 全国农业和第二产业劳动生产率的变化比较

年份	农业		第二产业		人均 GDP（美元）
	劳动生产率（元）	比较劳动生产率	劳动生产率（元）	比较劳动生产率	
1980	466.8	0.438	2 844.2	2.665	270
1985	816.5	0.455	3 723.6	2.072	291
1990	1 305.6	0.451	5 652.1	1.944	342
1995	3 381.4	0.393	18 260.8	2.122	581
2000	3 994.9	0.318	28 413.9	2.262	855

注:比较劳动生产率为某一产品国民收入相对比重与该产业劳动力相对比重之比。人均 GDP 是根据人民币对美元与年平均汇价计算而得。

资料来源:国家统计局:《中国统计年鉴》,中国统计出版社,2001 年。

根据世界各国结构转换的经验分析,在工业化的中前期阶段,一国的农业劳动力比重下降速度一般要落后于农业产出比重的下降速度,这就是农业比较劳动生产率总比第二、第三产业低的原因①。但是,从霍利斯·钱纳里和莫尔塞斯·塞尔昆提供的标准结构模型分析,随着

---

① 转引自杨治:《产业经济学导论》,中国人民大学出版社,1995 年,第 50 页。

人均收入水平由低到高的递进,农业劳动力向非农产业转移速度会逐步加快,农业劳动力比重与产出比重的比值,即比较劳动生产率会呈现出一个 U 型变化趋势,从不断下降转向持续上升,这个转折点发生在人均国内生产总值 500 美元(1964 年美元,下同)的时段。越过转折点,农业比较劳动生产率便向 1 趋近。与农业相反,第二、第三产业的比较劳动生产率则呈现持续下降趋势,从大于 1 不断向下降甚至降到 1 以下。因此,在结构转换过程中,三大产业的动态变化,实际上就是比较劳动生产率差距由大变小的过程。与农业相比,比较劳动生产率变化趋势有所不同的是,反应总体结构变化程度的结构反差指数[①],呈现的是一种倒 U 型变化趋势。即随着产值结构和劳动力结构的转换,结构反差指数先是扩大然后逐步缩小,这个由扩大转向缩小的转折点发生在人均国内生产总值 200 美元(表 6-9)。由此可知,在人均国内生产总值 200 美元到 500 美元之间,是农业和工业、服务业在产值结构和劳动力结构转换十分剧烈的时期。这个时期恰恰如第 3 章分析的那样,又是就业结构转换速度快于产值结构转换的关键时期(表 3-21)。同上述经验分析相比,我国的结构转换在 20 世纪 90 年代中存在着几个明显差别。第一,中国的农业比较劳动生产率水平偏低,而第二、三产业比较劳动生产率水平偏高;第二,在人均国内生产总值从 342 美元上升到 855 美元的过程中,中国的农业比较劳动率不升反降,同非农产业不降反升形成鲜明的对照。显然,这种结构逆向变化是由我国现有的双重二元结构以及由此引起的两种工业超前"资本深化"造成的。工业超前"资本深化"自然会导致产出结构转换过分快于就业结构转换。就业结构转换严重落后于产出结构转换又势必造成农业

[①] 根据蔡昉的研究,结构反差指数的计算公式为:$D = 1/2 \sum |G_i - L_i| \; i = 1, 2, \cdots, n$。蔡昉:《中国的二元经济与劳动力转移》,中国人民大学出版社,1990 年,第 109 页。

劳动力占有的国民财富份额下降过快。毋庸置疑,这种转换是不利于农业发展的。

表6-9 标准结构模型中的产业比较劳动生产率与结构反差指数

人均GDP（美元/人）	第一产业比较劳动生产率	第二产业比较劳动生产率	第三产业比较劳动生产率	结构反差指数
70	0.73	2.28	1.43	19.0
100	0.69	2.31	1.35	20.6
200	0.59	1.75	1.38	23.0
300	0.54	1.68	1.33	22.3
400	0.52	1.54	1.26	21.0
500	0.51	1.49	1.20	19.3
800	0.52	1.42	1.05	14.4
1 000	0.55	1.38	0.98	11.4
1 500	0.80	1.30	0.82	3.2

资料来源:根据表3-19整理。

由两重工业化构造的双重工业结构不仅仅是工业本身降低了对劳动力的需求,阻碍农业劳动力向外转移;而且它还造成服务业不发达及城市化进程滞后的矛盾。从理论上讲,两重工业化是对传统工业化方式的一种调整。这种工业化方式能使农民自由地离开土地,转向农村非农产业。但是,两重工业化仍然是城乡二元隔离制度下的产物,它强调的是"离土不离乡"。在此制度和结构背景下,结构变革在城乡之间割裂进行。农村工业在城外,城市工业在城内,双方都用有限的资本技术构建各自相对独立的工业体系。这种在一个水平层面上平行发展的两重工业,由于没有形成合理的集聚和规模效应,乡村企业不能集中连片,人口不能离乡进城,由此使得整个社会对服务业产生的需求比较低下,城市也不能随工业化膨胀同步发展。同大多数低收入国家和中低收入国家相比,我国无论是第三产业增加值占国内生产总值的比重还是城市化水平都依然很低。比如,在1994年我国人均国内生产总值高于低收入国家47.2%,而第三产业增加值比重却比低收入国家低22.3%,城市化水平低1.3%。与一些典型发展中国家相比,我国服务业发展和城市化水平更低。例如,埃及1994年服务业就业比重达到38%,城市化水平为45%。比当年我国服务业就业比重和城市化水平分别高出65.4%和57.2%。但是,当年埃及人均国内生产总值是720美元,仅比我国高出35.8%①。另据一份研究成果分析,20世纪90年代以来,中国的国内生产总值结构、就业结构以及城市化比率一直存在着偏差(表6-10)。特别是中国的第三产业和城市化比率一直滞后于霍利斯·钱纳里和莫尔塞斯·塞尔昆提出的标准结构中的发展水平。目前,中国第三产业增加值结构和就业结构偏差分别为30%和20%左右,城市化比率偏差已超过了30%。第三产业发展不足和低度城市化,直接制约了农业剩余劳动力的转移,给农业发展已带来不利的影响。

表6-10 中国产业结构及城市化与钱—塞标准结构之间的偏差

年份	GDP结构偏差(%)			就业结构偏差(%)			城市化比率偏差(%)
	一	二	三	一	二	三	
1990	-20.9	95.4	-29.6	9.0	28.9	-34.4	-24.6
1995	-32.5	104.3	-32.9	5.7	16.9	-19.8	-27.8
1996	-31.1	102.7	-34.5	4.8	15.7	-17.4	-29.0
1997	-33.8	100.2	-33.1	6.2	13.1	-17.6	-29.5
1998	-33.8	93.5	-30.8	8.7	9.0	-18.1	-30.0
1999	35.5	90.0	-29.3	12.0	3.9	-18.7	-30.5
2000	39.3	91.5	-29.6	15.2	-0.3	-19.4	-31.4

注:表中"一"、"二"和"三"分别表示第一产业、第二产业和第三产业。

资料来源:中国社会科学院农村发展研究所等:《2000~2001年:中国农村经济形势分析与预测》,社会科学文献出版社,2001年,第173页。

---

① 世界银行:《1996世界发展报告》,中国财政经济出版社,1996年。

6.4 由人地关系紧张引起的农业"三高"问题

在20世纪最后十年,城市和乡村两种工业同时超前"资本深化",引起它们对劳动力的吸纳能力下降,使得农业剩余劳动力向外转移受阻。由此带来一个问题,就是沉淀在农业领域中的大量剩余劳动力,为了生存并不断改善生活条件,他们只有在有限的土地空间上,拼命地增加土地以外的各种投入,以此换取尽可能多的产出。确实,通过不断追加投入,农业获得了较高的产出,农民的收入也取得一定的增长。但是,由于农民追加的各种投入增长过快,最终导致了农业生产成本的迅速上升。表6-11是1990年和2000年我国几种农产品生产、投入和产出的变动情况。经过分析,我们发现以下几个问题。

第一,20世纪90年代我国六种粮食、油料(花生)、棉花、糖料(甘蔗)和烟叶(烤烟)等产品生产每亩总成本、物质成本增长率都远远高于亩产量的增长率。1990~2000年,全国六种粮食生产每亩物质投入、总成本投入分别增加了35.4%和29.7%,而亩产粮食仅增加了7%;两种油料投入分别增加了16%,而亩产增加了11%;棉花每亩总成本和物质成本分别增加了21.9%和25%,产量仅增加了5%;糖料、烟叶每亩投入分别都有不同增长,而亩产量不但没有增产反而还发生了减产。事实说明,十年里我国农业用较大的投入仅换来了较小的产出量。

第二,在物质投入中,一个突出的变化特点是化肥、机械耕作投入,在所有农产品生产中都快于总生产成本和物质投入成本的平均增长速度。而且,值得注意的是,机械耕作投入尽管绝对投入量低于化肥投入量,但其增加幅度却普遍大于化肥投入的增长幅度。这表明,在我国农业的投入和增长方式上,农民不但用追加工业品投入去替代土地实现增产目标,而且还用增加工业品投入的方式去替代活劳动。这就是20世纪90年代农业生产实际耗费的劳动力不断下降的深层原因。

表6-11 20世纪90年代主要农产品亩投入物质费用与产出变化

项目	单位	六种粮食			花生			棉花	
		1990	2000	2000/1990	1990	2000	2000/1990	1990	2000
总生产成本	元	101.35	228.66	1.354	156.42	315.85	1.16	240.77	517.5
亩物质费	元	58.72	122.66	1.297	87.4	162.85	1.16	112.42	226.5
种秧苗费	元	8.1	15.24	1.168	36.38	60.68	1.04	7.07	18.86
化肥	元	19.15	41.34	1.340	16.32	38.53	1.47	33.01	76.77
农膜	元	0.65	0.89	0.846	3.07	3.99	0.81	6.16	14.43
农药	元	2.09	5.81	1.727	2.45	8.5	2.16	20.34	39.99
机作	元	3.49	16.8	2.989	1.27	7.35	3.59	3.57	12.71
排灌	元	2.24	11.36	3.147	1.24	6.59	3.30	3.74	18.49
亩产(主产品)	公斤	258.98	277.4	1.07	160.52	178.0	1.11	67.76	71.3

项目	单位	棉花	甘蔗			烤烟		
		2000/1990	1990	2000	2000/1990	1990	2000	2000/1990
总生产成本	元	1.219	343.46	634.74	1.07	313.78	711.78	1.286
亩物质费	元	1.25	213.45	355.74	1.04	155.96	310.58	1.24
种秧苗费	元	1.66	55.5	85.68	0.96	1.3	3.36	1.61
化肥	元	1.44	83.38	150.18	1.12	31.81	105.72	2.01
农膜	元	1.46	3.41	7.73	1.41	9.46	18.94	1.24
农药	元	1.22	9.63	16.18	1.04	5.25	15.44	1.83
机作	元	2.21	1.74	13.09	4.67	1.67	7.79	2.90
排灌	元	3.07	4.21	5.15	0.76	0.95	6.64	4.34
亩产(主产品)	公斤	1.05	4 922.9	4 725.9	0.96	141.53	128.4	0.91

注:本表中农产品的物质投入成本增长率是以1990年农用工业品价格指数为100,将投入品折算成不变价后获得的,劳动投入成本是以1990年农村居民消费品价格指数为100,将劳动投入折算成不变价后获得的。

资料来源:国家计委、农业部、经贸委等:"全国农产品成本收益资料汇编",1991年、2001年。

第三,从表6-11中还可以看到,在所有农产品的生产投入中,粮食、棉花和烟叶等产品物质成本投入增长幅度最高。按照劳动投入的强度划分,粮食生产应该属于土地密集型生产,相反棉花烟叶相对属于劳动密集型生产。但是,在这里,不管是土地密集型还是劳动密集型产品的生产,我国都是以追加大量物质投入去获取有限的产出增长。

表6-12 20世纪90年代几种农产品生产每亩收益变化

项目	单位	六种粮食		三种油料		棉花
		1990	2000	1990	2000	1990
产值	元	166.64	303.4	211.84	299.22	538.89
含税成本	元	105.68	254.3	111.0	250.45	248.88
纯收益	元	60.96	49.1	100.84	48.77	290.01
纯收益率	%	36.6	16.18	47.6	16.3	53.8

项目	单位	棉花	甘蔗		烤烟	
		2000	1990	2000	1990	2000
产值	元	839.23	744.32	914.41	507.98	816.76
含税成本	元	557.33	353.25	714.7	318.24	757.61
纯收益	元	281.9	391.07	199.71	189.74	104.15
纯收益率	%	33.6	52.5	21.8	37.4	12.1

资料来源:同表6-11;三种油料指花生、油菜籽和芝麻。

在生产投入成本迅速上升而产出有限增长的情况下,我国农业很快进入了高投入、高成本和低收益阶段。表6-12是我国主要农产品的生产收益情况,同1990年的情况相比,2000年我国六种粮食、三种油料、棉花、甘蔗和烤烟等农产品生产,不论是每亩纯收益还是收益率都明显的减少或下降了。这仅仅是统计资料反映出来的表面情况。实际上,若要将各种摊派费用比如"三提"、"五统"分摊到每亩耕地上,农产品的生产成本会更高,收益则会更低。为了更好地说明问题,这里以

1999年我国玉米生产投入与产出同美国玉米生产进行比较(表6-13)。从中可以看出,当年我国玉米生产不管是人工费用、物质费用还是税费都比美国高得多。相反我国的玉米产出却比美国要低得多。计算结果显示,我国每亩玉米生产总成本比美国高出52.1%,生产每斤玉米所需成本为0.415元,比美国高出1.3倍。可想而知,在高投入、高成本作用下,我国的玉米收益必然不高,也缺乏同美国玉米进行竞争的能力。

表6-13 1999年中国与美国玉米亩产生产成本比较

项目	单位	美国	中国
人工费用	元	18.66	121.98
物质费用	元	113.55	144.7
1. 种苗	元	16.56	17.11
2. 肥料	元	23.14	72.76
3. 植保	元	15.09	4.16
4. 畜力	元	0	10.93
5. 机械作业	元	49.41	13.07
6. 排灌	元	0.17	10.8
7. 其他费用	元	62.18	15.87
农业税	元	3.89	10.72
统筹提留费	元	0	24.22
总成本	元	198.28	301.62
每亩产量	公斤	552.55	363.23
斤粮成本	元	0.18	0.415

注:1美元=8.273人民币(元)。
资料来源:美国资料来自美国谷物饲料协会驻北京办事处,我国玉米资料来自国家计委编写的《全国农产品成本收益资料汇编》(2000年),提留统筹数来自于吉林省。

受高投入、高成本的影响,我国主要农产品的生产还表现出高价格的特征。在高投入、高成本的压力下,我国的农产品价格被迫不断上调。例如,1990～2000年,全国农产品收购价格指数就提高了49.3%,其中粮食价格提高了58%,油料价格提高了44.4%,棉花价格提高了

76.5%,糖料价格提高了24.7%,畜产品价格提高了58.6%①。我国农产品价格连续不断上升,导致国内许多农产品价格从1996年开始就超过了国际市场价格。在1996年8月5日,国内粮食卖方车船板交货价小麦每吨221.5美元,玉米每吨168.5美元,大米每吨为373.1美元,大豆每吨362.3美元;而同期国际市场价格分别为小麦每吨163.7美元,玉米每吨139.6美元,大米每吨326.2美元,大豆每吨284.6美元。国内价格分别高出国际市场价格35.3%、20.7%、14.4%和27.6%②。以后,虽然国内农产品价格连续多年下跌,但是其中主要农产品价格水平仍然高于国际市场价格。例如,有项研究对2001年6月26日国内外10种农产品的价格进行过比较分析,结果是除了菜籽和活猪之外,其余8种农产品国内价格都高于国际市场价格,其中玉米高出74.8%,大米高出66.6%,大豆高出45.2%,豆油高出63.5%,花生油高出31.6%,白糖高出41.6%③。从1996年以来国内农产品价格变化分析可以得出一个结论,就是目前我国粮食、油料、糖等大宗农产品在国际上已经丧失了价格竞争优势。今后,如果我们仍然不改变当前的投入结构,并继续让投入增长超过农产品产出的增长,国内农产品成本乃至价格还将继续上升,其国际竞争优势仍将继续下降。

---

① 国家统计局:《中国统计年鉴》,中国统计局出版社,2001年。
② 当前我国农业重大问题研究课题组:"当前我国农业发展面临的重大问题与对策",《管理世界》,1999年第4期。
③ 马晓河:"加入WTO对我国农业生产和贸易的影响分析",载科学技术部发展计划司:"'面向入世后的科技工作'培训班资料汇编"。

第7章　新时期结构转换的战略思路选择

当我国农业进入一个新的发展时期后,受双重二元结构的挤压,其发展陷入了空前的困境之中。这就是在需求严重不足、资源被过度抽取、剩余劳动力转移受阻和竞争力不断下降的情况下,农业为农民提供的收入连年减少,营农兴趣持续下降。1996~2000年,我国农民人均纯收入年均增长速度从9%一直下跌到2.1%,其中农民来自农业的收入还从1997年后出现了3年负增长。1998年,农民来自农业的人均纯收入比上年减少30.3元,1999年比上年减少57.4元,2000年再度减少43.9元[①]。即使到2001年,农业为农民提供的纯收入还比1997年低8%。这是改革开放以来从未出现过的现象。当前,农业发展所出现的问题,不但危及到农业本身,而且还对工业发展起到了严重的制约作用。道理很简单,自1997年以来由于农民收入增长速度下降,尤其是来自农业收入的负增长,已大大削弱了农民对工业品的购买力,导致农村市场持续疲软,对推动国内市场进而促进国民经济发展的能力变得愈来愈弱。现在,我国国民经济发展或者说经济结构转换面临着的矛盾是,一方面,在城乡两种工业竞相发展作用下,工业品供给高度过剩;另一方面,在农业发展连年不景气的情况下,农村居民的购买力下

---

① 中华人民共和国农业部:《2001年农业发展报告》,中国农业出版社,2001年,第125页;国家统计局:《中国统计摘要》,中国统计出版社,2001年,第91页。

降,对工业品的需求严重不足。如何解开这对矛盾,需要寻求可行的结构转换思路和农业发展对策。

7.1 对现有几种战略思路的评价

现实经济运行中有没有一服灵丹妙药,既能解决结构转换中的农业问题,也能化解工业发展中的问题呢?

7.1.1 农业产业化经营不可能从根本上解决结构转换中的农业发展问题

近几年,见诸报刊最多的思维框架莫过于农业要实行产业化经营,大力推进结构调整。主张用产业化解决农业问题的有一大批专家学者,他们是牛若峰、秦其明、夏英、李惠安、丁力、李显刚、张九汉等。这些学者认为,产业化可以克服小规模生产与大市场的矛盾,把农业的产前、产中、产后有机地连为一体,降低交易成本,有利于提高农业经济效益,增加农民收入。实际上,自从 1993 年开始,中央政府就一直大力提倡和鼓励发展农业产业化经营,并将其作为推进农业结构调整,促进农村经济发展的重大战略举措。1993 年 11 月,《中共中央关于建立社会主义市场经济体制若干问题的决定》指出,要"逐步全面放开农产品经营,改变部门分割、产销脱节的状况,发展多种形式的贸工农一体化经营,把生产、加工、销售环节紧密结合起来。"1995 年 3 月,江泽民总书记在江西考察工作时指出:"把农村千家万户的分散经营引导到规模化、系列化、产业化的轨道上来,提高了农业的规模效益,我看这就是一种集约化、集体化的形式。"1996 年 1 月,《中共中央、国务院关于"九五"时期和今年农村工作的主要任务和政策措施》明确指出:"推进农业产业化,发展贸工农一体化经营,把农户生产与国内外市场连接起来,实现农产品生产、加工、销售的紧密结合,是我国农业在家庭承包经营基础上扩大规模,向商品化、专业化和现代化转变的重要途径。"1997年2月,《中共中央、国务院关于做好1997年农业和农村工作的意见》对发展农业产业化经营做出了全面部署,并指出:"农业产业化经营,是推进农业和农村经济实现两个根本性转变的一种有效方式,也是提高农业效益,增加农民收入的重要途径。"① 2000年2月,《中共中央、国务院关于做好2000年农业和农村工作的意见》又提出:"以公司带动农户为主要形式的农业产业化经营,是促进加工转化增值的有效途径。各级政府和有关部门要认真总结经验,采取得力措施,推进农业产业化健康发展。国务院有关部门要在全国选择一批有基础、有优势、有特色、有前景的龙头企业作为国家支持的重点,在基地建设、原料选购、设备引进和产品出口等方面给予具体的帮助和扶持,各地也要抓好这项工作。龙头企业要与农民建立稳定的购销关系和合理的利益连接机制,更好地带动农民致富和区域经济发展。"2000年10月,农业部、国家发展计划委员会、国家经济贸易委员会、财政部、对外经济贸易合作部、中国人民银行、国家税务总局、中国证券监督管理委员会等8部门下发了《关于扶持农业产业化经营重点龙头企业的意见》的文件,指出要从财政、金融信贷和税收等政策上重点扶持产业化龙头企业的发展,当月8部门确定了全国151家农业产业化国家级重点龙头企业名单②。2001年3月,《中华人民共和国国民经济和社会发展第十个五年计划纲要》中再一次提出:"农业产业化经营是推进农业现代化的重要途径。鼓励采取'公司加农户'、'订单农业'等多种形式,大力

---

① 宋洪远:《改革以来中国农业和农村经济政策的演变》,中国经济出版社,2000年,第65~77页。
② 同上书,第83~84页。

推进农业产业化经营。支持农产品加工企业、销售企业和科研企业单位带动农户进入市场,与农户形成利益共享、风险共担的经营机制。采取财政、税收、信贷等方面的优惠政策,扶持一批重点龙头企业加快发展。"[1]

在中央和地方各级政府的大力推动和支持下,我国农业产业化经营蓬勃发展,到2000年全国各种农业产业化经营组织达到6.6万个。在这些产业化组织中,有龙头企业2.7万个,中介服务组织2.2万个,专业市场7 600个,经纪人、专业大户9 600个。据农业部调查,目前各种农业产业化经营组织带动农户5 900万户,占全国农户总数的25%,平均每户农民参与产业化经营增收900元[2]。发展农业产业化经营,确实在提高农业附加价值、开辟新的就业渠道、增加一部分农民的收入以及推进农业结构战略性调整方面起到了积极的作用。

可是,在双重二元结构条件下,发展农业产业化经营,只是在不改变现有城乡结构格局的基础上,从农业生产外部进行局部制度创新,进而带动农业生产内部制度创新,以此克服农业存在的一些缺陷。然而,产业化给农民带来的收益是有限的。这是因为,在现有技术条件下,我国农业生产本身产出水平已达到相当的高度[3],即使再进一步追加投入成本,实现农业的优质化、专用化生产,所产生的收益也不可能将所有农业劳动力的收入水平提升到理想水平。另外,扩大农产品的加工范围,增加农产品的加工深度和精度,固然可以增加农产品的附加价

---

[1] 曾培炎:《中华人民共和国国民经济和社会发展第十个五年计划纲要学习辅导讲座》,人民出版社,2001年,第11页。
[2] 宋洪远:《改革以来中国农业和农村经济政策的演变》,中国经济出版社,2000年,第89~90页。
[3] 杨万江:"现代农业阶段及中国农业发展的国际比较",《中国农村经济》,2001年第1期。

值,但是受现阶段农产品需求收入弹性的影响,为农业增加的收益也不是无限的。值得注意的是,产业化经营并没有从制度上解决农业资源被过度抽取和农业剩余劳动力向外转移受阻问题。恰恰相反,就在这一时期,城乡两种工业体系还在利用各种方式强化了对农业资本资源的占用,而弱化了对农业劳动力的吸纳能力。与此同时,由于两种工业体系的过度竞争,产业化经营在各级地方政府的过度干预下"一哄而起",极易造成一定程度上的重复建设。常常是,当农业产业化生产基地或农产品加工项目建成之日,就变成产品积压亏损之时。因此,只要双重二元结构还存在,大量剩余劳动力还滞留在农业中,每个农业生产者拥有的土地规模仍保持现状,单纯依靠产业化经营,难以从根本上解决农业不景气和农民增收难的问题。

7.1.2 实施积极的财政政策,并未能真正启动农村市场,解决农业和工业的发展问题

自亚洲金融危机爆发以后,为了启动国内市场,刺激经济快速增长,中央政府在宏观经济政策上采取了一项重大战略举措,就是实施积极的财政政策,发行特别国债,增加政府投资和消费。首先,在1998～2001年间,中央政府先后投入2 000多亿元给国家机关事业单位工作人员涨工资。按照当初的理论设想,政府给国家机关事业单位人员涨工资,这部分"城市人"收入增加后,他们自然就会增加农产品消费量。农产品消费量增加后,会就推动农产品价格不断向上涨。农产品价格一旦上涨,农民收入也就会自然增加。当农民收入增加后,他们必然会增加工业品的消费,拉动工业的发展。从逻辑推理上看,这是一个无懈可击的完美战略构想。它通过给国家工作人员涨工资,既可以增加农民收入,又可以拉动国内工业品市场消费。然而现实的情况是,当8 000多万"城市人"连续三年增加工资后,他们并没有将这部分钱投向

农产品消费方面。表7-1和表7-2是1995年以来城镇居民家庭每人全年用在食品和衣着方面的消费情况。从表7-1提供的资料反映出,1997年以来城镇居民除了对食用植物油、水产品和家禽消费量有所增长外,其余农产品的消费要么基本保持不变,要么还减少了消费量。其中对粮食、鲜蛋、猪肉等减少消费量十分明显。亚洲金融危机以后,由于城镇居民对大宗农产品的消费量基本保持不变甚至减少消费量,导致他们在食品消费方面的货币支出增长并不明显。如表7-2所示,1997~2000年,城镇居民用于食品消费的货币支出仅仅增长了0.8%,其中粮食支出还下降了20.8%,肉禽及其制品支出下降了10.5%,蛋类支出下降了23.1%,衣着支出下降了3.9%。只有水产品和奶及奶制品消费支出分别增长了1.8%和65.6%。在多数农产品消费无增长甚至下降的情况下,食品和衣着等消费价格连续下降,农产品收购价格受此影响也随之步步下跌。1997~2000年,城镇食品零售价格总指数下降了9.4%,农村下降了9.79%①。相应地,农产品收购价格总指数下降了22.5%,其中粮食下降了24%,经济作物下降了22.2%,畜禽产品价格下降了23.9%②。受农产品价格持续下降的影响,农民出售相同数量的农产品,不但收入没有增长,反而还减少了许多。

  为什么城市居民收入增长③以后,不去增加农产品的消费呢?这里存在着两个方面的原因,一是当城市居民对食品的消费越过温饱阶段后,随着收入水平的增长,他们不再单纯追求食品消费数量的增加,

---

  ① 中华人民共和国农业部:《2001年农业发展报告》,中国农业出版社,2001年,第130页。
  ② 国家统计局:《中国统计年鉴》,中国统计出版社,2001年,第295~296页。
  ③ 根据2001年《中国统计年鉴》资料,1998~2000年,城镇居民人均可支配收入分别比上年增长了5.8%、9.3%和6.4%。

而是越来越重视消费方便、快捷、安全、优质的食品。同时,伴随着收入的增加,人们用于食品消费支出占总消费支出的比重,即恩格尔系数还不断下降,例如在1997~2000年期间,我国城市居民的恩格尔系数从46.4%下降到37.9%[①]。因此,在恩格尔系数大幅度下降的情况下,城市居民收入即使出现大幅度增长,他们也是不会大量增加农产品特别是食品方面的消费支出。二是1998年以来,国家机构改革,国有企业重组和住房商品化以及一系列社会福利制度的改革,影响了城市居民的收入预期,使得他们紧缩当前消费,而为未来储蓄。由此也造成了城市居民在收入有了明显增长的情况下,不敢增加农产品的消费。

表7-1 城镇居民平均每人全年购买主要农产品数量

项 目	单位	1995	1997	1999	2000	2001
粮食	公斤	97.00	88.59	84.91	82.31	79.69
鲜菜	公斤	116.47	113.34	114.94	114.74	115.86
食用植物油	公斤	7.11	7.20	7.78	8.16	8.08
猪肉	公斤	17.24	15.34	16.91	16.73	15.95
牛羊肉	公斤	2.44	3.70	3.09	3.33	3.17
家禽	公斤	3.97	4.94	4.92	5.44	5.30
鲜蛋	公斤	9.74	11.13	10.92	11.27	10.41
水产品	公斤	9.20	9.30	10.34	9.87	10.33
食糖	公斤	1.68	1.63	1.81	1.70	1.67
卷烟	盒	28.58	28.17	26.81	27.50	26.81
酒	公斤	9.93	9.55	9.61	10.01	9.68
棉布	米	0.47	0.36	0.34	0.32	0.32

资料来源:国家统计局:《中国统计年鉴》,中国统计出版社,2000~2002年。

[①] 国家统计局:《中国统计年鉴》,中国统计出版社,2001年,第304页;《中国统计摘要》,中国统计出版社,2002年,第96页。

表7-2　城镇居民平均每人全年食品、衣着消费支出情况

项　　目	单位	1995	1997	1998	1999	2000
人均可支配收入	元	4 283	5 160.3	5 425.1	5 854.0	6 280
消费总支出	元	3 537.57	4 185.64	433.61	4 615.91	4 998.0
食品支出	元	1 766.02	1 942.59	1 926.89	1 932.1	1 958.31
食品占消费总支出		49.92%	46.4%	44.5%	41.9%	39.2%
其中粮食	元	260.53	238.11	226.7	215.37	188.66
肉禽及制品	元	416.27	459.56	431.23	408.51	411.31
蛋类	元	69.58	73.55	67.06	65.53	56.59
水产品	元	120.64	140.98	142.46	143.96	143.54
奶和奶制品	元	31.43	41.41	48.05	56.15	68.57
衣着	元	479.2	520.91	480.86	482.37	500.46

资料来源:国家统计局:《中国统计年鉴》,中国统计出版社,1996~2001年。

有人讲,在给国家机关工作人员大幅度增加工资的同时,国家还连续发行中长期国债,扩大政府投资,大搞城市和乡村基础设施建设,并实施西部大开发战略。这对发展农业,增加农民就业,为贫困地区农民脱贫致富都是有利的。不可否认,自1998年实行积极的财政政策以来,到2001年国家发行了5 100亿元的长期建设国绩,同时还增加了预算内政府投资。在这些投资中,国家安排农村电网建设与改造1 893亿元,长江干堤加固工程307亿元,农业基础设施建设55亿元,扶贫投资82.3亿元,还有退耕还林还草等①。这些投资在一定程度上改善了农业、农村的基础设施条件和生态环境,为农民增加收入创造了外部条件。可是,需要清醒地认识到,这些投资对农民自身投资带动不大,而且直接促进农民增收的项目更少。因此,加大国家投资并不等于说就能完全使农业摆脱目前的发展困境,大幅度提高农民收入水平。此外,国家实施西部大开发战略,在财政资源配置上向西部倾斜,集中力量抓

---

① 刘作龙:"国债投资成就斐然",《产经新闻》,2002年2月25日。

好这个地区的基础设施建设,生态环境保护和建设,产业结构调整,科技教育和人才培育等。毫无疑问,西部大开发战略的实施,有助于缩小东西部地区之间的发展差距,给该地区农业的进一步发展提供了难得的机遇。但是,区域发展问题并不等同于城乡、工农业发展问题。当前,中国经济的繁荣实质是城市,特别是大城市的繁荣。这种繁荣在某种程度上是以农业、农村凋敝为代价的。而这种繁荣和凋敝的矛盾归根结底是由双重二元结构造就的。这种矛盾既在东部地区存在,也在中西部地区同样存在。因此,解决区域经济发展不平衡的战略举措不能替代城乡、工农业发展所需要的战略抉择。特别需要指出的是,当前国民经济发展中的主要矛盾不是地区之间发展不平衡的问题,而是工农、城乡之间的矛盾问题。如何解决这些矛盾还需要新的思路。

7.1.3 依靠扩大出口,发展外向型经济也难以摆脱双重二元结构下的农业发展困境

推进经济增长,消除国民经济运行的矛盾,除了投资和消费之外,还有出口。改革开放以来,对外出口贸易在我国经济增长中的作用越来越重要。从表7-3提供的资料看,"六五"计划时期我国出口商品总额占国内生产总值的比重只有8.1%,以后该比重不断上升,"九五"计划期末达到20.3%,2001年高达23%。这表明,当前在我国经济增长中有20%以上的份额是靠出口拉动的。有许多从事宏观经济研究的专家们认为,在国内市场疲软和商品过剩的条件下,进一步开拓国外市场,大力推进出口贸易,对经济增长的作用更为重要。增加出口对农业发展会带来两方面的积极作用。一是它能扩大工业品特别是农产品加工品的需求,引起城乡工业增加对农产品原料和农业劳动力的需求。二是它会直接推动农产品出口量的增加,缓解当前农产品过剩的矛盾。从上述两方面看,不管是从对农产品需求还是对农业劳动转移上,最终

表7-3 国内生产总值与出口额的变化情况

时期	GDP(亿元)	出口额(亿元)	出口依存度(%)
"六五"时期	32 227.0	2 609.1	8.1
"七五"时期	72 550.1	9 260.6	12.8
"八五"时期	188 127.8	36 661.8	19.5
1991	21 617.8	3 827.1	17.7
1992	26 638.1	4 676.3	17.6
1993	34 634.4	5 284.8	15.3
1994	46 759.4	10 421.8	22.3
1995	58 478.1	12 451.8	21.3
"九五"时期	392 163.4	79 763.7	20.3
1996	67 884.6	12 576.4	18.5
1997	74 462.6	15 160.7	20.4
1998	78 345.2	15 231.6	19.4
1999	82 067.4	16 159.8	19.7
2000	89 403.5	20 635.2	23.1
2001	95 933.3	22 029.1	23.0

资料来源:国家统计局:《中国统计摘要》,中国统计出版社,2002年。

都将有助于提高农民收入增长水平。但是,自1997年亚洲金融危机爆发以后,由于许多亚洲国家或地区进行了货币贬值,提高了本国产品的出口竞争力,严重影响了中国产品的出口。以农产品出口为例,1996~2000年,我国对外出口的活猪、鲜冻猪肉、活家禽、鲜冻牛肉、鲜冻兔肉、鲜蛋、猪肉罐头等农产品及加工品数量和金额都明显地减少了[1],美国"9·11"恐怖事件后,美国、欧共体和日本三大经济主体[2]的经济

---

[1] 同1996年相比,2000年我国出口活猪、鲜冻猪肉、活家禽、鲜冻牛肉、鲜冻兔肉、猪肉罐头等分别下降了15.4%、61.5%、9.1%、33.3%、6.4%、8.3%。国家统计局:《中国统计年鉴》,中国统计出版社,1998年,第629页;国家统计局农村社会经济调查总队:《中国农村统计年鉴》,中国统计出版社,2001年,第220页。

[2] 1998年,全世界国民生产总值为288 622亿美元,其中美国为79 213亿美元、日本为40 899亿美元、欧共体为82 804亿美元,占世界的比重分别为27.5%、14.2%、28.7%。世界银行:《1999/2000世界发展报告》,中国财政经济出版社,2000年,第226页。

增长普遍不景气，尤其是美国经济的衰退给全球经济乃至我国的进出口贸易都带来了负面影响。当前，我国经济发展面临的国际环境要比亚洲金融危机时期严峻得多。亚洲金融危机爆发时期，我国周边国家或地区货币贬值，引起亚洲局部地区需求减少。但美国、欧洲经济增长良好。因此，我国在采取调整地区出口结构和出口退税等措施后，出口贸易出现了"东方不亮西方亮"的格局。可是，"9·11"恐怖事件后，美、欧、日以及全球经济增长同步下降，世界经济出现了"东方西方都不亮"的格局。在此情况下，我国刺激出口增长的手段和空间又几乎达到极限。即使是今后世界经济走势转好，我国出口贸易也难以出现很大幅度的增长。因为，作为一个大国经济，我国的对外贸易依存度已经很高，再想继续提高对外贸易依存度的空间已不大。所以，大幅度推动出口增长难以成为基本事实，靠扩大出口进一步拉动国内经济增长的构想是不现实的。

事实上自20世纪90年代开始，在中国的出口结构演变中，已经发生了一个明显的变化。这就是在所有产品出口中，农产品及其加工品出口所占比重已迅速下降，而非农产品出口比重迅速上升。从表7-4反映的资料分析，我们发现自1995年以来我国农产品及其加工品的出口占总出口的比重迅速下降，1995年该类指标为37.2%，2000年下降到28.7%，2001年进一步降到27.3%。这符合产业结构的演变规律，当一国的产业结构不断升级，并将结构主体从农业转换为工业或服务业后，该国出口结构必然也要随之变化，这就是农产品及其加工品在出口中主体地位将由非农产品替代，而且农业的出口比重还会不断地下降。因此，一个国家的经济结构在实现了从农业向非农产业的转换之后，出口总量的增长同农业的相关度越来越低，这时试图通过对外贸易的扩张来直接解决农业和农民问题也是脱离实际的。

表7-4 中国出口结构变化情况　　　　　　　　　亿美元

项　目	1990	1995	2000	2001
出口总额	620.91	1 487.80	2 492.03	2 661.55
一、初级产品	158.86	214.85	254.60	263.53
食品及供食用活动物	66.09	99.54	122.82	127.79
饮料及烟草类	3.42	13.70	7.45	8.74
非食用原料	35.37	43.75	44.62	41.73
动植物油、脂及蜡	1.61	4.54	1.16	1.11
矿物燃料、润滑油及有关原料	52.37	53.32	78.55	84.16
涉农初级产品合计	106.49	161.53	176.05	179.37
二、工业制成品	462.05	1 272.95	2 237.43	2 398.02
纺织原料及其制品		358.78	493.79	498.36
木及木制品、木浆及纸、编结材料及制品		32.55	45.32	48.84
涉农制成品合计		391.33	539.11	547.20

资料来源：国家统计局：《中国统计年鉴》，中国统计出版社，2002年。

7.2　两重工业一体化的发展战略

如前所述，结构转换中出现的农业发展问题，是由双重二元结构造成的，解决农业发展问题，还需从双重二元结构入手，寻求适宜的战略发展思路。当前，可行的思路是实行城市工业和乡村工业一体化的发展战略，变双重二元结构为一重二元结构。将在不同体制下和不同资源配置方式上的城市工业和乡村工业，纳入到一种体制轨道和一种资源配置方式上来，使两重工业化转为一重工业化，由此改变目前城市工业与农业、农村工业与农业的双重二元结构格局。有人不禁要问，这不是又要回到改革开放前的路子上去了吗？回答是否定的。这里改变两重工业化为一重工业化，使双重二元结构转为一重二元结构，并不是要让城市工业按照计划经济的方法吞并或消灭农村工业，把农民重新赶回到土地上去。而是要对城市工业和农村工业实行统一平等的市场经济制度和无歧视的产业政策,鼓励两种工业在一种体制、一种产业政策下,按照比较优势原则,实现融合与重组。

具体构想是:在市场机制作用下,利用产业政策诱导,首先让城市工业和乡村工业根据资源要素禀赋和比较优势原则,发展各自有比较优势又能互补的产业。例如城市工业可利用资金、技术、人才等能迅速集聚的优势,适应国内外市场需求高级化、细分化和多元化的趋势,偏重发展一些高技术含量、高附加值的产业门类和产品。例如:①电子工业和微电子工业,如集成电路设计和制造、微型机械及其零部件、光机电一体化设备、数字式家电产品等;②高新技术产业,包括计算机软硬件、航空航天、生物工业以及新能源、新材料技术等;③传统产业的现代化改造,如家电、纺织、机械产品制造与加工、食品、医药等工业都要向自动化、智能化、柔性化和网络化方向发展,以利于提高我国工业的整体装备水平;④大力发展交通、通信、环保、金融服务业等;⑤积极发展教育、体育、旅游和娱乐产业等。与此同时,城市应当从一些技术档次低、产品加工度低、劳动密集度高,且不适宜在城市发展的行业中逐步退出。这些行业如:农产品加工、保鲜、储藏和运输业、能源业、自然资源开采及初加工业等,将相应的产品和产业交给农村去发展。

农村可利用劳动力资源丰富,距离农产品产地近等优势,努力发展劳动密集型产业和农产品加工、保鲜、储藏运销业,实行农业产业化经营。农产品加工业作为农业的后向关联产业,通过扩张中间需求会直接带动农业的发展。根据国际经验,一国经济发展从低收入水平向中等收入水平迈进时,正是食品消费结构加速变化和对农产品加工品需求较强烈的阶段,尽管此时消费结构中恩格尔系数下降很快,农产品需求弹性也在逐步降低,但人们对加工食品的需求趋势是上升的。从有关研究文献看到,20世纪80年代以来,发展中国家的农产品加工业增长速度普遍快于发达国家,比如在1980~1990年和1990~1994年,发展中国家食品加工业的年均增长速度分别是2.6%和3.4%,而发达国家则分别为1.8%和1.4%。该文献还选择了亚洲几个经济增长较快的国家,在人均国民生产总值向1 000美元迈进或超过2 000美元时的农产品加工业增长情况。表7-5显示出,这些国家几乎全部农产品加工业在1980~1993年间都获得了较高的增长速度[1]。目前,中国的人均国民生产总值接近1 000美元,到2020年还将超过3 000美元,农产品加工业将有着巨大的发展潜力,按照农产品加工业产值与农业产值比较指标衡量,20世纪末我国的农产品加工业产值仅为农业产出的1.5倍,远低于世界发达国家。例如,在20世纪80年代初期,美国、日本、法国和英国等国家仅食品工业产值占本国农业产值的比重就已经分别达到187%、240%、156%和369%。以此衡量,中国农产品加工业还有很大的空间[2]。随着我国城乡人均收入水平的不断提高和社会生活节奏的加快,人们对农产品需求也逐渐由追求数量温饱型向追求方便、快捷、营养、安全和高档化方向转变,这给农村发展农产品加工业提供了难得的机遇。农村发展农产品加工业应按照市场需求变化,调整企业经营内容和经营方向。一方面可以利用新技术、新工艺和新设备,开发出多种适销对路的加工产品,不断提高农产品加工的档次;另一方面要适应市场对农产品的细分化要求,对同一原料产品进行多级开发,提高农产品加工的深度。例如玉米加工,可以生产普通淀粉、多种变性淀粉、淀粉糖浆、玉米糖浆、饴糖、玉米油、玉米蛋白、酒精、味素、黄原胶、山梨醇、氨基酸、方便粥、饮料以及可降解塑料等。

---

[1] 马晓河:"中国农产品加工业的市场供求前景与政策选择",载万宝瑞主编:《农产品加工业的发展与政策》,农业出版社,1999年,第214页。

[2] 同上。

表7-5　亚洲几个国家农产品加工业增长情况　　　　　　　　　　美元,%

国家	人均GNP	食品制造	饮料	烟草	纺织	服装	皮革	木材加工	纸及制品
韩国	2 260~8 260	268		139	143	142	149	126	299
马来西亚	1 910~3 480	216	113	97	263	241		224	
菲律宾	520~950	525	718	248	338	811	296	326	274

注:人均GNP是1985年到1994年的数据,其他项目为1980~1993年的数据,增长速度以1980年为100。

此外,对于农村非农产业,除了发展农产品加工业之外,还要与城市企业相结合,按照产品生产特点进行纵向分工与协作,实现城乡企业间功能互补。例如,在农村可以大力发展能源、原材料采掘加工业、机械设备制造业等。这样一来,将在产业布局上避免城市工业和农村工业在同一结构层面上,重复生产同一类产品,造成无谓的浪费和过度竞争。其次,利用城乡市场需求关联和产业关联,让城乡工业冲破体制樊篱,形成相互渗透和融合。在市场制度安排下,凡是适宜在农村抑或在城市发展的产业和项目,不能人为设置进入门槛,要让资源要素自由流动,给城乡企业或个人以平等的发展机会。城里人可以到农村发展适宜的产业项目,农村人也可以进城发展有竞争力的产业项目。或者城乡双方以平等身份,在农村或城市联合发展。在这里,城乡两种工业通过市场分工,同时又经过渗透融合以后,将不再是相互分离、独立运行并互相竞争的两个工业体系,而是一种互补性和渗透性都较强的一重工业体系。实现两重工业一体化,使双重二元结构转化为一重二元结构,并没有消除二元结构,工业化任务远没有完成。我们所选战略只是为了清除结构演变中的体制障碍,避免结构扭曲和资源浪费,将现有的二元结构转换纳入到同一轨道上,进一步推进经济结构的变动,加速工业化进程。

为了实现城市工业和农村工业一体化,变双重二元结构为一重二元结构,今后有必要进行以下几项大的配套改革。

第一,实行城市工业和农村工业一体化的产业政策。

我国现行的城乡产业政策和管理制度,是在传统的计划经济体制下,为了适应国家工业化而确立起来的。改革开放以来,这种政策和制度虽然经过了多次大的改革,但是仍然保留着浓厚的计划经济痕迹。进入20世纪90年代中期以后,在城乡产业之间执行的带有传统计划色彩的两种体制、两种资源配置的产业政策,已极大地限制了城乡工业的发展,也严重抑制了农业的发展。经济发展的现实急切要求我国尽快对两种体制、两种资源配置的产业政策进行彻底改革。同时,需要更加注意的是,在WTO框架下,我们承诺赋予外资外商的国民待遇,也同样要求在城市和农村之间实行平等划一的资源配置和产业发展政策。

实行平等和一体化的产业政策,目前先要尽快清理在城市和农村之间所存在的种种不平等或带有歧视性的产业发展政策,在城乡之间、国有工业与非国有工业之间,应逐步淡化差别意识,按同一产业政策标准,在市场准入、财政金融支持、股票上市、土地占用、劳动就业与人才引进、科技攻关以及技术改造等方面,采取一种政策,一种待遇,指导城市工业和农村工业在同一起跑线上平等发展。国家可运用一些行之有效的政策手段,鼓励和引导城乡工业按照市场原则,进行重组和合作,走城乡工业一体化的发展道路。

城乡分割的户籍管理制度是阻碍两重工业一体化的最大羁绊。要避免重复建设,减少竞争,降低农村剩余劳动力的转移成本,增加农村非农产业乃至城市产业对劳动力的吸纳能力,关键是要改革现行的城乡户籍管理。改革开放以来,我国虽然对计划经济体制下的户籍制度进行了部分改革,比如取消食品供给制度;允许农村劳动力跨区流动和进城打工;放松县级市和所有镇的户籍管理限制,取消"农转非"指标,把蓝印户口、地方城镇居民户口和自理粮户口等,统一登记为城镇常住户口,凡在本地市镇有合法固定住所、稳定的职业或生活来源的外来人口,均可成为城镇常住户口。但是,现行户籍制度仍然是一种"画地为牢"式的人口管理制度,它既限制了城市间的人口流动,也限制了农村人口向城市的流动。这种制度仍在继续通过户口审批制度、就业制度、住宅制度、能源供给制度、教育制度、医疗制度、婚姻制度、生育制度、劳动及养老保险制度等,将人们固化在某一地域,使人们与所在地产生了一种强制性依附关系。这样,人的一生只要户口地不变,他(她)的生存和发展活动只能在本区域内进行。因此,这种户籍制度限制了人的生存和发展的空间。更重要的是,此种制度把全国人口分为"城里人"和"乡下人",在政策和制度安排上对"城里人"的福利明显优于"乡下人",农民难以进城,即使进了城也很难享受到城市人既有的福利政策。两种户口两种身份,由此决定了不同的地位和不同的命运。只有打破二元户籍制度,还农村人口以公平的身份,才能促进劳动力和其他要素的自由流动,为实现城乡工业一体化创造条件。变户口迁徙审批制为登记制,是打破二元户籍制度的关键所在,从长远看实行户口迁徙登记制对我国社会经济发展具有战略意义。鉴于我国人口众多、农村剩余劳动力转移压力大的国情,今后几年可考虑先在人口100万人及以下的中小城市,同农村实行一体化的户籍管理制度,执行按职业登记的统一户籍政策。依据这种户籍政策,城乡人口来去自由,他们可以携带资金、技术等进城,或到农村发展符合国家产业政策的工业以及农业项目。在此基础上,对于100万人口及以下的城镇和乡村,建立城乡通开的劳动力就业市场。在市场上,不论是城市居民还是农村居民,均可在平等的就业政策条件下公平竞争。对于100万人口以上的大中城市,可考虑先行放开和扩大一些劳动密集型产业的就业市场,引入竞争机制,采取非歧视性就业政策,吸引农村剩余劳动力进城就业。待条件成熟时,城乡一体化的户籍管理制度的改革,可进一步向100万人口以上的大中城市全面推进。通过城乡户籍制度及其相关制度的改革,让农民逐渐获得与城市人同等的国民身份和公平发展的地位。

第二,加快资本市场化改革,实行城乡一体化的金融政策。

实行一体化的金融政策也是城乡工业进行渗透、融合的重要条件。因为资金是企业发展的载体,如果国家的金融制度和资金供给政策在城乡之间存在城市偏向,不但会引起城市工业在资金供给充裕的条件下提前进行"资本深化",并且还会导致农村工业资金供给不足。为了解决资金供给不足的矛盾,农村工业企业就会借助市场或地方政府力量,千方百计地从农业转移剩余资金。因此,要减轻农业对工业化的资本要素贡献压力,推进城乡工业一体化,还必须改革目前的金融制度和政策安排。国家金融制度改革和政策调整,既要体现支持城市经济繁荣,也要支持农村经济发展;既要考虑产业结构的提升,又必须考虑劳动就业带动能力强的产业的发展。为此:

一是应积极引导国有商业银行以及非国有银行,进入农村拓展金融业务,支持这些银行在农村设立营业机构,开展存贷款活动。同城市相比,农村信贷运营成本相对较高,但农村对资金的需求强烈,国家应按照市场化原则,适当放宽对乡村企业贷款利率的浮动范围。同时,探索并建立适合乡村企业特点的经营管理制度和操作程序,包括基层信贷审批权限、企业授信范围和资格认证、贷款抵押担保条件等,以鼓励和支持农民或"城里人"在农村发展劳动密集型产业和农产品加工业。

二是改革现行农村信用社的体制,最终将其改造成农民自己的信用合作组织。当前,在国家不允许农村生成民间金融的条件下,信用社实质上是国家银行在农村的延伸,完全垄断了农村资金的供给。据统计,目前我国农村有73%的农业贷款和60%的乡村企业贷款都来自信用社。因此,信用社的经营状况如何,对乡村工业以及农业发展至关重要。但是,由于信用社长期受到国家行政政策的不当干预,体制僵化,管理混乱,产权关系模糊,致使其长期严重亏损。2000年末,全国农村信用社账面不良资产高达5 173亿元,占各项贷款余额的49.9%。历年亏损挂账1 083亿元,约占信用社总资产的10%①。现在,农村信用社实际上是独立于农民之外的一个利益团体,它受内部人控制,在管理上实行的所谓"社员大会、理事会和监事会"民主管理基本流于形式,信用社入股农民不能享受到贷款优先权、利率优惠权和股份分红权。面对这种体制,信用社根本不能解决农民贷款难的问题。为了支持结构转换,促进农村劳动密集型产业的发展,同时也为农业发展解困,必须对现有信用社进行彻底改革:①尽快解决农村信用社的呆坏账问题。目前我国农村信用社存在着较高的呆坏账比例。这些呆坏账中,有很大一部分是由农业银行与信用社脱钩和整顿撤并农村合作基金会造成的。显然,这些因政策和体制变动引起的亏损不能全部由农村信用社来承担。应参照四大商业企业的办法核减不良贷款。②多年来,国有商业银行和邮政储蓄系统通过多存少贷、只存不贷等办法,每年从农村抽取几百亿元的资金。例如,仅邮政储蓄系统每年就从农村调走300亿元的资金。因此,当务之急是中央银行应将通过邮政储蓄系统从农村调走的资金投入到信用社,提高对农村信用社的再贷款比例,以支持信用社扩大对乡镇企业和农民的信贷规模。③从长期看,农村信用社作为农村资本市场的一个重要主体,在清理完历史遗留问题之后,应该进一步明晰产权、完善民主管理制度,将其改造成区域性股份制合作金融组织,由农民自己来监管经营。

三是在不断规范资本市场的前提下,积极支持农村发展民间金融组织。当前,农村民间信贷比较活跃,这与国有商业银行进入不足、信

---

① 盛松成等:"我国农村信用社体制改革的回顾与展望",《金融研究》,2001年第10期。

用社为农民服务不能及时到位有着极大的关系。在原有制度安排渠道下,当农民的资金需求无法得到满足时,他们必然要进行制度创新,寻求新的资金供给。加入WTO后,随着我国逐步放开外资银行在我国的经营业务范围和地域限制,国家也应该给予国内尤其是农村金融组织以国民待遇,开放农村金融市场,放宽对民间信贷的限制约束,制定公正透明的金融法规、规则,鼓励他们健康有序发展。与此同时,国家还应支持和帮助城市企业、外资企业到农村举办投资公司,引导这些企业对劳动密集型产业和农产品加工业进行投资。担心农村出现金融秩序混乱,不能用阻止农村发育民间金融组织的办法来解决,而是应该通过建立法律、法规,并制定严格的市场准入和退出监管机制,去防止和化解金融风险。

第三,加快财政体制改革,实行城乡一体化的公共财政体制。

财政体制改革的目的是,要彻底清除财政包干和分税制给结构转换与农业发展带来的不利影响,改革的方向是建造一个能够满足全社会需要的公共财政体制,使不同地区、不同职业群体的公民和法人单位,都能够享受到相同的公共服务,并给全体公民和法人单位提供均等的发展机会创造条件。在下一步改革中,要着手进行三方面的改革和调整:

一是在进一步完善分税制,规范各级政府财权的基础上,重新划分和确定中央与地方政府之间,以及地方各级政府之间的事权。事权的划分和确定要与各级政府的财权相对称。如果地方政府的事权过大,远远超过本级财力承受范围,则要通过规范的制度从上一级财政转移支付加以解决。

二是减少财政管理层次,取消乡镇一级政府及其财政设置。基本设想是,将现行五级财政压缩为四级财政管理体制,取消乡镇一级财政设置,将该级的财权和事权上收至县级财政。伴随财权和事权的上移,可考虑改革乡镇一级政府机构,压缩机构和职能,裁减人员,最终将其改造成县一级的派出机构。按照财权与事权相对称的原则,重新建设和强化县级财政体制。通过这些改革,就是要减少管理农业的成本,铲除不断从农业过度抽取剩余和向农民伸手的体制温床。

三是调整现有财政分配结构,扩大对农业和农村的财政转移支付。通过50多年的工业化和结构转换,我国国民经济的实力已明显增强。目前,从整体上来看,农业、农民为工业化提供资本积累的历史使命已基本完成。下一步经济结构转换不但不能从农业、农民抽取剩余资本,而且由工业化支撑起来的财政还应该对农业、农民提供支持。在此背景下,今后应改变国家财政分配向城市倾斜的倾向,弱化农业为工业化和结构转换进行资本积累的功能,减少对农民的索取。不断增加国家财政对农业乃至农村的支出总量和比重,用于直接改善农业生产条件和农民的生存环境,支持农民调整产业结构,增加收入,以此缩小城乡居民收入差距。

第四,调整城市化发展道路,加速城市化进程,为加快农业剩余劳动力转移创造条件。

在市场制度安排下,实施城乡工业一体化战略,可以降低农产品的供求波动,减少对农业剩余资源的抽取,抑制工业用资本过快替代劳动力的趋势。但是,如果现有城市化发展道路和政策不改变,农业剩余劳动力转移问题还难以从根本上得到解决。现阶段,我国城市化政策是,"严格控制大城市的发展,适度发展中等城市,积极发展小城镇"①。近几年,针对农村存在大量剩余劳动力的现实,国家又将小城镇作为我国城市化建设体系中的一个重要层次,上升到宏观高度,提出了"小城镇,大战略"的发展思路。在学术界,以发展小城镇为主导的城市

---

① 段应碧等:"收入增长、就业转移、城市化推进",《管理世界》,1999年第1期。

化道路也已成为当今的主流思潮。发展小城镇推进我国城市化的主要依据是:①城乡二元结构还没有从根本上被破除,城乡之间生产要素的自由流动尚面临着许多体制障碍,而消除这些障碍还需要一个过程。尤其是现有大城市数量不多,管理体制和管理方式落后,公共品供给严重不足,在这种条件下,让大量农村人口涌入城市,容易导致"城市病"。②发展大中城市投资成本高,每增加一个市民至少需要1万元投入,这对中国来说从财力、物力上是难以承受的。同大中城市相比,发展小城镇有四个明显优势:一是改革开放以来,我国在小城镇建设方面积累了许多经验和教训,因势利导发展小城镇有一定基础;二是小城镇介于大中城市和乡村之间,在城乡的技术、信息、人才及其他生产要素流动方面可以发挥桥梁和纽带作用;三是由于地缘关系,农民进入小城镇比进入大中城市心理成本低;四是小城镇发展有利于促进农村二、三产业相对集中发展,大量吸收农村剩余劳动力,解决农民收入问题。

但是,多年的发展实践证明,我国以发展小城镇为主导的城市化道路存在着许多问题。一是小城镇建设需要占用的土地资源要比发展大中城市多得多。据测算,小城镇人均用地需要450~550平方米,而大中城市人均用地为60~100平方米,特大城市甚至低于60平方米①。如果大力发展小城镇,与我国国情严重不符,必将加剧人地矛盾,动摇农业的基础地位。二是由于小城镇规模太小,缺乏明显的集聚效应,公共品的社会效益差,导致其在基础设施建设中,耗费资金分摊到人均投资水平上明显偏高。根据有关资料分析,在当前特定的条件下,我国城市规模并不是越小越好,从总规模收益和外部成本进行定量分析,规模过小的城市,规模收益低,政府负担的外部成本高,经济效益差;人口在

---

① 廖丹清:"以大中城市为主导的全面发展",《经济参考报》,1999年11月22日。

10万~100万人规模区间,有正的净规模收益,在100万~400万人规模区间为城市净规模收益最大①。三是由于小城镇城市功能残缺,企业进城的成本较高,往往造成非农产业企业不愿也不敢进城。结果是当小城镇建设起来后,因缺乏支撑城镇经济发展的支持产业,外来劳动力和人口难以进城立足,最后使小城镇成了"空城"。四是在小城镇缺乏支撑产业的条件下,一方面一部分进城农民会出现"两栖化"倾向,即有一段时间在城镇,另一段时间又在农村,农民没有实现真正意义上的离农;另一方面由于进城农民找不到稳定的职业,一部分人便会利用城镇建筑物保留的空间养猪、养兔、养鸡鸭,甚至种瓜、种果、种菜。如此一来,城镇又出现了"农村病"②。因此,走以发展小城镇为主导的城市化道路不符合中国国情。本书认为,依据中国土地、水等资源稀缺的国情,今后的城市化应该走以大中城市带动小城镇发展的城市网络群的道路。基本构想是:围绕大中城市发展小城市和农村小城镇,在全国建设起几大城市聚合群体或网络圈。即以一个或几个大城市为中心,周边建设形成若干个中等城市,围绕中等城市聚集和建设起一批小城市和农村小城镇,最终在全国几大区域里形成若干个大中小城市协调配套的城市网络体系。这些城市网络体系的形成,必然会引起各个网络圈中社会经济要素的集聚和经济规模的膨胀。这样一来,就会在全国培育起多个经济增长极,通过这些增长极可以扩张非农产业的发展规模,拉动农村剩余劳动力的转移,带动农业的发展。例如,以京津两大城市为中心,并以秦皇岛、唐山、石家庄、保定、张家口、承德等城市为主要依托,发展众多卫星城和农村小城镇,形成华北城市网络群体;以上海为中心,包括南京、苏州、无锡、常州、杭州、宁波等城市在内的长江

---

① 王小鲁、夏小林:"城市对经济增长的贡献",《经济研究》,1999年第9期。
② 秦尊文:"小城镇道路:中国城市化的妄想症",《中国农村经济》,2001年第12期。

三角洲城市网络群体,在这个群体中建设和发展一批能大量吸引农村劳动力的卫星城和农村小集镇,把其培育成华东乃至全国的经济增长密集区和消费增长密集区;以香港、深圳、澳门、广州为核心,包括珠海、中山、南海、佛山、东莞、惠州和清远等城市在内的大珠江三角洲城市网络群体。还有,以郑州为中心的中原城市网络群,以武汉为中心的江汉平原城市网络群,以西安为中心的关中平原城市网络群,还有以哈尔滨、长春、沈阳、大连为中心的东北平原城市网络带;以成都市为中心的成都平原城市网络群等。另外,在鲁、湘、皖、赣、云、贵、甘、新等省区,应着力培育大城市和中心城市,以此为核心发展大、中、小城市相互协调,功能互补的城市网络群体。

从世界城市化发展实践经验看,有三个明显的变动趋势需要引起高度重视,一是大城市发展速度要远远快于中小城市。据统计,1900~1980年,50万~100万人口的城市由38座增加到251座,增长了6.6倍,而100万人口以上的大城市由11座增加到227座,增长了20.6倍;1920年,全世界百万人口以上城市的人口只占到城市总人口的3.6%,而到1980年这一比例已提高到14.9%。在百万以上人口的城市中,100万~250万人口的城市总人口数由1 200万增加到0.24亿,增长19倍;250万~500万人口的城市总人口数由800万增加到1.34亿,增长15.8倍;500万~1000万人口的城市总人口数由700万增加到0.149亿,增长20.3倍。韩国从1960~1995年城市化水平由39.2%提高到85.4%,其中百万人口以上的城市人口占城市总人口的比例持续上升,由1960年的51.5%上升到1980年的66.3%,而5万~10万的小城市占城市人口的比例却由18.5%下降到2.1%。二是以大城市为中心的城市网络聚合群体迅速出现和成长。例如,大巴黎地区、伦敦地区、纽约地区、洛杉矶地区和圣保罗地区集聚了大大小小的城市和集镇,这些城市在公共品的供给和使用上已实现了一体化,在社会经济发展上已经是一个共同体。三是在一些发达国家，远离大中城市的小城市或集镇在不断萎缩。例如，美国、日本和韩国等一些远离大中城市的小城市都在萎缩，人口在不断减少，城市经济缺乏活力。世界城市化的这种变动趋势为我国今后城市化的发展道路选择提供了难得的经验，我国绝不能违背城市化演变规律去盲目发展小城镇。

实际上，在经济发达的长江三角洲地区，目前正在形成以上海为中心的大长江三角洲城市网络群体系。这个网络群之所以能够迅速形成，主要是由于在20世纪90年代，上海以及周围大中城市的快速扩张和各个城市功能的不断增强，拉动了周边地区小城市和农村集镇的发展。现在，这里的农民和乡镇企业正在从过去的"离土不离乡"、"进厂不进城"转向"离土也离乡"、"进厂也进城"的发展道路。1991~2000年，这个地区的上海、江苏和浙江三省市城市人口由3 013.9万人增长到4 726.6万人，农村人口由9 372.1万人减少到9 062.4万人。相反，这一时期全国乡村人口却从90 525万人上升到92 819万人，增加了2 294.6万人[①]。

在形成全国若干个城市群体网络圈过程中，首先要注意优先发展大中城市，通过加强各种基础设施的建设，扩大城市公共品的供给，不断增强大中城市的承载功能和辐射功能，充分发挥大中城市对周围小城市和农村小城镇的带动作用。优先发展大中城市并不是不要发展小城镇，而且要依托大中城市发展小城市和农村小城镇，凭借大中城市的辐射力和对小城镇的衔接带动功能，将它们建设成为农业、农村经济的增长中心。这些中心即是乡村工业集中发展的载体，又是农产品的市场需求中心和向大中城市输送农产品的集散地，最终能为转移农业剩

---

① 参见国家统计局和国家统计局农村社会经济调查总队编写的1992年、2001年的《中国统计年鉴》和《中国农村统计年鉴》。

余劳动力和增加农业收入提供有利的机会。小城市和农村小城镇可借助大中城市辐射延伸的公共基础设施来规划和发展本身。例如,在城市郊区兴办"工业小区"吸引乡村企业和其他企业进驻,让企业和农民进区造"市";利用大中城市周边传统的商品市场,建立商业型小城镇;对历史上大中城市周围形成的老城镇,进行改造和建设,开辟和扩展生活空间,吸引农民进城。另外,针对大中城市中高收入群体的需求,在一定市场半径内,建造休闲、旅游度假小区,以小区为依据吸引农民入区,兴办各种服务业,最终将其建成新型小城镇。总之,在当前结构转换中,农业发展必须以剩余劳动力实现大量向外转移为前提,而农业剩余劳动力转移应以小城市和农村小城镇发展为载体。这些小城镇又是在城市网络群中,通过大中城市的辐射和带动作用发展起来的。

第8章 新时期的农业发展政策调整

面对结构转换中农业发展遇到的问题,我们选择了有利于推进农业发展的战略思路与结构政策。但是,就农业本身而言,下一步如何发展在政策方面还需要重新调整。当前,我国人均国内生产总值已经为1 000美元,经济结构转换和社会发展对农业的需求也发生了明显的变化。一是工业化和结构转变对农业剩余资金的依赖程度越来越弱,离开农业的资本要素贡献,工业以及非农产业完全能够健康发展;二是社会对农产品的需求开始从追求大宗产品消费总量的增长转向增加优质、健康、快捷、方便食品的需求;三是,除了对食物和纤维产品的需求之外,社会还要求农业能提供用于城乡居民休闲健康等享受发展所需要的产品。例如草坪、花卉、树林、洁净水和空气、开阔的生存空间、野生动物栖息地、生物多样性保护区等①;四是,工业发展越来越依赖农业所提供的市场,农村的消费能力对拉动工业乃至国民经济增长的作用日益重要。因此,我国必须放弃工业化初期追求农产品产量最大化和过度抽取农业剩余资本的政策目标,将政策目标的支持重点转移到增加农民收入,提高农产品质量和改善生态环境等方面上来。围绕这三大政策目标,今后宜采取"调、减、补、投、改、转"等六项新农业政策。即调整农业结构,减轻农民负担,加大对农业的补贴力度,强化国家对农业、农村的投入支持,改革农村管理体制,转移农业剩余劳动力。

---

① 柯炳生等:《WTO与中国农业》,中国农业出版社,2002年,第137页。

8.1 调：利用两种资源和两个市场，积极调整农业生产结构

我国农业要进行结构调整，不仅仅是由国内需求环境变化所决定的，而且还有加入世贸组织的影响。中国已经成为世贸组织的成员，按照加入世界贸易组织的法律文件①，我国在农业及其农产品市场准入方面作出了如下承诺：一是减让关税。中国答应将农产品平均关税继续降低，由2001年的19%降到2004年的17%，其中对美国、欧盟等成员关注的肉类、园艺产品和加工食品等86种农产品关税由入世前的30.8%下降到14.5%。像牛肉、猪肉、禽肉、柑橘、葡萄、苹果、蔬菜（包括菜花、莴苣、芹菜、冷冻什锦菜及罐装冷冻甜玉米等产品）、杏仁、榛子、开心果等关税都将明显减少。除大宗农产品外，大部分农产品进口将取消数量限制，实行单一关税。如大豆、大麦、肉类产品和柑橘统一实行单一关税管理，其中大豆和大麦关税率今后继续保持在3%。对于采用配额关税的农产品，如小麦、玉米、大米、棉花、植物油、糖、羊毛、毛条等配额内的关税，粮食和棉花类为1%，其他产品为1%~20%。配额外小麦、玉米、大米、棉花、豆油等产品关税也要相应降低到25%~65%。二是逐步扩大小麦、玉米、大米、棉花、豆油、糖、棕榈油、菜籽油和羊毛（含毛条）等大宗农产品的市场准入量。例如小麦、玉米、大米三种粮食市场准入量将从2001年的1 638.4万吨增加到2004年的2 215.6万吨；豆油、棕榈油和菜籽油市场准入量从2001年的495.72万吨增加到2005年的799.81万吨；糖、羊毛和棉花的市场准入量也都有明显增加（表8-1）。三是降低国营企业对大宗农产品的贸

---

① 《中国加入世界贸易组织法律文件》，法律出版社，2002年。

易比例,不断提高非国营企业的贸易比例。按照承诺,在过渡期间,中国政府对粮食、棉花、食用植物油、食糖和羊毛等农产品保留国营对外贸易体制(由政府指定国有企业专营)。但是,国营贸易比例要逐步降低,非国营贸易比例在实施期内要等比例增加(表8-1)。四是取消出口补贴。中国承诺加入WTO不对任何农产品,特别是玉米、大米、棉花等产品进行出口补贴。此类补贴包括价格补贴、实物补贴、对出口产品加工、仓储和运输等补贴。目前,由于国内大宗农产品的价格高于国际市场价格,我国政府对一些农产品出口给予了部分补贴,如2000年每出口1吨玉米财政补贴44美元,2001年5月后每吨出口补贴50多美元。五是限定国内农业支持政策。我国承诺对包括大宗农产品在内农业综合支持量(AMS)的"微量允许"水平分别为相应年份农业产值(GDP)的8.5%。六是允许外资外商进入农业服务领域,搞合营企业,这些领域包括农产品的批发零售业务、仓储、化肥、农药、农膜和成品油等的经营。此外,中国也要履行WTO动植物检疫标准(SPS),在小麦、水果和肉类等农产品贸易上严格执行WTO的SPS标准。

表8-1 中国主要农产品的市场准入量

产品	单位	2001年配额量	2004年配额量	国营贸易比例(%)
小麦	万吨	788.4	963.6	90
玉米	万吨	517.5	720.0	71~60
大米	万吨	332.5	532.0(中短、长粒)	50
豆油	万吨	211.8	358.71(2005)	42~10
棕榈油	万吨	210.0	316.8(2005)	42~10
菜籽油	万吨	73.92	124.3(2005)	42~10
食糖	万吨	168.0	194.5	70
羊毛	万吨	32.2	36.7	与非国企同等待遇
棉花	万吨	78.075	89.4	33

注:羊毛包括毛条。
资料来源:《中国加入世界贸易组织法律文件》,法律出版社,2002年。

表 8-2 不同关税配额完成率条件下替代的国内农产品产量和播种面积

产品	配额量 (万吨)	100%关税配额 完成率		66.7%关税配额 完成率		33.3%关税配额 完成率	
		替代产量 (万吨)	替代面积 (万亩)	替代产量 (万吨)	替代面积 (万亩)	替代产量 (万吨)	替代面积 (万亩)
小麦	846.8	846.80	3 306.65	564.82	2 205.54	281.98	1 101.11
玉米	585.0	585.00	1 598.94	390.20	1 066.50	194.81	532.45
大米*	399.0	546.58	1 303.89	364.57	869.70	182.01	434.20
棉花	81.85	81.85	1189.39	54.59	793.32	27.26	396.07
豆油*	251.8	1 099.5	8 870.09	540.51	4 360.48	0.00	0.00
菜籽油*	87.89	174.45	1 634.91	85.76	803.71	0.00	0.00
糖*	176.4	666.67	142.76	177.16	37.94	0.00	0.00
合计			18 046.6		10 137.2		2 463.8

注:*替代的产量与面积换算为稻谷。★豆油和菜籽油配额换算为大豆和菜籽产量后再行计算。其中,由于榨油方法改进与大豆品质提高等原因,农业部种植业司提供的参考数据为,大豆与豆油的平均折算率已从以前的 0.12 提高到 0.15 左右。因只有植物油供求缺口总数,故采用三种植物油配额权重,来计算填补豆油和菜籽油供求缺口的数量。糖的配额按出糖率折算为甘蔗后再行计算,因为我国近年来主要从古巴、韩国、泰国和澳大利亚进口蔗糖,另外,糖也必须计算填补供求缺口后的余额替代量。

资料来源:对外贸易经济合作部世界贸易组织司译:"中国加入世界贸易组织法律文件",2002 年;国家计委等六部委:"全国农产品成本收益资料汇编",2000 年、2001 年;农业部种植业司:"农业技术经济手册",1983 年。本表数据根据以上资料计算而得。

如果这些承诺完全实施后,势必会冲击国内农业发展,给农民就业和收入带来严重的影响。我们曾经参照其他 WTO 成员以往农产品关税配额完成情况,对中国 2002 年小麦、玉米、大米、棉花、豆油、菜籽油和糖等农产品关税配额量分三种进口完成情况,对国内农产品产量及面积产生的替代可能进行了考察(表 8-2)。结果发现,在国际农产品市场价格保持不变的前提下,如果按照三个不同方案实现进口,国内将分别有 18 046 万亩、10 137 万亩和 2 463 万亩粮、棉、油、糖等作物面积和相应的产量被替代①。有替代农民就会有损失,我们按照面积法计算了由替代

---

① 马晓河、蓝海涛:"加入 WTO 后我国农业补贴政策研究",《管理世界》,2002 年第 5 期。

引起的农民就业机会的减少和收入的损失。假定目前每个农业劳动力承担7亩农作物播种面积,农民的收入损失以净产值计算(表8-3)。从表8-3可以看出,如果按照三种不同方案完成关税配额,减少就业机会的农业劳动力人数分别为2 578万人、1 448万人和352万人,相应的全国生产大宗农产品的农民总体收入损失分别为397亿元、227亿元和65亿元,全国每个农业劳动力平均损失为121元、69元和20元。

表8-3 加入WTO对农业就业影响测算

配额完成率 (%)	100	66.7	33.3
替代劳动力 (万人)	2 578	1448	352
总体经济损失 (亿元)	397	227	65
替代劳力人均损失 (元)	1538	1569	1835
农业劳力人均损失 (元)	121	69	20

因此,面对国内结构转换中农业发展的困境和加入世界贸易组织的挑战,中国农业结构必须进行主动性调整。应借助加入世界贸易组织的机会,充分利用国际和国内两个市场和两种农业资源,依照比较优势原则,合理配置土地、水、资金和技术等资源要素,大力发展有市场需求和有国际竞争力的农产品生产,淘汰劣质产品的生产。首先,应利用当前国内农产品供给丰裕、入世承诺粮食市场准入量又大幅度增加的机会①,将不适宜种植粮、棉、油、糖等农产品的坡耕地迅速退下来,发展牧草等生态产品,为改善生态环境奠定良好的基础。亚洲金融危机以来,国家实施积极的财政政策,利用国债和储备粮实行了大面积的退耕还林还牧②,并取得了显著成效。到2002年底,全国已退耕还林

---

① 按照承诺,2001~2004年,中国粮食进口配额量由163.09万吨增长到2 215.6万吨。

② 按照国务院制定的政策,凡是按政策退耕还林的,每亩中央财政一次补助种苗50元,补助管护费每年20元,生态林可享受管护费补助八年,经济林可享受管护费补助五年,南方退耕还林每亩每年中央补助粮食300斤,北方200斤,连续享受五年粮食补助政策。

0.12亿亩,其中实现退耕地造林5 737万亩。其次,适当调减粮、棉、油、糖等属于土地资源密集型农产品的生产面积,增加优质果、菜、花卉等属于劳动密集型产品的生产面积。对土地资源密集型农产品的生产,也要不断压缩双高油菜籽①、含水量高的玉米、春小麦、南方小麦和劣质早籼稻等农产品的生产,增加国内外市场需要的优质、专用农产品的生产。例如,强筋小麦、弱筋小麦、特种玉米、饲料稻、优质早籼稻和小杂粮的生产,还有基因抗虫棉和特种彩色棉生产。第三,抓住城乡居民消费结构快速变化的时机,积极发展低残留、无污染和无公害的食品生产,以实现农产品增值增收。第四,借助丰富的劳动力供给,发展畜禽及水产品养殖业,走农产品转化增值之路。此外,在地区结构上,东部沿海地区经济实力强,外向型程度高,应在逐步减少粮、棉、油、糖等大宗农产品生产的同时,发展一些资金和技术密集、附加值高的农产品生产,以开拓国际市场,扩大农产品出口;中西部地区工业化程度不高,劳动力价格相对较低,应通过技术进步降低农业生产成本,大力发展粮、棉、油、糖等大宗农产品和绿色农产品的生产,并围绕这些产品发展养殖业和加工业,在"优、精、深、细"上做文章。总之,通过农业结构的调整,最终要使农产品质量上升,效益提高,市场竞争力变强,农民收入得到迅速增加。

8.2 减:进一步减轻农民负担,弱化农业对工业化的资本积累功能

当前,在结构转换中,要想让农业在新的形势下取得发展,一条极为重要的政策就是要不断减少工业化对农业剩余的索取,尽量避免对

---

① 双高油菜籽指含高芥酸、高硫苷油菜籽品种。

农业收益形成侵蚀。近几年,在减少对农业索取和减轻农民负担方面,中央政府曾先后采取了一些行之有效的政策措施。例如,从2000年3月开始,旨在减轻农民负担的农村税费改革先在安徽省试点,接着于2001年2月开始又在20多个省、107个县推进农村税费改革试点方案。接着,国务院办公厅于2002年3月27日发出[2002]25号文件,又确定在河北、内蒙古、黑龙江、吉林、江西、山东、河南、湖北、湖南、重庆、四川、贵州、陕西、甘肃、青海和宁夏16省(自治区、直辖市)为2002年扩大农村税费改革试点省。到2002年末,包括自费进行改革的江苏、浙江、上海等省市在内,全国已有20多个省市进行了大面积的农村税费改革工作,涉及农村人口7亿人。在2002年中央经济工作会议上,国务院又决定2003年农村税费改革要扩大到全国各省农村,让每一个农民都能享受到此项改革的好处。

中央确定的主要改革思路是,"三项取消"、"两项调整"和"一项改革"。取消乡统筹费①、农村教育筹资等,专门面向农民征收的行政事业性收费和政府性基金、集资;取消屠宰税,取消统一规定的劳动积累工和义务工;调整农业税和农业特产税(即农业以1998年前五年农作物的平均产量确定常年产量,实行最高不超过7%的差别税率;农业特产税按照与农业税不重复征收的原则,以略高于农业税的税率因地制宜地征收,并尽可能在一个环节征收);改革村提留②征收使用办法(即凡是由农民上缴村提留开支的,采用新的农业税附加方式统一收取,农业税附加比例最高的不超过农业税的20%,实行乡管村用)③。为了

---

① 乡统筹是指由乡(镇)政府收取的五项统筹费,包括乡村教育费、计划生育费、民兵训练费、乡村道路建设费和优抚费。
② 村提留是指三项村提留的简称,具体包括公积金、公益金和管理费。
③ 黄汉权:"农村税费改革研究",国家计委宏观经济研究院2001年度院管课题,第4页。

保证农村税费改革试点的成功进行,防止农民负担的反弹,中央财政向由中央认定的农村税费改革试点省区市连续进行财政转移支付,例如2000年中央财政向安徽省补助11亿元,2001年中央财政转移支付80亿元,2002年245亿元,2003年又转移支付305亿元。全国各地的改革实践已经证明,我国农村税费改革是富有成效的,农村税费改革大大减轻了农民的负担,从安徽省改革试点的经验看,通过税费改革农民每亩耕地税费负担由101元减少到79.1元,减负率为21.7%。加上负担卡外收费,农民实际减负率超过了41%①。江苏省农民负担人均减轻77元,减负率达50%;河南省农民负担减负率为37.9%;自费实行农村税费改革的浙江省,农民人均负担在2002年减少了63%。2002年,根据对20个农村税费改革试点省区市的统计数据调查,1999年农民承担的农牧业税及附加152.1亿元,农业特产税及附加85亿元,屠宰税25亿元,乡统筹村提留323.9亿元,农村教育集资62.3亿元,合计774.5亿元,农民人均负担112.6元。实行税费改革后,农民承担的农牧业税306.8亿元,农业特产税40.1亿元,农牧业税和农业特产税的附加72.6亿元,合计419.5亿元,农民人均负担61元,比税费改革前减轻了负担45.8%②。

农村税费改革确实减轻了农民负担,但也引发出一些问题,一是乡村两级收入变小而支出不变甚至还有增加,使得基层组织运转面临着困难。在实行"三项取消"政策后,尽管有中央财政的转移支付,但不足以弥补乡村财政因改革引起的收支缺口,在行政经费特别是农村教育经费支出压力下,个别已经实行了税费改革的农村地区,又向农民征

---

① 马晓河等:"农村税费改革问题研究",国家计委宏观经济研究院2000年度重点课题,第70页。
② 朱守银、张海印:"农村税费改革试点新的进展与成效",《农村动态反映》,2003年第11期。

收新的税费,例如从农民开征"白肉销售税"①,向农民分摊"企业所得税";有的地区还擅自抬高农村小学生和初中生的学费标准,重新加重农民负担;另外有的地区在税费改革后的"明白卡"之外,以"工程款、共同生产费、水费和四五普法"等名义向农民收费。二是乡村两级长期形成的沉重债务难以消化。当前我国乡村两级的债务主要是由过去农村九年制义务教育达标、农村道路建设、农田水利基础设施建设、举办乡镇企业、小康村达标等积累起来的。改革前,这些集体债务只能通过"三提五统"和向农民摊派来偿还,而现在乡村两级不得再向农民乱收费,历史沉淀下来的集体债务就落到了乡村两级政权身上。三是税赋出现新的不平衡。主要表现在两方面:这次征税的对象是按田地的农产品常年产量来计征,地多则多征,地少则少征,无地则不征,这明显加重了土地经营的负担;另一方面土地二轮承包后,已有许多土地被城乡基础设施建设占用,但许多地区征税的标准面积仍以二轮承包时为基期,由此造成"有税无地"现象。最后一个问题是,当前我国农村税费改革是在城乡两种体制、两种政策的情况下进行的。不管税费改革前还是改革后,对农民征税都是不公平的,带有明显的歧视性现象。如果将农民作为个人所得税征收对象衡量,农民人均纯收入离每月 800~1 000 元的个人所得税起征点还很遥远,比如 2002 年我国农民人均年纯收入仅为 2 476 元,每月只有 200 多元。如果将农民作为城镇工商业者对象征收增值税,农民也达不到起征点的水平。目前,我国对城镇工商业者增值税的起征点是月销售额 600~2 000 元,折合年销售额 7 200~24 000 元,以此衡量我国大多数农民都达不到这个水平。即使将农民作为个体工商户以五级超额累进税征税,目前对农民征税也不公平。按照个体工商户缴纳五级超额累进税规定,凡年应税所得不超

---

① 南方一些农村地区习惯上将猪肉称为"白肉"。

过5 000元的适用税率为5%,而我国实行税费改革试点省份对农业确定的税赋水平为8.4%,明显偏高。因此可见,当前农村税费改革仅仅是一个过渡方案。因为从长远看,中国的城乡二元税制结构迟早要进行一体化的改革,将来不管一体化的税制是什么样的方案,现行农村税制都必须进一步改革。

我国的农村税费改革应采取两步走的战略,近期内要进一步完善现有农村税费改革方案,积极推进各项配套改革,确保农村税费改革行得通、保得住。第一,搞好乡村两级减机构、减事和减人、减支出的改革。当前,我国乡政府和村级组织机构膨胀,冗员过多,职能混乱,这是农民负担沉重的一大根源。据统计,全国县乡财政供养人员在1994～2000年间增加了708万人,总人数达到2 959万人,再加上73.5万个村民委员会的300多万基层干部,这些都要农民直接和间接负担。如果乡村机构和冗员减不下来,农村税费改革的成果就很难保得住。正如第7章所述,必须尽快改革乡镇政府,取消乡镇级政府机构,取消乡镇级财政设置,压缩编制,裁减工作人员,让其改称乡镇公所,使其成为县级的派出机构。村级基层组织也要改革,思路是能合并村的就合并,不能合并的要压缩村委会成员,这样可以减少管理环节,节约财政成本,并能从体制上避免基层政府向农民加重各种税费负担。

第二,坚持中央财政继续向农村税费改革地区转移支付政策,并不断加大转移支付力度。乡村财源不足,债务沉重是影响农村税费改革的主要矛盾。特别是在中西部地区此矛盾更加突出。为了保证税费改革能尽快推广,其成果又不被侵蚀,中央应该重点增加中西部地区的财政转移支付资金,并从制度上保障中央财政资金不被地方政府截留。同时,东部沿海地区省级政府也应向基层政府进行财政转移支付,以缓解这些地方政府财源不足的矛盾,给农村税费改革创造宽松的外部条件。

第三,积极解决乡村九年制义务教育经费问题,让农民也能享受到与城市居民同样的待遇。目前,在全国大多数县及乡级财政支出中,中小学教育经费支出占到50%以上,在基层财力不足的条件下,向农民摊派就成为无奈的选择。如果这一块经费上级不解决,即使推行农村税费改革,地方政府还会变换手法向农民收钱。无论是从理论上还是从法律上讲,农村中小学教育都是公共品,属于国家规定的义务教育,就像城市的九年制义务教育一样,应该完全由国家来负担。今后,农村中小学教育支出的主要承担者,应由县乡(镇)村为主逐步过渡到以中央和省级财政统筹解决。对于中西部地区,建议中央和省级财政按比例分成,统筹解决。对于经济发达的东部沿海地区,农村教育支出由省级政府自行统筹解决。近期内,鉴于中央和省级财政并不是十分宽裕,两级财政负担的农村教育经费支出,主要限于乡村教师工资。这样既可切断大部分农民负担的源头,消解了乡村债务压力,又可避免中央和省级财政的超负荷运行。

第四,逐步取消农业税和农业特产税,给农民以休养生息的机会。我国人多地少,农业生产空间狭小,在经济发展过程中农产品生产成本上升压力本来就很大,向农业征税无形中又加大了这种压力。1990~2000年,除了提留统筹和各项社会负担之外,国家从农业征收各税由87.9亿元迅速增加到465.3亿元,增长了4.3倍。毫无疑问,税收和各项负担大幅度增加是造成农业实际成本快速上升的直接原因之一,在税费改革的同时有计划地取消农业税,有利于降低农产品生产成本,提高农业的国内外市场竞争力。从目前国家税收收入结构分析,农业各税占全国税收总收入的比重极低,而且20世纪90年代中期以后该比重还在迅速下降。例如,1995~2000年,农业各税总额占全国税收总量比重由4.6%下降到3.1%(表8-4)。继续征收这部分税收意义不大,减免这部分税收对工业化和国民经济发展也不会造成多大震动,但是对农业发展影响颇大。为此,可考虑从现在起,在全国首先取消农业特产税,对农民生产的所有农产品统一征收农业税。本来,农业特产税在1983年推出时,主要是为了调节经济作物和粮食作物之间的收益水平,稳定粮食供给。现在我国粮食供给丰裕,征收该税种的历史背景已不存在,而且继续征收此税还容易与农业税形成重复征税,这样会大大削弱我国农产品的国际竞争力。取消农业特产税,既有利于农民增收,又有利于提高农产品的市场竞争力,这是有百利而无一害的举措。对于贫困地区、受灾严重地区和加入世界贸易组织后短期受冲击较大的粮、棉、油、糖等主产区,从2004年起连续五年免征农业税和牧业税,给农民以休养生息的机会。此后,待条件成熟时,可在全国普遍实行免除农业税的政策。减免农业税、牧业税,取消农业特产税,由此导致上述地区财政产生的缺口,建议由中央和省级政府通过加大财政转移支付力度来填补。

表8-4 全国税收收入构成 %

年份	合计	工商税收	关税	国有集体企业所得税	农业各税*
1995	100.0	76.0	4.8	14.6	4.6
1996	100.0	76.3	4.4	14.0	5.3
1997	100.0	79.6	3.9	11.7	4.8
1998	100.0	82.3	3.4	10.0	4.3
1999	100.0	83.0	5.3	7.6	4.0
2000	100.0	82.4	6.0	7.9	3.7
2001	100.0		5.5		3.1

注:*农业各税指农业税、牧业税、耕地占用税、农业特产税和契税。
资料来源:国家统计局:《中国统计年鉴》,中国统计出版社,2002年,第266页。

从长远看,我国农村税费制度改革要和城市乃至全国整体的税制改革统筹考虑,以公平和城乡一体化的标准衡量,我国最终应该消除城乡二元税制结构,实行城乡统一的税收制度,在这种制度下,农民和城市居民都能享受到同等待遇。

8.3　投：增加政府对农业的投入支持，进一步改善农业的生产条件

在新的结构转换时期，要想推动农业发展，仅有减负政策是远远不够的，还必须有增加农业投入的政策。农业是关联全社会的重要产业，它的多功能性及其基础地位，决定了农业产前、产中以及产后各环节所需要的公共产品，都应由政府来提供。在以往人们的观念中，总以为城市里的水、电、路、通信、学校、医院、图书馆等公共基础设施要由国家来提供，而农业、农村的同类公共基础设施应主要靠农民自身解决，国家只给予适当补助。基于这种观念，农村就出现了各种各样的由农民掏钱搞公共基础设施建设的现象。例如，向农民征收五项乡统筹费，用于乡村两级办学、计划生育、优抚、民兵训练、乡村道路修建；同时还从农民征收三项村提留费（公积金、公益金和管理费），主要用于农田水利基本建设、植树造林、五保户供养、农村医疗等事业。多年来，农民负担重主要重在农村公共基础设施建设上，每年全国农民要拿出几百亿元投资搞本地的基础设施建设。2000 年全国农民上缴的农业各税、三提留五统筹费和各种社会摊派约为 1 355 亿元，其中三提留五统筹费和各种社会摊派接近 900 亿元，人均达到 95 元。同城镇居民相比，农民的年均纯收入仅相当于他们的 1/3，可是令人不解的是，为什么收入水平相对较高的市民要由国家来提供公共品，而收入水平较低的农民却无法享受这种待遇？这几年，由于国家实施了积极的财政政策，依靠发行国债大力推进我国的基础设施建设，使得社会和经济发展中的公共品供给达到历史最高水平。但是，值得注意的问题是，在财政和国债投资中对城市投入较多而对农业、农村投入较少，这使得城乡基础设施建设差距越拉越大。当前，农村公共基础设施供给落后，已严重影响到农

业和农村经济的发展,也抑制了农产品市场竞争力的提高。我认为农业、农村的公共品应该由政府来提供。具体理由是:

第一,农业、农村的公共基础设施从属性上同城市的基础设施一样都是公共品,同一属性的公共品应该在供给上采取相同的政策。众所周知,在一个社会里,所有产品根据其竞争性和排他性可以划分成公共物品和非公共物品。考察各国经济发展经验,公共物品一般都是由政府组织供给的,供给的形式有三种:第一种是政府直接供给,比如国防、治安消防、基础教育、医疗保障、科学研究、道路、救灾等。第二种是政府间接供给,通过财政补贴、税收、价格等政策,引导私人部门提供公共物品,比如鼓励私人部门为雇员提供人身健康和医疗保险,提倡全社会节约能源和水资源。第三种是政府以法律形式要求私人部门供给和维护公共物品。例如要求化工厂、造纸厂、纺织厂等进行环保投资,以减少甚至杜绝污染,颁布休渔法令保护渔业资源等。尽管公共物品的供给形式有差别,但是对于不同的人群或民族供给公共品时不能有歧视性政策。因为,在一个国家或地区,人与人之间、民族之间是平等的,他们享有的生存和发展权利是一样的,这些人或民族有权利获得同等的生存权、发展权和公共物品的享用权。在公共品供给政策上,厚此薄彼显然使一部分人优先享用了公共品的使用权,另一部分人牺牲了这种权利。面对公共品供给的不平等,优先获得享用权的人群就有可能获得较多的发展机会,相反牺牲了这种享用权的人则会丧失一部分发展机会。由此这会拉大人群间的发展差距,引起社会的不公平。再说,财政是公共财政,财政资金来自广大纳税人,在财政资金分配和使用上应该有公平和平等性,既然是公共财政,在公共品的供给上对人群就不应该有差别,也不应该有任何歧视。我国的情况也不例外,农民和城镇居民同属中华人民共和国公民,他们享有平等的生存权和发展权,农民同城镇居民一样有权平等享受政府提供的公共物品。

第二，我国农业是一个特殊的产业，农民是一个特殊的群体，在长期的工业化和城市化过程中他们做出了巨大贡献，当工业化进入到现阶段国家经济实力明显增强时，政府应该为农民和农业大量提供公共物品。过去，我国为了在较低收入水平下顺利推进工业化，国家利用计划经济体制以行政手段，从农业领域明拿和暗取了大量建设资金，可以说农民是勒紧裤带饿着肚皮为工业化提供资本积累的，没有这些积累贡献就不可能有今天的工业化基础。当前，我国的工业化已经发展到了完全可以不依赖农业和农民的任何积累支持，而且国家财政也有能力反过来支持农业、农村和农民。今天我们不能忘记农民对工业化的血汗积累，对经济发展的重大贡献。本来，从农业和农民长期过多地抽取工业化资本积累资金，已经极大地削弱了农民的自我发展能力，而20世纪90年代以来城镇基础设施建设持续优先发展，又使农民丧失了一些发展机会。因此，无论是回顾历史还是面对现实，农业和农民都应该得到回报和补偿，让他们享受工业化的成果，国家有责任让农民休养生息，向农业和农民提供所需要的公共基础设施，变"抽血"为"输血"。

第三，启动市场消费扩大内需离不开农业和农民，为他们提供公共物品有利于带动农村市场消费，拉动整个经济的增长。当前，在通货紧缩压力较大的情况下，我国急需扩大最终消费品市场，而在消费品市场中最重要的是占全国人口2/3的农村人口消费。如果9.3亿农民不消费或者减少消费，我国启动市场扩大内需的战略构想就很难实施。20世纪90年代以来，农民消费能力不足的问题日益突出，由此导致农村消费品市场在全国市场份额中不断下降。例如1993年县及县以下消费品零售总额占全国市场的比重为42%，到了2001年下降到37.4%，2002年又进一步下降到36.7%。为什么农村消费品市场份额在萎缩？原因很简单，一是农民收入水平过低，来自农业的收入增长不快甚至还出现了下降;二是农业、农村公共基础设施供给严重不足。仅从公共基础设施供给角度分析,农业、农村公共品供给不足,会导致农民行路难、通信难、就医难、上学难、用电饮水难等。这样,即使农民有钱也无法购买和消费工业品。此外,农业、农村公共品供给严重短缺,还迫使农民自掏腰包建设基础设施,无形中这又侵蚀了农民仅有的收入,增加了他们的支出成本,削弱了他们的消费能力。从启动市场扩大内需的战略高度看,由政府向农业和农民提供公共物品,既可以直接减少农民的支出成本,扩大他们的消费能力,同时又能为农村创造良好的市场消费环境。因此,政府向农业和农民提供公共物品是一项有百利而无一害的事情。

为了更好地向农村提供公共物品,首先要改变以往的观念,从思想上高度重视农业、农村公共物品的供给问题。将农业、农村公共品的供给放到同城市公共物品一样的天平上,纳入到国民经济发展体系中予以统筹考虑。向农业、农村提供公共物品既体现了国家对农民这个弱势群体的重视和公共政策的公平性,同时也是改善工农、城乡关系的重要方面。所以,由政府向农业、农村提供公共物品,必须让决策者以及全社会从思想上高度认同,并以法律法规形式固定下来。其次政府要调整财政和国债投入结构,加大对农业、农村基础设施建设的投资。在实施积极财政政策的过程中,政府应适当增加国债资金用于农业、农村的数量和比重,使农村能够获得较多财政资金,由此为增加农业、农村公共物品供给总量提供资金保障。农业、农村公共基础设施短缺,关键是资金短缺,如果各级政府都能把农村像城市一样对待,大量投入财政和国债资金,农业、农村公共物品严重短缺的矛盾将会大大缓解。再次要将公共物品的供给重点放到能直接影响农业生产和农民生活环境方面来。自实施积极财政政策以来,国家对农业基础设施增加了大量投资,主要用于大江大河大湖、生态环境建设等方面,这些投资方向是完全正确的,但是工程建设的受益者是全社会,农业和农民本身受益不是很大。今后,国家应当向农村中小型基础设施建设投资。目前,农业、农村基础设施严重短缺,政府很难在短期内迅速满足需要,只能选择重点优先发展。例如,近两年可以在搞好大型农林水利、生态等基础设施的同时,将重点放在中小型农田水利、节水灌溉、农村道路、人畜饮水、医疗卫生、通电通信、农产品市场信息体系和乡村中小学教育设施等建设方面,重点增加这些方面的投资,为降低农业生产成本和改善农民的生活消费环境创造良好的条件。此外,为了加快农业、农村公共品的供给速度,政府还可以通过财政补助、税收、价格等政策,引导农民或民间企业搞一些基础设施建设,比如以财政补助形式鼓励农民开展职业培训,用补贴的办法推广农业先进技术,以贴息的方法支持农村合作组织和行业协会发展公共服务业等。需要明确指出的是,中央和各级政府是农业、农村公共基础设施建设的投资主体,不能以任何借口或理由将这些公共基础设施建设责任推卸到农民头上,特别是在粮、棉、油、糖主产区和中西部地区,那里的农业、农村公共品必须由政府无偿提供,否则农业、农村发展将受到极大制约。

8.4 补:充分利用 WTO 有关规则,加大对农业的补贴力度

对农业实行补贴政策,是我国工业化到达现阶段以及中国加入世界贸易组织后,为了促进农业发展,并对农民因市场开放带来的损失给予补偿的一种有效手段。有人讲,加入 WTO 我国总体上是受益的,它可以通过国内和国际两个市场和两种资源的对接,使人们的福利最大化。但是,对于不同的产业和利益主体来说,谁是加入 WTO 后的受益者,还需要从理论上分析。

我们首先建立农产品供求理论模型①,研究到底谁在贸易中受益。这里假设,在加入 WTO 之前,大宗农产品的供求均衡量在图 8-1 的 Q_0,此时大宗农产品供给曲线 S 和需求曲线 D 相交于 E_0 点,市场价格水平为 P_0。当国外同类大宗农产品按照中国的承诺进入国内市场后,图 8-1 的供求曲线将发生变化。在图 8-1 中 W 曲线代表国外供给,由于国外农产品的进入,引起国内农产品市场价格下降,这刺激了国内居民对这些产品需求量的增长,于是需求量便从 Q_0 增加到 Q_2。但是,由于国外产品的进入和市场价格的下降,也迫使国内供给下降,国内供给量相应从 Q_0 减少到 Q_1,这时图 8-1 中产生的供求缺口 Q_2-Q_1 就是实际的进口量。

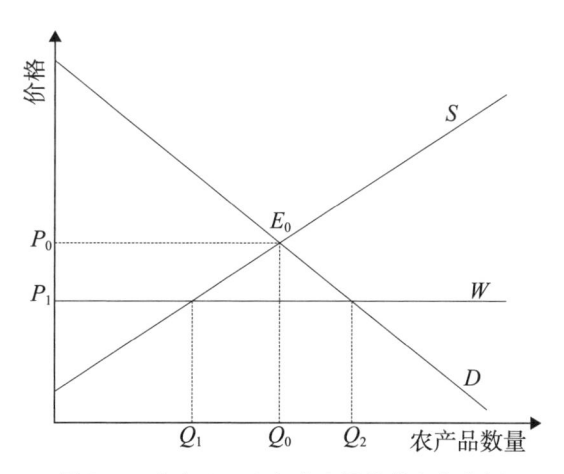

图 8-1 加入 WTO 与农产品供求变化分析

在国内增加了 Q_2-Q_1 的进口量后,国内总体社会福利以及在生产者和消费者之间的福利结构发生了什么样变化?从图 8-2 提供的情

---

① 在建立大宗农产品供求均衡理论模型中,笔者参照了曼昆的《经济学原理》第九章进口国的国际贸易理论模型。曼昆:《经济学原理》,生活·读书·新知三联书店、北京大学出版社,1999 年,第 180~200 页。

景分析,在加入 WTO 之前,当农产品供求均衡在 E_0 点、价格为 P_0 时,消费者的福利(用消费者剩余代替)是 D 曲线以下和价格 P_0 以上为 A 区,生产者福利(用生产者剩余代替)是 S 曲线以上和价格 P_0 以下为 B 和 C 两区,社会总体福利为 $A+B+C$ 三个区。加入 WTO 后,由于外国大宗农产品的进入和市场价格的下降,改变了社会总体福利和结构分布。图 8-2 显示,这时消费者福利面积变大,由 WTO 前的 A 变为 $A+B+G$;生产者福利面积变小,由 WTO 前的 $B+C$ 变为 C,失去了福利面积 B;同时,仔细分析还可以发现,加入 WTO 后社会总体福利也变大了,由 WTO 前的 $A+B+C$ 变为 $A+B+C+G$,增加了 G 福利面积。因此,从大宗农产品供求均衡理论模型分析可以得出结论,加入 WTO 后,中国在农产品贸易上总体福利变大变好了,消费者的状况也变好了,福利相应变大。但是,农产品生产者状况变坏,福利明显变小。从这种角度讲,加入 WTO 消费者和社会总体是最大的受益者,而生产农产品的农民是利益受损失者。从图 8-1 可以看出,由于进口替代农民生产的农产品产量减少了 Q_0-Q_1,损失是 $(Q_0-Q_1)\times(P_0-P_1)$。

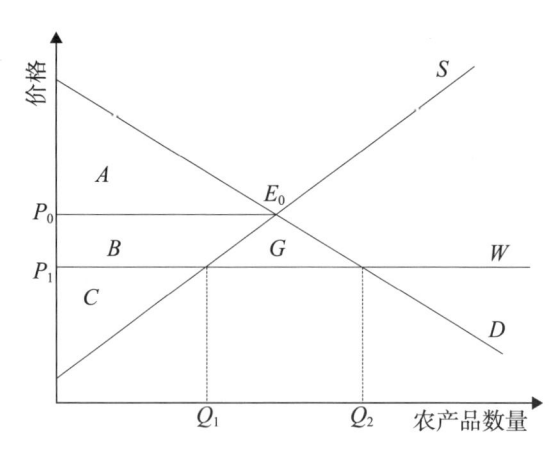

图 8-2 大宗农产品的进口与社会福利结构变化

以上我们利用供求理论模型分析了在农产品供求平衡的情况下,给农业和农民带来的影响。为了使本书的论据更有说服力,我们将农产品按国内市场供求分为过剩型和短缺型两类。在加入 WTO 的条件下,无论是过剩型还是短缺型农产品,只要有关税配额,同时外来农产品有价格竞争优势或有非价格竞争优势(包括质量、包装等),都能进入国内市场,对同类农产品都会发生进口替代。图 8-3 和图 8-4 是短缺和过剩型农产品进口对国内同类农产品的替代情形。

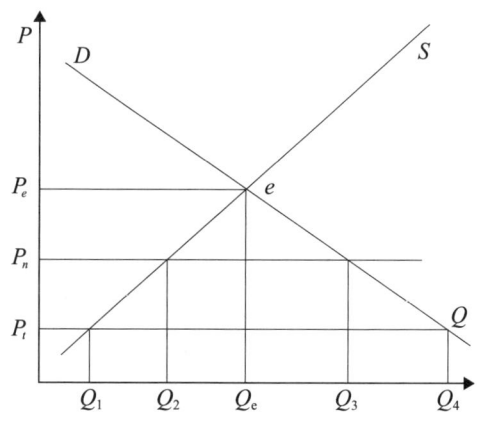

图 8-3 短缺型农产品的进口替代

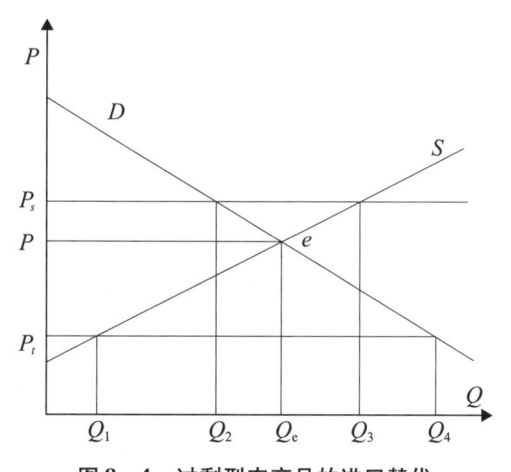

图 8-4 过剩型农产品的进口替代

在图 8-3 中，e、P_e 和 Q_e 分别为国内农产品的均衡点、均衡价格与均衡产量；P_n 为进口前封闭经济条件下的国内价格；P_t 为进口价格，也可近似视为开放经济条件下的国内价格，Q_1、Q_2、Q_3、Q_4 分别为各种农产品产量；D 和 S 线分别为需求和供给曲线；P 与 Q 分别是价格轴与产量轴。对短缺型农产品来说，影响进口替代的主要是进口量和国内市场价格。如果进口量较少，不足以填补供求缺口 Q_3-Q_2，则国内价格会上升。只要没达到均衡产量，那么均衡产量与实际产量的缺口就是因净进口压制了国内价格的上升而替代的国内产量；如果进口量较多，刚好填补供求缺口 Q_3-Q_2，使得国内价格保持不变，则替代的国内产量为 Q_e-Q_2，Q_3-Q_e 为即使国内资源均衡配置时也无法满足的需求量，只有通过进口才能满足；若进口量很大，导致国内价格从 P_n 下跌到 P_t，则替代的国内产量为 Q_e-Q_1，而 Q_4-Q_3 是新增的只有通过进口才能满足的国内需求量。

在图 8-4 中，P_s 为国内支持价格，其他变量同图 8-3。就过剩型农产品而言，在支持价格 P_s 作用下，出现 Q_3-Q_2 的生产过剩而被储存起来。若该成员为履行 WTO 的关税配额进口义务而发生净进口，国内价格跌至 P_t，则进口替代量为 Q_e-Q_1，而 Q_4-Q_e 是进口产品填补因价格下降而产生的新增国内需求量，Q_3-Q_2 的产品积压在库中无法出售，财政补贴负担比进口前加重。不论是短缺型还是过剩型农产品，只要净进口替代了一部分均衡产量，表明国内资源未充分利用以实现充分就业，该产品部门的农业生产者就遇到生产量被替代、收入损失增加[①]。

有人认为，中国加入 WTO 后对非农业部门中劳动密集型产业发展有利，这能刺激该类产业增加出口，扩大生产经营规模，增加全社会

[①] 马晓河、蓝海涛等："中国加入 WTO 对农业部门妇女的挑战"，联合国开发计划署委托课题，2002~2003 年。

的就业机会。因此,受损失的农民可以退出农产品生产领域,转移到非农业部门中劳动密集型产业就业。我们认为这种可能性也非常有限。因为第一,由于目前我国城乡劳动力本来就大量剩余,现有就业岗位根本就无法安排数以亿计的剩余劳动力。即使 WTO 能给非农业部门中带来新的就业机会,恐怕农民也难以得到。原因很简单,现行城乡二元经济制度从就业、社会福利保障、教育甚至信贷金融政策等方面保护城市人而歧视农村人,因此现有体制人为设置的高进入门槛,阻碍农民从农业向外转移。尽管我国已经加入了 WTO,但是这种阻碍农业劳动力转移的二元经济制度还难以很快得到彻底改革。只要此项制度不进行彻底改革,在农业中丧失就业机会和遭遇损失的农民就无法离开农业。第二,和城市人相比,农民文化素质低,劳动技能不高,在进入非农业部门劳动密集型产业领域就业没有较强的竞争优势。总之,试图在短期内让受损失的农民全部并很快进入非农业部门就业,以获得补偿是不现实的。

因此,在现行体制政策环境下,农民是我国社会经济生活中的弱势群体,由于他们的自组织能力差,社会和市场谈判地位低下,这些就决定了中国加入 WTO 后的一些经济成本要由农民来承担。但是,在现阶段,中国农民特别是农产品主产区的农民,经济实力和应变能力十分低下,根本无法抵御外来冲击。因此,由加入 WTO 给农民带来的冲击和损失,应由国家给予补偿。在当今世界,无论是发展中国家还是发达国家,扶持社会中的弱势群体,保障他们的生存权和发展权,都是政府的基本责任。因为防止穷人的生活状况变坏,帮助穷人摆脱困境,实质上是一种社会公共品供给,这种公共品显然要由政府来提供。我国也不例外,帮助农民尤其是帮助那些因 WTO 陷入困境的农民,是政府的责任。在大宗农产品贸易中,政府不但要为受益者"锦上添花"(例如增加机关事业单位人员工资等),更要为受损失者

"雪中送炭"。

在遵守WTO有关农业协议的前提下,我国农业补贴的主要政策目标应该是:以发展我国农业不断增强农产品国际竞争力为中心,增加财政补贴总量,调整补贴结构,降低农产品生产成本,增加农民收入。用这个目标衡量,我国对农业的补贴不是多了,而是少了;补贴的结构也不尽合理,给流通领域补贴的多,给生产和农民补贴的少。根据测算,目前我国的农业综合支持量(AMS)只有2%,对农民的直接补贴几乎为零。与我国不同的是,许多发达国家对本国农业的支持水平很高,例如在1996~1998年,美国的农业综合支持量为9.5%、欧共体为25%、日本为41%、加拿大为15%,属于发展中国家的墨西哥农业综合支持量也达到34%。在这些国家中,农民的收入有很大一部分是来自政府的补贴,比如日本农业生产者收入总额中有60%来自政府补贴;2000年美国对小麦的直接补贴每吨45.2美元,玉米为27.6美元,欧盟对每吨谷物的补贴为55美元;日本对山区、半山区的农民也实行直接支付政策,此项政策政府拿出700亿日元,对90万公顷农地进行补贴,平均每公顷补贴8万日元,折合630美元,每个农户每年享受的最高补贴可达100万日元,折合7 870美元。很显然,如果这些发达国家将农业的补贴水平降到与我国相当,我国的大多数农产品将会有明显的竞争力。但是,实际情况是美国、日本等发达国家还在增加本国的农业补贴。因此,面对国际和国内经济形势,政府都应该增加农业补贴水平,以提高农业竞争力和增加农民收入。具体政策包括以下四个方面:

(1)要明确补贴重点,减少农产品流通环节的补贴,增加生产环节补贴。生产环节补贴主要用在优质化、专用化农产品、绿色产品基地建设、良种、节水型灌溉技术推广,其中良种补贴应将重点放在大豆、玉米、小麦、棉花、畜禽产品等方面,以降低这些产品的生产成本。

（2）要强化现行补贴的薄弱环节，增加农业补贴资金数量，以直接补贴的方式给农业主产区农民增加收入。20世纪90年代中期以来，农民收入增速趋缓，来自农业的纯收入连年下降，主要是由农业主产区农民收入下降引起的，因此，增加农民收入重点在这些地区。作者以为，政府应向这里的农民发放直接补贴，可以采取两种补贴方式，一种是按农民过去三年种植粮、棉、油、糖的平均播种面积补贴现金；另一种是按近三年农民年人均现金收入600元以下的纯农业户①，政府可直接给予不同等级的收入补贴。这两项补贴可通过农业银行和农村信用社直接发放到农户手中。

（3）将取消农产品出口补贴节省下来的财政资金和农产品流通环节减少下来的补贴中的一部分，转入到政府一般农业服务领域，主要用于支持农产品检验检疫服务、支持农民、企业和地方政府开展的各种营销服务、农民的技术培训服务和市场信息咨询服务等。

（4）加快建立农业保险补贴制度，不断增强农民抗御自然灾害的能力。综观世界发达国家的经验，这些国家大多数政府都对本国农业保险费和农业保险管理费进行补贴。例如美国、加拿大、日本、瑞典、西班牙、法国和德国等都是这样做的。2000年，美国政府对农作物保险的保费补贴额约占纯保费的53%，平均每英亩保费补贴6.6美元，另外，政府不但承担了联邦农作物保险公司的各项管理费用以及保险推广和教育费用，还向承办政府农作物保险的私营公司提供20%~25%的业务费用补贴②。我国的情况完全不同，农业保险不但没有独立机构，政府也没有任何财政补贴支持。这完全不适应中国国情和加入

---

① 根据国家统计局提供的资料分析，1998~2000年，农村居民当年人均用于食品、衣着和医疗保健等基本消费的货币性支出分别为594元、588元和647元，三年平均每人年支出609元。因此，农民人均现金收入低于600元，将直接影响他们的基本生存条件。
② 李军：《农业保险》，中国金融出版社，2002年，第451~497页。

WTO的需要,也不利于保护农民这个弱势群体。我们建议,今后要将农业保险作为我国农业政策的一个重要组成部分,设立机构,规范制度。具体讲,应由政府出股本金,创办中央农作物保险公司,在粮食、棉花、大豆和甘蔗等敏感性农产品的主产区,以及畜禽、蔬菜和水果等主要出口农产品主产区,设立二级分支机构。同时,每年中央财政要拿出一些资金对农业保险按险种进行比例补贴。补贴的重点是粮棉油糖等敏感性大宗农产品,以及畜禽、蔬菜和水果等主要出口创汇农产品。

此外,还应尽快设立结构调整专项补贴资金。对受冲击最严重的大豆、玉米、棉花、油料和小麦主产区,进行专项补贴,引导和鼓励农民转产发展有比较优势的农产品。

8.5 改:加快对农业和农村经济管理体制的改革

制度创新是当前我国结构转变过程中农业发展迫切需要解决的问题。今后,除农村税费改革之外,要重点进行三方面的改革:

一是深化农业体制改革,建立一体化的农业宏观管理体系。我国现行农业宏观管理体制,是在传统计划经济体制条件下建立并演变过来的,这种体制在管理生产上和从农村转移剩余资源上富有成效,但在引导农民进入国内外两种市场,帮助农民增加收入上效率极低。当前,农业管理体制最大的弊端是生产领域中农林水脱节,生产与购销脱节,原料生产与加工脱节,内贸与外贸脱节,国内农产品检验检测与出入境检验检测也相互分离。从推进农业发展和进一步对外开放的要求衡量,这种体制割裂了农产品的供给与需求关系,信息传递滞后并常常发生失真,影响农业提高市场竞争能力。为了更好地适应市场化改革和对外开放,当前最理想的选择是,在宏观上实行生产与购销、生产与加工、内贸与外贸、国内与出入境检验检疫一体化的管理体制。在这方面,美国农业的管理体制值得借鉴,美国不但将农产品的供求、加工、贸易、检验检疫等纳入一体化管理体系中,而且对农业的财政支持和金融服务都包括在农业管理部门的职能中。目前,世界上不但有发达国家实行一体化的农业管理体制,而且还有许多发展中国家也实行了这种管理体制。我国是一个农业大国,特别是人多地少,经营分散,在加入WTO 后为了帮助农民进入市场,并保护他们的权益,就更需要有效率的宏观管理体制。因此,我们应该学习发达国家和发展中国家管理农业的成功经验,改革现行体制,建立一套有效的、能提高农业竞争力的宏观管理体制。对此,要打破产前、产中、产后相互脱节的现行管理体制,结合发展农业产业化,加快探索按产业链方式管理农业和农村经济的一体化新模式。相应合并国内的涉农机构、职能,强化和扩展农业部的机构和职能,将农林水、农产品的产加销、内外贸、检验检测等职能全部纳入农业部的管理职能范围。近期内可以在沿海发达地区、粮食主产区和贫困地区选择若干地县,进行这方面的改革试验,借此为在全国范围内改革农业和农村经济管理体制积累经验。

二是积极推进粮食流通体制改革向市场化迈进。我国粮食流通体制改革走了一条曲折的道路,并为此付出了高昂的成本。自从 1992 年中央政府提出要以"分区决策、分省推进"的方式改革粮食流通体制以来,全国各地纷纷在粮食销售领域进行了较为彻底的改革,各省区市都先后取消了粮食定量供给制,放开了粮食销售价格。到 1998 年底,全国 98%以上的县市都完成了粮食销售领域的改革①。改革难度最大和最缓慢的是粮食收购领域。本来在 1993 年 10 月召开的中央农村工作会议上,对粮食决定实行"保量放价"的改革办法,就是 1 000 亿斤合同粮收购数量保持不变,收购价格随行就市。但是,由于后来粮价上涨和

---

① 吴敬琏:《当代中国经济改革》,上海远东出版社,1999 年,第 129 页。

发生了通货膨胀,此项改革实际上被搁浅。在粮食市场销售价格大幅度上涨的压力下,中央政府于1994年和1995年连续两年大幅度提高粮食收购价格,并扩大粮食收购数量,以掌握和控制粮源。同时,为了分散粮食供给的压力,分解风险,1994年5月中央政府提出实行粮食地区自求平衡和省长(市长)负责制,即"米袋子"省长(市长)负责制,负责本地粮食总量平衡、稳定粮田面积、稳定粮食产量、稳定粮食库存、保证粮食供应和价格稳定。受各项粮食政策刺激和气候的影响,1995年和1996年我国粮食连续两年大丰收,年生产总量超过5亿吨大关。此时,粮食出现了阶段性、结构性、地区性过剩,粮价连续4年持续下跌,出现了严重的农民"卖粮难"。针对"卖粮难",国务院于1997年8月下发通知,要求各地制定并按保护价敞开收购农民的余粮,做到不拒收、不限收、不停收和不打白条。在"四不"政策下,各地粮食库存爆满,粮食风险基金缺口空前扩大,国营粮食经营亏损和银行挂账越来越多。这时,许多经济学家建议加快粮食流通体制改革,放开粮食收购市场,改革国有粮食企业。1998年,在新一届政府成立后,立即部署实施了粮食流通体制改革。当年5月,国务院下发了《关于进一步深化粮食流通体制改革的决定》,提出了粮食流通体制改革实行"四分开一完善"的基本思路①,接着,国务院办公厅又连续发布了6个文件,作为对这次改革的配套,分别就粮食风险基金、价格形成机制、企业附营业务、企业减员分流、企业新增财务挂账和中央粮食直属库划转等问题作出了具体规定。应该说这是一套比较完整的粮食流通体制改革实施方案,符合市场化的改革方向。但是,当年6月在北京召开的全国粮食购销工作电视电话会议上,国务院突然转向又提出了当前粮食购销工作

---

① "四分开一完善"是指实行政企分开,储备与经营分开,中央与地方责任分开,新老财务账目分开,完善粮食价格形成机制。

的重点是贯彻"三项政策、一项改革"①。为了保证"三项政策、一项改革"的落实,11月国务院发布了《当前推进粮食流通体制改革的意见》,明确指出要重点加强粮食收购市场的管理,粮贩、经销商和粮食加工企业不得到产地直接从农民手中收购粮食,或到集贸市场购买粮食,只能向国有粮食收储企业买粮。"三项政策、一项改革"在实施过程中暴露出严重的问题,例如,许多地区按保护价"敞开收购"农民余粮的政策没有完全落实到位,农民仍然"卖粮难";粮食收购市场没有管得住,私营粮贩明收暗购屡禁不止;在粮食供给过剩和粮价持续走低的情况下,国有粮食企业难以实现"顺价销售",粮食严重超储,收储企业效益下降,国家财政补贴负担大幅度上升。

面对困境和改革中的尴尬,国务院不得不进行新的改革。1999年5月、10月和2000年6月,国务院分别发布了3个有关进一步完善粮食流通体制改革的文件,改革的主要内容包括:适当调整粮食保护价收购范围。将黑、吉、辽及内蒙古东部、冀北、晋北的春小麦和南方早籼稻、江南小麦,以及晋冀鲁豫等地区的玉米、稻谷退出粮食保护价收购范围;完善粮食收购价格政策,拉开粮食品质差价、季节差价和地区差价;完善粮食超储补贴办法,对粮食风险基金补助实行地方政府包干;允许和鼓励用粮企业,按照国家收购政策,直接到农村收购粮食,同时支持粮食农贸市场常年开放。这次国务院推出的改革政策,虽然对粮食流通体制中出现的问题起到了缓解作用,但是由体制造成的粮食超储和财政补贴等问题依然如故。2001年7月,国务院再次下发《关于进一步深化粮食流通体制改革的意见》,将粮食流通体制改革向市场化推进了一大步。这次改革主要内容是:放开销区,保护产区,省长负

---

① "三项政策、一项改革"是指粮食企业按照政府制定的保护价"敞开收购"农民的余粮,粮食收储企业按收购价加最低利润实行"顺价销售",农业发展银行贷给粮食企业的收购资金按照"库贷挂钩,钱随粮走"的办法"封闭运行",加快国有粮食企业自身改革。

责,加强调控。放开销区就是对浙江、上海、福建、广东、海南、江苏、北京和天津等属于主销区的8省市的粮食购销实行"三放开"的市场化改革,即放开粮食收购、放开粮食市场、放开粮食价格。保护产区,即保护主产区的粮食生产能力和农民的利益,对该地区仍继续实行"三项政策、一项改革",国家在风险基金补助、粮库建设、中央储备粮规模以及农业基础设施建设投入等方面重点照顾这些地区。同时,文件在强调继续实行粮食省长负责制的基础上,要完善粮食储备制度,扩大中央储备粮规模,健全中央储备粮垂直管理体系,积极培育粮食市场体系,支持培育全国性和区域性的粮食批发市场,鼓励多种所有制经济主体按有关规定从事粮食收购和销售。应该说,1993年以来的粮食流通体制改革在大方向上是正确的,但在90年代中期和1998年以后一段时间走了弯路,出现了反复。到20世纪末和21世纪初,我国粮食流通体制改革进入正轨,并取得了初步成果。

当前,粮食流通体制改革如何深入下去,又成为决策界和学术界都普遍关注的问题。这项改革既涉及亿万农民的利益,也同国有粮食企业和国家财政的关系紧密相连。在2001年全国主销区放开粮食购销之后,许多专家倾向将主产区的粮食购销也全面放开,走市场化的路子。但是,令决策界担心的是主产区粮食购销全面放开后,粮农的利益谁来保障,国有粮食企业的"三老"问题(老人、老账、老粮)怎么解决,国家财政要拿出多少钱来。从大方向上看,粮食购销体制改革走市场化的路子是迟早的事情,早改可以抓住主动权使问题可以得到尽快解决,晚改则会丧失机遇使问题积重难返。特别是在我国加入WTO后,对外开放迫使我们必须加快主产区的粮食流通体制改革。可行的改革思路是,彻底放开主产区的粮食购销,完全实行市场调节,对主产区的粮农进行直接补贴,补贴的方法如前所述按面积和收入水平计算,补贴的渠道是通过农业银行和农村信用社发放;减少流通领域的补贴,将一部分国有库存粮食一次性划拨给一些国有粮食企业,然后让他们改革走向市场化,同时一次性核销老账,并将"老人"纳入社会保障体系;改组现有农业发展银行,将其同中国储备粮管理总公司合并,成立中国农产品信贷银行(或公司),行使国家粮食储备调节和政策性金融信贷职能。

三是支持农村发展中介组织,培育各种形式的合作社,不断提高农民的谈判能力和交易地位。农民居住分散和生产活动不集中,这种无组织状态是他们在同非农产业进行交易和谈判中地位低下的重要原因。必须让农民组织联合起来,形成一个有影响的利益团体,引导和支持他们参与社会政治活动,参与国家决策,反映他们的利益要求。当前,我国农村合作组织是由三类组成的,第一类是在改革以前建立的供销合作社和信用合作社。这两类合作社具有上下垂直性质,受中央政府的控制和管理,带有较浓厚的官办色彩[①]。第二类是乡(镇)村社区合作经济组织。这些合作组织是人民公社解体后,原人民公社的经济职能转移由社区合作组织承担。此类合作组织大多依赖于乡镇政府和村委会,并行使基层政权一部分经济管理职能[②]。第三类是改革开放以后新发育起来的合作经济组织。这是农民和其他经营者根据经济发展需要,以市场为导向,按照合作制原则自发建立起来的,这类合作经济组织都采取了自愿参加、共同经营、民主管理和收益返还的组织经营形式,他们在名称上也丰富多彩,有农村股份合作社、专业合作社、专业技术协会,也有农业服务公司(中心)等。从多年的实践考察,在三类合作经济组织中,最受农民欢迎、最有旺盛生命力的是第三类合作经济

---

① 张晓山等:《联结农户与市场——中国农民中介组织探究》,中国社会科学出版社,2002年,第14页。

② 刘志澄:《中国农业之研究》,中国农业科技出版社,1990年,第388页。

组织。今后,要发展和培育农村合作经济组织,需要解决以下两大问题:第一,目前我国还没有合作组织的立法,各类合作社的权益得不到保障,也无法享受到政策优惠;第二,合作经济组织总量不少,但结构性矛盾突出。一方面数以万计的供销社、信用社和社区合作组织,因体制落后、官气太重,难以为"三农"有效服务;另一方面新发育的合作经济组织又因数量少而满足不了"三农"的需要。同时,农民急切需要的农产品购销合作组织发展也严重不足。

面对上述两大问题,首先,应加强合作社的立法建设,借鉴英国、美国、加拿大和泰国等发达国家和发展中国家在合作组织立法上的经验,为农村合作经济组织的发展提供一个健全的法律制度环境。其次,要大力支持民间合作经济组织的发展,特别是要扶持由农民自发建立起来的农产品购销合作组织,从财政、税收以及金融等政策上给予优惠。支持农民发展自己的合作经济组织,政府应重视其经济要求,坚持自愿、民主、互利的原则,让合作经济组织自我发展,切忌拔苗助长,防止用行政手段"归大堆",导致合作组织发展太多、太滥,并出现行政化倾向。再次,要加快对第一、二类合作经济组织的改造步伐,解决合作社由内部人控制和只为少数人牟利的问题,进一步明晰产权,按照合作制的原则,将其改造成真正意义上的合作经济组织,由农民自己管理经营,为"三农"服务。

8.6 转:加快农业剩余劳动力的转移

从长期看,解决结构转换中农业发展遇到的问题,在根本上还是要将大量农业剩余劳动力转移出去,这样才能为农业现代化创造宽松的外部条件。当前,我国的产业结构正处于加速转换时期,受此影响就业结构也快速变化。正如第5章所分析的那样,自20世纪90年代以来我国在就业结构中,农业劳动力绝对数量不断减少和就业比重持续下降。分析这种变动的原因就会发现,它是由非农产业内部结构演变和城市化引起的。首先从非农产业看,1991~2001年,农业领域的劳动就业人数减少了2 585万人,非农产业领域就业人数增加了10 119万人,其中进入第二产业的劳动力增加了2 269万人,占非农产业新增就业岗位总数的22.4%,进入第三产业的劳动力增加了7 850万个,占到非农产业新增就业岗位总数的77.6%。可见,90年代以来全社会新增加的劳动力大部分都进入到第三产业领域。特别是亚洲金融危机以来,全国第二产业劳动就业数量还出现了负增长,而第三产业劳动就业数量却在继续增长。例如在1998~2001年间,进入第二产业的劳动力人数不仅没有增加还减少了316万,而同期内第三产业劳动就业人数增加了1 368万。在农村内部,劳动力结构变动也同全国趋势相似。1998~2001年,农村第一产业劳动力减少了175万人,进入第二产业和第三产业的劳动力分别增加了770.9万人和1 201.3万人。其中第三产业新增劳动力占农村非农产业新增就业总数的60.9%。因此,无论是从全社会还是从农村内部看,服务行业是这一时期推动劳动力转移的主要动力。其次再从城市化看,1991~2001年,全国新增劳动力就业人数7 534万个,其中有6 475万个劳动力是由城镇吸纳就业的,就是说十年间城镇吸纳了全国新增劳动力就业人数的85.9%。近几年,城镇吸纳劳动力的能力更大,比如1998~2001年,全国新增劳动就业人数2 388万个,其中城镇吸纳了2 324万个,占全国新增劳动力就业人数的97.3%。

由以上分析可以得出结论,当前以及今后一段时间内,要想推动农业剩余劳动力向外转移,必须把重点放到发展第三产业和加快城市化进程方面。为了促进农业剩余劳动力向非农产业特别是第三产业转移,并进而向城镇流动,必须尽快解决以下问题:一是要从政策上消除对农村劳动力的身份歧视,取消农民进入城镇发展的种种限制和许多不公平的待遇。二是尽快清理针对农村劳动力进城务工的种种不合理收费(即出家门和进城两头收费),严禁多重收费和乱收费,降低农民进城的成本。三是建立和完善城市就业服务体系,在职业介绍、信息咨询、技能培训和劳动保障等方面进行公平性、科学化和规范化的管理。四是以法律形式保护农民工的权益。最后,国家应制定切实可行的规划和政策措施,支持城乡快速发展第三产业,并处理好推进城市现代化和吸纳劳动力的关系,为农业剩余劳动力转移创造更多的机会。

参 考 文 献

英文文献

1. Allen Maunder & Kazushi Ohkawa: *Growth and Equity in Agricultural Development*, Gower Publishing Company Limited, 1986.
2. Bruce f. Johnston & Peter Kilby: *Agriculture & Structural Transformation*, Oxford University Press, 1979.
3. David Grigg: *The Dynamics of Agricultural Change: The Historical Experience*, Hutchinson & Co. Ltd, Hutchinson Publishing Group, 1982.
4. Ellen Wall: Farm Labour Markets and the Structure of Agriculture, *Canadian Review of Sociology & Anthropology*, Feb. 94, Vol. 31, P. 65.
5. Frank Ellis: *Agricultural Policy in Developing Countries*, Cambridge University Press, 1992, P. 152—174.
6. Glen Ellyn: Malaysia's Blueprint for Industrialization, Mahathir bin Mohamad, *Presidents & Prime Ministers*, Jul. / Aug. 2000.
7. Howard Pack: Industrial Policy: Growth Elixir or Poison, *The World Bank Research Observer*, Washington, Feb. 2000.
8. Isidor Wallimann: Can the World Industrialization Project be Sustained? *Monthly Review: An Independent Socialist Magazine*, Mar. 94, Vol. 45, P. 41.
9. James J. Biles, Bruce W. Pigozzi: Socio-economic Structure and Agriculture in Mexico, *Growth & Change*, Winter 2000, Vol. 31, P. 3.
10. James V. Rhodes: Industrialization of Agriculture: Discussion, *American Journal of Agricultural Economics*, Dec. 1993, Vol. 75, P. 1137.
11. John Weiss: *Industry in Developing Countries: Theory, Policy and Evidence*, Croom Helm Ltd, Provident House, 1988.
12. Joseph D. Coffey: Implications for Farm Supply Cooperatives of the Industrialization of Agriculture, *American Journal of Agricultural Economics*, Dec. 93, Vol. 75,

P. 1132.
13. Luanne Lohr: Implications of Organic Certification for Market Structure and Trade, *American Journal of Agricultural Economics*, 1998, Vol. 80, P. 1125.
14. Martin Bruce King: Interpreting the Consequences of Midwestern Agricultural Industrialization, *Journal of Economic Issues*, Lincoln, Jun. 2000.
15. Miguel A. Altieri: Ecological Impacts of Industrial Agriculture and the Possibilities for Truly Sustainable Farming, *Monthly Review: An Independent Socialist Magazine*, Jul./Aug. 1998, Vol. 50, P. 60.
16. OECD: *Agricultural Policies in Emerging and Transition Economies*, OECD Publications, 2000, France.
17. OECD: *China s Agricultural in the International Trading System*, OECD Publications, 2001, France.
18. OECD: *The Agro-Food Processing Sector in China*, OECD Publications, 2000, France.
19. Tom Kemp: *Industrialization in the Non-Western World*, Longman Group Limited, 1983.
20. Wayne Ellwood: Searching for Sustainability, *New Internationalist*, Nov. 2000, P. 9.

中文文献

1. 〔法〕保尔·芒图:《十八世纪产业革命》,商务印书馆,1997年。
2. 〔美〕阿瑟·刘易斯:《二元经济论》,北京经济学院出版社,1989年。
3. 〔美〕费景汉、古斯塔夫·拉尼斯:《劳力剩余经济的发展》,华夏出版社,1989年。
4. 〔美〕西蒙·库兹涅茨:《各国的经济增长》,商务印书馆,1985年。
5. 〔美〕霍利斯·钱纳里、莫尔塞斯·塞尔昆:《发展的格局(1950~1970)》,中国财政经济出版社,1989年。
6. 〔美〕霍利斯·钱纳里、S.鲁滨逊、M.斯尔奎因等:《工业化和经济增长的比较研究》,上海三联书店,1996年。
7. 〔印〕苏布拉塔·加塔克、肯·英格森特:《农业与经济发展》,华夏出版社,1987年。
8. 〔美〕西奥多·舒尔茨:《经济增长与农业》,北京经济学院出版社,1991年。
9. 〔美〕西奥多·W.舒尔茨:《改造传统农业》,商务印书馆,1999年。
10. 〔日〕速水佑次郎、〔美〕费农·拉坦:《农业发展:国际前景》,商务印书馆,1993年。
11. 〔英〕W.阿瑟·刘易斯:《经济增长理论》,上海三联书店、上海人民出版社,

1997年。
12. 〔美〕R.索洛编著:《经济增长论文集》,北京经济学院出版社,1989年。
13. 〔美〕兰斯·泰勒:《结构主义宏观经济学》,经济科学出版社,1990年。
14. 皮亚杰:《结构主义》,商务印书馆,1987年。
15. 世界银行:《1999/2000世界发展报告》,中国财政经济出版社,2000年。
16. 〔冰〕思拉恩·埃格特森:《新制度经济学》,商务印书馆,1996年。
17. 〔美〕道格拉斯·C.诺斯:《经济史的结构与变迁》,上海三联书店、上海人民出版社,1995年。
18. 〔美〕R.科斯、A.阿尔钦、D.诺斯等:《财产权利与制度变迁》,上海三联书店、上海人民出版社,1995年。
19. 〔美〕马尔科姆·吉利斯、德怀特·H.帕金斯等:《发展经济学》,经济科学出版社,1992年。
20. 〔美〕维克拉夫·霍尔索夫斯基:《经济体制分析和比较》,经济科学出版社,1988年。
21. 〔美〕阿兰·G.格鲁奇:《比较经济制度》,中国社会科学出版社,1985年。
22. 〔英〕亚当·史密斯:《国富论》,先觉出版股份有限公司,2000年。
23. 世界银行:《1982年世界发展报告》,中国财政经济出版社,1982年。
24. 〔德〕弗里德里希·李斯特:《政治经济学的国民体系》,商务印书馆,1997年。
25. 〔美〕吉利斯、波金斯、罗默、斯诺德格拉斯:《发展经济学》,中国人民大学出版社,1998年。
26. 〔美〕欧曼·C.P.、G.韦格纳拉加:《战后发展理论》,中国发展出版社,2000年。
27. 〔美〕丹尼尔·贝尔:《后工业化社会的来临》,新华出版社,1997年。
28. 〔德〕罗斯托:《从起飞进入持续增长的经济学》,四川人民出版社,1988年。
29. 〔德〕约翰·冯·杜能:《孤立国同农业和国民经济的关系》,商务印书馆,1997年。
30. 吴敬琏:《当代中国经济改革:战略与实施》,上海远东出版社,1999年。
31. 吴敬琏、李剑阁等:"试析我国当前的经济发展阶段及其基本矛盾",《吴敬琏选集》,山西人民出版社,1989年。
32. 顾焕章:《科技进步与农业发展》,《顾焕章文集》,河海大学出版社,1999年。
33. 张培刚:"农业与工业化",《张培刚选集》,山西经济出版社,1997年。
34. 杨治:《产业政策与结构优化》,新华出版社,1999年。
35. 杨治:《产业经济学导论》,中国人民大学出版社,1985年。
36. 戴伯勋等:《现代产业经济学》,经济管理出版社,2001年。
37. 刘伟:《工业化进程中的产业结构研究》,中国人民大学出版社,1995年。

38. 牛若峰、郭玮、陈凡:《中国经济偏斜循环与农业曲折发展》,中国人民大学出版社,1991年。
39. 李溦:《农业剩余与工业化资本积累》,云南人民出版社,1993年。
40. 王积业、王建主编:《我国二元结构矛盾与工业化战略选集》,中国计划出版社,1996年。
41. 蔡昉:《中国的二元经济与劳动力转移》,中国人民大学出版社,1990年。
42. 林毅夫等:《中国的奇迹:发展战略与经济改革》,上海三联书店、上海人民出版社,1994年。
43. 郭剑雄:《二元经济与中国农业发展》,经济管理出版社,1999年。
44. 郭克莎、王延中:《中国产业结构变动趋势及政策研究》,经济管理出版社,1999年。
45. 陆百甫:《大调整——中国经济结构调整的六大问题》,中国发展出版社,1998年。
46. 林叶、孙伟化:《中国经济增长论》,黑龙江人民出版社,1991年。
47. 吴敏一、郭占恒:《中国工业化理论和实践探索》,浙江人民出版社,1991年。
48. 曹阳:《中国农业劳动力转移:宏观经济结构变动》,湖北人民出版社,1999年。
49. 刘世锦等:《中国"十五"产业发展大思路》,中国经济出版社,2000年。
50. 周振华:《现代经济增长中的结构效应》,上海三联书店、上海人民出版社,1996年。
51. 朱道华、冯海发:《农村工业化问题探索》,中国农业出版社,1995年。
52. 李义平:《体制选择分析》,山东人民出版社,1994年。
53. 张培刚:《农业与工业化》(上卷),华中工学院出版社,1984年。
54. 朱镕基等:《当代中国的经济管理》,中国社会科学出版社,1985年。
55. 曾培炎:《新中国经济50年》,中国计划出版社,1999年。
56. 王耕今等:《乡村三十年》(上、下),农村读物出版社,1989年。
57. 陈吉元、韩俊:《人口大国的农业增长》,上海远东出版社,1996年。
58. 李周:"中国农业技术变革的经济学分析",中国社会科学院研究生院博士论文,1993年。
59. 刘志澄:《中国农业科技之研究》,中国农业科技出版社,1992年。
60. 林毅夫:《制度、技术与中国农业发展》,上海三联书店,1992年。
61. 朱争鸣、王忠民:《产业结构成长论》,浙江人民出版社,1988年。
62. 严立贤:《中国和日本的早期工业化与国内市场》,北京大学出版社,1999年。
63. 郑韶:《中国经济体制改革20年大事记》(1978~1998),上海辞书出版社,1998年。
64. 陈锡文:《中国农村改革:回顾与展望》,天津人民出版社,1993年。

65. 张红宇:《中国农民与农村经济发展》,贵州人民出版社,1994年。
66. 宋洪远等:《改革以来中国农业和农村经济政策的演变》,中国经济出版社,2000年。
67. 柯炳生等:《WTO 与中国农业》,中国农业出版社,2002年。
68. WTO、OMC:《中国加入世界贸易组织法律文件》,法律出版社,2002年。
69. 农业部软科学委员会办公室:《农业发展战略与产业政策》,中国农业出版社,2001年。
70. 农业部软科学委员会办公室:《农业结构调整与区域政策》,中国农业出版社,2001年。
71. 农业部软科学委员会办公室:《农村金融与信贷政策》,中国农业出版社,2001年。
72. 农业部软科学委员会办公室:《农业投入与财税政策》,中国农业出版社,2001年。
73. 农业部产业政策与法规司:《中国农村50年》,中原农民出版社,1999年。
74. 程国强:《农业规则与中国农业发展》,中国经济出版社,2000年。
75. 范剑平:《中国城乡居民消费结构的变化趋势》,人民出版社,2001年。
76. 丁长清、慈鸿飞:《中国农业现代化之路》,商务印书馆,2000年。
77. 陈吉元:《乡镇企业模式研究》,中国社会科学出版社,1989年。
78. 国家计委地区经济发展司、国家计委产业发展研究所:"'十五'期间我国农村扶贫开发战略思路与对策",《经济研究参考》,2001年,78D-7。
79. 张广友:"万里与山南试点",《中国市场经济报》,1999年4月8日。
80. 黄汉权:"农村税费改革研究",国家计委宏观经济研究院2001年度院管课题。
81. 马晓河等:《我国农村税费改革研究》,中国计划出版社,2002年。
82. 林毅夫:"生产过剩太过严重 农村消费才是出路",《21世纪经济报道》,2001年5月14日。
83. 郭玮、周海春:"新工业化格局下的农业发展",《农业现代化研究》,1989年第1期。
84. 李克强:"论我国经济的三元结构",《中国社会科学》,1991年第3期。
85. 陈吉元、胡必亮:"中国的三元结构与农业剩余劳动力转换",《经济研究》,1994年第4期。
86. 辜胜阻:"中国农村剩余劳动力向何处去",《改革》,1994年第4期。
87. 黄泰岩、王检贵:"工业化新阶段农业基础地位的转变",《中国社会科学》,2001年第3期。
88. 当前我国农业重大问题研究课题组:"当前我国农业发展面临的重大问题与

对策",《管理世界》,1999 年第 4 期。
89. 张军扩:"'七五'时期各要素对经济增长贡献率的测算",国务院发展研究中心材料,1990 年。
90. 赵苹:"剪刀差与农业的贡献",《农业经济问题》,1992 年第 2 期。
91. 马晓河:"加入 WTO 对我国农业生产和贸易的影响分析",科学技术部发展计划司编,"'面向入世后的科技工作'培训班资料汇编"。
92. 杨万江:"现代农业阶段及中国农业发展的国际比较",《中国农村经济》,2001 年第 1 期。
93. 刘作龙:"国债投资成就斐然",《产经新闻》,2002 年 2 月 25 日。
94. 段应碧等:"收入增长、就业转移、城市化推进",《管理世界》,1999 年第1 期。
95. 廖丹清:"以大中城市为主导的全面发展",《经济参考报》,1999 年 11 月 22 日。
96. 王小鲁、夏小林:"城市对经济增长的贡献",《经济研究》,1999 年第 9 期。
97. 秦尊文:"小城镇道路:中国城市化的妄想症",《中国农村经济》,2001 年第 12 期。